国家社科基金项目最终成果

青年马克思主义者培养工程机制建设研究

QINGNIAN MAKESI ZHUYIZHE PEIYANG GONGCHENG JIZHI JIANSHE YANJIU

李廷宪 著

安徽师范大学出版社

导 论 探索与定位

作为青年马克思主义者培养工程的提出与实施的领导部门，共青团中央2009年起逐渐淡化对培养工程的宣传。共青团中央，共青团各省委、各高校团委三级大学生骨干培养学校2010年起逐渐停止举办，2013年共青团十七大工作报告与此后工作计划中不再出现青年马克思主义者培养工程字样。作为国家社科基金资助的首个青年马克思主义者培养工程机制建设研究项目，有责任解读其中原由，有责任总结青年马克思主义者培养工程实施以来所取得的经验，有责任提供青年马克思主义者培养的机制化设计、整体推进的思想资源与理论思考。笔者相信：青年马克思主义者的培养是中国共产党的一项永恒的艰巨任务，对青年马克思主义者培养工程机制建设的研究不存在过时的问题。随着全面深化改革的推进，中国共产党对青年马克思主义者的需求更大，培养力度也会更大。暂告一段落的青年马克思主义者培养工程会迎来新的起点、新的培养高潮。

一、青年马克思主义者概念的提出

1. 青年马克思主义者概念的提出

新中国成立后，中国共产党人重视对接班人的培养。20世纪60年代，毛泽东同志曾非常郑重地提出：“为了保证我们的党和国家不改变颜色，我们不仅需要正确的路线和政策，而且需要培养和造就千百万无产阶级革命事业的接班人。"[①] 青少年是祖国的未来，世界归根到底是属于他们的。邓小平同志也十分重视这个问题，说："对这个问题要清醒，要注意培养人，要按照'革命化、年轻化、知识化、专业化'的标准，选拔德才兼备的人进班子。我们说党的基本路线要管一百年，要长治久安，就要靠这一条。真正关系到大局的是这个事。"[②] 他还强调："解决组织路线问题，最大的问题，也是最难、最迫切的问题，是选好接班人。"[③] "要选好人，人选好了，帮助培养，让更多的年轻人成长起来，他们成长起来我们就放心了。"[④]

鉴于马克思主义在当代中国的作用与地位，党与社会主义事业的接班人只能是马克思主义者。马克思主义在中国的指导思想地位，2004 年宪法修改条文是这样表述的："中国新民主主义革命的胜利和社会主义事业的成就，是中国共产党领导中国各族人民，在马克思列宁主义、毛泽东思想的指引下，坚持真理，修正错误，战胜许多艰难险阻而取得的。我国将长期处于社会主义初级阶段。国家的根本任务是，沿着中国特色社会主义道路，集中力量进行社会主义现代化建设。中国各族人民将继续在中国共产党领导下，在马克思列宁主义、毛泽东思想、邓小平理论和'三个代表'重要思想指引下，坚持人民民主专政，坚持社会主义道路，坚持改革开放，不断完善社会主义的各项制度，发展社会主义市场经济，发展社会主义民主，健全社会主义法制，自力更生，艰苦奋斗，逐步实现工业、农业、国防和科学技术的现代化，推动物质文明、政治文明和精神文明协调发展，把我国建设成为富强、民主、文明的社会主义国家。"[⑤]

马克思主义作为中国共产党的指导思想，十七大通过的中国共产党党章表述为："中国共产党以马克思列宁主义、毛泽东思想、邓小平理论和'三个代表'重要思想作为自己的行动指南。马克思列宁主义

① 毛泽东：《关于赫鲁晓夫的假共产主义及其在世界历史上的教训——九评苏共中央的公开信》，《人民日报》，1964 年 7 月 14 日。

② 《邓小平文选》第 3 卷，北京：人民出版社 1993 年版，第 380 页。

③ 《邓小平文选》第 2 卷，北京：人民出版社 1994 年版，第 192 页。

④ 《邓小平文选》第 3 卷，北京：人民出版社 1993 年版，第 380-381 页。

⑤ 《宪法》，北京：法律出版社 2004 年版，第 1 页。

揭示了人类社会历史发展的规律，它的基本原理是正确的，具有强大的生命力。中国共产党人追求的共产主义最高理想，只有在社会主义社会充分发展和高度发达的基础上才能实现。社会主义制度的发展和完善是一个长期的历史过程。坚持马克思列宁主义的基本原理，走中国人民自愿选择的适合中国国情的道路，中国的社会主义事业必将取得最终的胜利。”①

青年马克思主义者概念是党的十三届四中全会之后在党和政府的文献之中开始出现的。1989 年 10 月 28 日，江泽民同志在李大钊诞辰 100 周年纪念大会的讲话中指出：“我们必须努力培养和造就一大批青年马克思主义者……如果不提出并解决这个任务，我们的党就不可能有坚强的后备队，就不可能胜利地走向未来。这是我们的社会主义事业能否长久地坚持和发展下去的一个具有战略意义的大问题，必须引起全党同志的高度重视。”② 1990 年 3 月 23 日，江泽民同志在北大与学生座谈时说：“我相信，在九十年代，从年轻的大学生中必定会成长起一批马克思主义者。”③ 2006 年 10 月 11 日，胡锦涛同志在党的十六届六中全会第二次全体会议上强调：“要从赢得青年、赢得未来的高度，抓好大学生理论学习，深入推进马克思主义中国化的最新成果进教材、进课堂、进头脑工作，让青年知识分子了解和相信党的理论，在广大青年中培养一大批坚定的马克思主义者”④。

2. 关于青年马克思主义者培养的研究现状

关于青年马克思主义者培养的研究，就目前掌握的资料看，主要论题涉及以下方面：（1）从青年自身成长、社会主义事业发展、构建社会主义和谐社会等多角度阐述培养青年马克思主义者的重要意义，成果如林炎志《努力造就青年马克思主义者》、陈建民《高校要着力培养青年马克思主义者》等；（2）青年接受马克思主义教育的现状研究，

① 《十七大党章学习读本》，北京：人民出版社 2007 年版，第 1 页。

② 江泽民：《在李大钊诞辰 100 周年纪念大会上的讲话》，《人民日报》，1989 年 10 月29 日。

③ 江泽民：《对青年人，一要爱二要严》，《人民日报》，1990 年 4 月 14 日。

④ 中共中央文献研究室：《十六大以来重要文献选编》（下），北京：中央文献出版社 2008 年版，第 685 页。

成果包括赵卫民《世纪之交青年接受马克思主义教育问题研究》（人民教育出版社2000年版）以及调研报告多篇。代表性报告集《世纪之交青年接受马克思主义教育问题研究》以北京地区青年接受马克思主义教育的现状为研究主题，指出了青年在接受马克思主义教育过程中存在的不足、问题与原因、教训，并分析了21世纪青年接受马克思主义教育的趋势，提出了相关对策建议；（3）青年马克思主义者培养的机制与模式，集中讨论的主题有高校马克思主义理论课、高校及中学党建、团校专题教育三方面的内容、管理体制与运作模式，成果如赵志军、常超、曹世奎《培养青年马克思主义者是高校党建工作的重中之重》，郑大俊、吴朝国、王如高《培养青年马克思主义者的实践与探索》，赵庚钧《高校培养青年马克思主义者运作方式》以及《重视培养青年马克思主义者——谈做好高中学生党建工作》等，另有王传利《青年马克思主义者的摇篮——五四时期学生马克思主义社团成员成长论析》，从历史经验总结角度探讨了作为青年马克思主义者培养机制之一的马克思主义社团发展问题；（4）青年马克思主义者培养过程中的马克思主义素养结构研究，主要涉及马克思主义知识与理论水平、马克思主义态度、马克思主义信仰等多方面内容，成果如姚亚平《跨世纪中国青年的马克思主义信仰与邓小平理论》、钱永祥《青年的马克思主义世界观的培养》等；（5）马克思主义理论教育的内容体系与教育方式方法研究，成果如孙其昂《高校马克思主义理论教育体系构建研究》，李万鹏、种海峰《从思想到教学：马克思主义理论教育中的“三个转换”》等；（6）马克思主义教育的国际比较，主要成果为海南大学赵康太、胡斌武、李辽宁等人形成的学术群体的《世界马克思主义理论教育比较研究》《中越马克思主义理论教育比较研究》以及系列论文；（7）就研究课题而言，目前有北京大学的“新形势下培养造就青年马克思主义者研究”、中国青年政治学院的“马克思主义在青年学生中的传播与青年马克思主义者的培养”等，这两个课题目前还没有看到其相应的研究成果；（8）与本课题研究更为接近的有浙江师范大学章剑锋的2008年浙江省社科办课题：“新形势下高校青年马克思主义者培养机制研究”，该课题研究的部分成果在《思想教育研究》2010

年第5期公开发表，其成果提出的培养机制包括严格的标准、较宽的渠道、科学的选拔机制；包括目标、原则、途径系统的培训机制；包括上下联动、整体推进组建管理团队的科学管理机制；以信息库为基础的考评机制；包括推优、推介、推举的完善举荐机制。

虽然不是青年马克思主义者培养研究的成果，但内容较为接近且可借鉴的是：美籍华人程映虹在2012年1月9日于共识网上发表的《共产党革命如何塑造“新人”》的文章。文章认为：共产党人根据人的可塑性和可完美性这一塑造人性的哲学基础塑造新人。其中苏联塑造的“苏维埃新人”，其典型形象之一是尼古拉·奥斯特洛夫斯基笔下的保尔·柯察金。奥斯特洛夫斯基少年时就加入红军，受伤致残，他在病榻上完成了自传性的小说，用自己献身革命并在革命中锻炼成长的经历教育青年，作为对党的最后奉献。文章认为共产党国家普遍都有一个塑造“新人”的工程，希望创造出一个不同于西方类型的人。

综观目前国内的研究课题与相关成果，主要呈现出以下特点：（1）都在使用青年马克思主义者的概念，但都没有清晰准确地界定青年马克思主义者的概念，导致培养目标不甚明确，说是在培养青年马克思主义者，其实更多的只是在培养有能力的学生干部；（2）无论是在理论探讨还是实践经验总结成果中，都较多地强调了理论教育，对情感、态度、信仰等关注不够，成果也很少；（3）对马克思主义者素养的实践能力方面，较多地强调了解决问题的能力，而不是运用马克思主义立场、观点、方法分析问题的能力；（4）在对青年马克思主义者培养教育的内容、方式等问题上，对青年的特殊性、青年的不同发展阶段均关注不够，既未考虑青年的特殊的社会角色、特殊心理，也未将青年成长的多个时期联系起来加以考察；（5）在对培养过程的研究中，缺乏“工程”视野，想当然设计机制，对各种教育模式缺乏运用情境、预设条件的分析；（6）更主要的是，未将青年马克思主义者培养置于社会大视野中作为系统工程加以考察，而是多专注于某一时段（比如大学时期）、专注于某一层次（比如共青团工作）、专注于某一环节（比如实践环节）青年马克思主义者素养的培育，缺乏培养机制的总体谋划，既难以形成培养教育的合力，也难以形成长效机制，影响了青年马克思主义者的持续有效的培养。

二、青年马克思主义者培养工程实施的现实困境与本项目研究目标

1. 青年马克思主义者培养工程实施的现实困境

根据胡锦涛同志“在青年中培养一大批坚定的马克思主义者”的指示，在党的十七大召开前夕，2007年5月15日团中央、全国学联启动“青年马克思主义者培养工程”（以下简称“青马工程”），同年10月16日共青团中央印发了《“青年马克思主义者培养工程”实施纲要》（以下简称《纲要》）。“青马工程”的提出与实施，意味着青年马克思主义者的系统化培养由共青团中央负责，开始了实质性的运行。

《纲要》提出青年马克思主义者重点培养对象是大学生骨干、共青团干部、青年知识分子。其中大学生骨干既包括学生干部骨干，还包括学生社团骨干、理论学习骨干、科技文化骨干，基本上囊括了大学生中各种层面的精英。“青马工程”在具体实施中主要针对大学生骨干。《纲要》提出大学生骨干培训的主要课程是理论学习、实践锻炼、志愿服务、对外交流、课题研究。《纲要》对工作保障、硬件保障以及机制建设等方面都有较为精到的运筹与谋划，表明“青马工程”开局良好。

然而，“青马工程”在实施过程中却遭遇到培养目标不清、培养动力不足、资源难以调度、保障难以实现等现实困境，导致机制建设鲜有成果，欲进不能、欲退不行的尴尬局面。

培养目标不清，是指要把培养对象培养成什么样的人，培养者心里不清楚。或者说培养对象在经过一段时间培养后应该具备什么样的品质，这个标准培养者与培养对象心里都没底。《纲要》是这样表述培养目标的：“在广大青年中着力培养造就一大批用马克思主义中国化的最新成果武装的马克思主义者”，其中的大学生骨干培养的工作目标是：“帮助大学生骨干学习和掌握党的理论创新成果，了解国情，认识社会，提高思想政治素质，坚定理想信念。”这样的工作目标培养出来

的大学生是青年马克思主义者吗？显然，在《纲要》的培养目标里既无明确的青年马克思主义者的理论素质要求，也无一定的人格素质要求。所以，有的高校把之前的学生干部培训班的计划、议程拿来，换成青年马克思主义者培养的字样，加以宣传报道。

培养动力不足。大学培养的是社会主义建设者与合格的接班人。显然，青年马克思主义者的要求更高，培养难度更大。“青马工程”严格意义上是国家工程，对于各种类型的大学而言，它对于青年马克思主义者的培养并没有直接的动力。而对于高校而言，在原本就满负荷的情况下，又增加了青年马克思主义者培养的工作任务，这一工作难度大且不像其他工作马上可以看出成效，因此，在“青马工程”的实际操作者那里它就没有动力。而对于那些参与“青马工程”的专家、学者、辅导员以及有关人员，他们为团委“打工”，动力不足更是明显。

资源难以调度。《纲要》提出：“每年组织大学生骨干进行不少于一周的集中理论学习。邀请专家学者、党政官员等为学生讲授马克思主义中国化的最新成果，举办形势报告会，分析社会热点问题，提高大学生骨干的理论素养与辨析能力。”“每年组织大学生骨干进行不少于两周的基层实践锻炼。深入到农村、社区、企业等基层一线开展生产劳动、社会调查、民宿体验、参观考察等活动，增加大学生骨干对国情和社会的了解，增进与人民群众的感情，提高社会适应能力。”“组织大学生骨干每人每年参加不少于100小时的志愿服务。”“组织大学生骨干在培养期间参与一次国际交流活动或与港澳台地区青年的交流活动。”“每个大学生骨干在培养期间，结合自己所学专业和个人兴趣，选择一个人文社会科学类的课题，在导师的指导下开展研究，完成并提交一份研究报告，以提高研究分析问题的能力。”据不完全数据获悉，没有一所高校青年马克思主义者的培养，完整地执行了《纲要》所规定的课程计划要求。原因是资源调度困难。团委系统只是一个使用资源的部门，不是一个掌握资源的部门，在市场经济的背景下，手中没有资源做什么都不容易。

保障难以实现。《纲要》在硬件方面提出四大保障：经费保障、阵地保障、师资保障、教材保障。应该说这些是青年马克思主义者培养的最基本条件保障，是最低的保障。然而，就这四个保障也没有检查，没有落实，不了了之。

显然，单独靠共青团系统解决这样的困境是不可能的，正是基于各种现实困境的综合考虑，共青团中央暂停了“青马工程”的实施。

2. “青年马克思主义者培养工程机制建设研究”项目的研究目标

由共青团中央负责实施的“青马工程”暂停了，但青年马克思主义者的培养是不可能暂停的。笔者相信，“青马工程”在时机成熟后，将由党中央负责实施，届时，将切实解决培养目标、培养动力、资源、机制等问题。因此，“青年马克思主义者培养工程机制建设研究”项目的研究意义仍然存在。

对此，课题组的认识是一致的。作为国家社科基金第一个立项支持的系统研究青年马克思主义者培养的项目，课题组深感责任重大，大家在立项后立即着手开题、调研等工作。而当课题组调研、访谈归来，课题组最关心的话题发生了变化，从课题解决什么问题到它能够解决什么问题以及应该解决什么问题，因为“青马工程”的实施状况实在不容乐观。各个高校的青年马克思主义者的培养其实就是学生干部的工作能力培训，只是打上“青马工程”的旗号。在与一些著名高校的共青团干部访谈中，他们不清楚什么样的人才能称之为青年马克思主义者。而党的组织部门、宣传部门、思想政治理论课的教师都不认为自己与青年马克思主义者培养有直接的关系。

课题组在团中央逐渐淡化“青马工程”的背景下，直面当下“青马工程”的现实困境，要以课题研究的成果水准去影响与引导现实的青年马克思主义者的培养水准，给自己确定的研究目标集中在三个层面：

一是回答什么是青年马克思主义者。解决青年马克思主义者培养现实中的培养目标问题，把青年培养成马克思主义者而不仅仅是优秀学生干部，从而才可能对青年马克思主义者培养做出评价以及推荐使用等一系列重大的理论与现实问题。培养成什么样的人不清楚，是不可能提高青年马克思主义者的培养水平与培养质量的。

二是如何在当代条件下系统培养青年马克思主义者。即如何对青年精英进行马克思主义教育？如何把马克思主义的理论魅力转化为对青年精英的现实吸引力，并将青年的马克思主义理论素养转化为实践“三个代表”重要思想和科学发展观的能力？怎样使当代青年既对中国特色社会主义事业充满理论自信、道路自信、制度自信，又具有完善理论以及道路与制度的强烈责任？研究培养动力的形成以及提供更多切实可行的培养模式。

三是进行机制化设计，提出青年马克思主义者培养新的工作机制与长效机制。新的指挥机制与协同机制，将改变当前培养动力不足，资源难以调度的状况。新的机制化设计，使资源得以合理整合，为“青马工程”新一轮的开展提供理论支撑。由于高校在青年马克思主义者培养中承担着主要任务，因此，机制化的设计就是让更多的教育资源参与青年马克思主义者的培养，使其充满活力，既有顶层设计又有分层规划，让党的组织部门、宣传部门、思想政治理论课的教师等教育主体知道做什么和怎么做。

基于课题的结项时间考量，本项目将青年马克思主义者培养对象只限于大学生骨干。这是由于大学生骨干是培养工程重点对象的最大群体，同时当下的“青马工程”也主要是围绕大学生骨干进行的，因此，这样的限定既不影响培养工程的内涵，也使研究相对单纯。

三、本项目研究思路与成果框架

1. 本项目研究的基本思路

本项目研究的基本思路是：以培养目标确定为逻辑起点，以培养的机制化形成为逻辑终点。从工程思维的视角，把青年马克思主义者的培养机制作为一个系统工程，按照青年马克思主义者培养教育以及成长的规律，着眼于顶层设计，根据培养者、培养对象、培养环境、培养目标、培养模式等要素的作用原理，构建培养机制的整体框架。这个框架为：青年马克思主义者培养教育的日常工作机制与持续发挥作用的长效机制，加上青年马克思主义者的接受心理机制。

这三大机制的关系为：前两个机制为组织机制，其中青年马克思主义者培养教育的日常工作机制是最基础、最重要的机制，它要解决培养动力与各培养主体之间的协同问题；长效机制是日常工作机制的延伸与保证，它要解决培养效果的产生及其维护与保持。后一个机制是个人机制，是青年马克思主义者信仰形成途径，是为了前两个机制正常运作服务，是为了青年马克思主义者培养的方法与手段的科学化，因此，它也注定是培养机制中重要的一部分。

课题重点阐述青年马克思主义者培养的日常工作机制，阐述青年马克思主义者培养机制的内部构成及其培养责任，阐述青年马克思主义者培养的外部协调、统筹与联动机制的构建。通过阐述，前者解决“由谁做”“做什么”“怎么做”等问题，后者解决“如何相互配合、形成整体合力”的问题。

课题研究试图厘清青年马克思主义者培养工程各子系统的具体运作模式、方法，以及各子系统间的分工、联系、互动、合作和协调关系，从而实现青年马克思主义者培养的中学—高校—工作岗位的序列化、一体化，实现多种教育方式的协调化与合理化，多个参与培养主体的理性化与自觉化。

课题研究试图揭示马克思主义被接受、马克思主义可接受及青年在不同学段接受的心理差异共同影响着青年马克思主义者的接受心理机制，从而找到青年马克思主义者在实践中建构马克思主义的理论素养，建构形成马克思主义的服务人民群众、改造客观世界的态度、精神及其能力，最终形成马克思主义信仰的信仰路径，从而使青年马克思主义培养机制充分体现青年的接受特点与成长规律，为培养路径的科学性提供支撑。

课题研究试图整合各种力量进入培养机制，这其中包括打通高校学生党建与高校青年马克思主义者培养的联系，使高校学生党建与高校青年马克思主义者培养一体化，从而改变学生党建现有的渠道与力量，以及青年马克思主义者培养各搞一套的状况；包括赋予高校关心下一代工作委员会新的使命，使该委员会中众多的退休专家学者优质人力资源参与青年马克思主义者的培养，目前该委员会还没有与“青马工程”很好连接，找到其应有的工作位置；青年马克思主义者培养绝不只是高校的事，社会其他力量也要为青年马克思主义者理论学习、社会实践及人才使用提供“绿色通道”与“快速车道”。

2. 本项目研究成果框架

第一章，厘清青年马克思主义者这一核心概念的内涵，从理论特质、实践特质、人格特质、青年特质四个方面界定青年马克思主义者：青年马克思主义者是在学习中成长的具有一定马克思主义理论素养，对人民群众有深厚感情，品德高尚的马克思主义信仰者与实践者。

阐明青年马克思主义者培养工程提出的背景与意义。提出“青马工程”是党和国家发展新时期的基础工程、关键工程、生命工程；是中国共产党赢得青年精英，进而赢得青年、赢得未来的又一伟大历史成就。

第二章，界定了“青马工程”以及“青马工程”的培养机制概念。“青马工程”的培养机制是指在青年马克思主义者培养工程的框架下，针对各培养要素之间的相互作用，以及要素内部为达成目标的运转方式、调节方式的机理，所进行的权责划分及组织化的制度规定。

本章重点研究并阐明“青马工程”的培养机制所具有的特点，这些特点也是建构培养机制的依托。根据“青马工程”培养机制国家行为的特点，党要对这一工程进行执政资源配置，全程跟踪，全程服务。高校作为党的执政资源之一，在青年马克思主义者培养中承担着重要任务。

第三章，考察早期青年马克思主义者成长历史，及几个重要时期青年马克思主义者培养的经验回顾，为建构机制提供经验借鉴。通过早期青年马克思主义者在各种救国方案的尝试中、各种主义的比较中选择马克思主义，选择中国共产党的历程，揭示马克思主义者在阶级斗争中成长的一些基本规律。

在延安时期党在知识分子中对青年党员的培养与新中国成立后党在学校中对青年学生“又红又专”的培养的历史表明，党一直在探索培养青年马克思主义者的途径与方法。党提出的教育与生产劳动相结合，青年与工农相结合的道路，以及构建一支“双肩挑”的辅导员到专业化的辅导员队伍支持青年马克思主义者成长等，在今天的青年马克思主义者培养机制的建构中仍然是需要借鉴的经验。

第四章，现实数据分析为建构培养机制提供必要性。通过问卷调查、集体访谈和个人访谈，对青年接受马克思主义教育的现状与培养机制的现状进行分析，并通过网络搜索，进行培养机制现状的推进数据统计。数据表明，“青马工程”进入常态化培养阶段以来，显示出其思想准备不足、理论供给不足、资源保障不足，机制设计不足等不容乐观的状况。

第五章，为“青马工程”培养机制进行两大顶层设计：它们是培养目标与培养模式的设计。这是由于培养目标与培养模式是培养方案的最基础、最重要的要素。其中培养目标决定了培养的性质与培养质量，培养模式决定了培养的方式与效率。

本章提出了青年马克思主义者整个培养实践活动应该围绕中国特色社会主义事业的自觉实践者这个目标来设计。这个培养目标贯穿于青年马克思主义者培养的全过程，而在不同的阶段，这个培养目标则有不同的表达形式与具体要求。

本章提出了要与培养目标相适应，为培养对象创造简单易行、便于操作，具有开放、创新形式的培养模式原则，并根据自己的工作实践，提出6种培养模式供培养者选用。它们是：学校、社会深度合作模式；分级指导晋级培养传、帮、带模式；价值澄清问题引导理论宣讲模式；成长小组团队研修模式；生活养成卓越目标模式；虚拟资源共享与政治实践历练模式。

第六章，青年马克思主义者培养必须重视培养对象的主体地位与主体性诉求。本章研究青年马克思主义者这个群体的接受心理机制，梳理其接受特点与成长规律。研究马克思主义的部分观点与词句被接受到社会主义愿景被接受再到马克思主义世界观与方法论被接受的心理接受过程。研究心理接受的环节与心理接受的作用机理。根据这一心理接受过程和相应的接受环节及作用机理，把青年马克思主义者的成长历程简要概括为：走近马克思、学习马克思、实践马克思、信仰马克思。这一接受心理机制的研究为工作重心围绕青年马克思主义者理论研讨与实践默化的培养工作机制提供了支撑，为工作重心围绕青年马克思主义者成长服务与发挥长效机制提供了保障。

第七章，由于高校在青年马克思主义者培养中担任了主要任务，因此青年马克思主义者培养的工作机制设计以高校为对象。本章把培养机制的内部构成及其培养责任与培养的外部协调、统筹与联动机制的构建糅合在一起作为工作机制进行论述。本章建议成立以学校党委书记为主任的青年马克思主义者培养指导委员会，以学校党委副书记为主任，党委组织部长、团委书记为副主任的青年马克思主义者培养工作办公室，统筹协调培养工作；拥有丰富教育资源的高校应该关心下一代工作委员会组织，其主要工作职责应该转移到培养青年马克思主义者上来。中学与地方政府也应有相应的强有力的工作机构。本章对高校青年马克思主义者培养的各参与主体的工作进行定位研究，使其在围绕统一的培养方案与集中的指挥下，各参与主体独立有效开展自己分内的培养工作。

第八章，青年马克思主义者培养的难点是培养效果的确认与培养效果的维护与拓进。本章通过设计及时准确广泛的评价机制、有力用心的组织激励机制、系统多样的计划使用机制、组织监督与群众监督并举的蜕变防范机制，进而构成青年马克思主义者培养的有效与长效机制。

附录，在广泛地征求意见的基础上，为了青年马克思主义者提高马克思主义理论素养，阅读马克思主义经典原著，笔者提出了35篇（本）阅读书目，便于青年马克思主义者少而精地学习原著。

第一章　青年马克思主义者的界定及其培养工程的提出

马克思是社会主义的第一设计师。马克思主义是中国共产党建设与执政的指导思想。中国共产党建党已经九十多周年了，执政也有六十多年的历史。中国共产党能否始终保持先进性的政党品质、保持执政为民的活力，马克思主义中国化要想不断推进取得一个个新成果指导中国特色社会主义事业取得新胜利，都需要持续的一批批青年马克思主义者成为党的建设中坚分子、成为马克思主义中国化骨干分子、成为中国特色社会主义事业推进的精英分子。

一、青年马克思主义者的内涵与特质

不同的历史时代在青年马克思主义者身上有不同的历史要求与时代特征，然而作为青年马克思主义者的研究，它需要从马克思、列宁、毛泽东等不同时代马克思主义者那里寻找他们共同的要求与共同的特征，因为这种共同的特质构成了青年马克思主义者的基本内涵。

1. 青年的界定

法国历史学家阿利耶斯认为，在18世纪以前，人们还没有对现代意义上的青春期进行划分，没有形成青春、青年的概念，青年也没有成为独立的社会性的存在群体参与历史。法国大革命的年代，“青年”诞生了，特殊的历史使命造就了“青年”这个概念，改造社会的现代性大变革、工业化大转型的时代，让青年迅速成为历史的主体。

青年作为一个过渡性的社会群体，学界对青年的内涵和外延缺乏权威定义。各个不同学科对青年不同侧面进行研究，认识青年不同层次特有属性。其中心理学从心理成熟的角度，认为青年始于自我意识的萌发，终结于自我意识的形成，将 14—25 岁界定为青年。生理学从生理发育的角度，把青年看做是生殖能力的成熟阶段，把生理发育和性特征作为年龄划分的标准，界定青年的年龄为 14—22 岁。这种规定的下限在内涵和外延上有一定合理性，并逐渐成为社会文化等其他学科和角度综合吸收的基础，但是上限由于青年生理长成、心理成熟各国差异很大，界定分歧很大。青年的上限年龄止于社会成熟。国际学术界把结束学习和获得职业（经济独立）、结婚（心理上的成人感）、成立家庭（有单独住所，脱离对父母的依赖）列为社会成熟的三个指标，并依此标准确定青年期的结束。这三个指标在现代社会其实是一个“模糊标准”。因为独身、丁克家庭等社会现象使社会产生的所谓硬指标失去实际意义，许多人就业仍在“啃老”。联合国教科文组织在 1982 年墨西哥圆桌会议上提出青年应包括 14—34 岁年龄的人口。1992 年世界卫生组织则根据全球人的身体素质和平均寿命，将青年上限年龄延至 44 岁。我国社会舆论常常把 30 到 40 多岁的人才叫做“青年作家”“青年艺术家”，实际上承认了上述标准。

本书把 14—28 岁的人界定为青年。一是《中国共产主义青年团章程》中将青年人界定为 14—28 岁，本书作为研究青年马克思主义者培养工程的成果，由于工程是由共青团系统正式提出的，故采用他们对青年的界定；二是青年的年龄上限不宜过大，因为现代社会青年的社会成熟其实已经提前，虽然青年的社会成熟还很难有一个统一的标准，但青年的早熟是不争的事实。由于青年的特征是一个过渡性的逐渐走向成熟的社会群体，我们还把一个“三十而立”的人称为不成熟的青年显然是不适合的。

2. 青年马克思主义者的理论特质

青年马克思主义者的理论特质是青年马克思主义者的最根本的特质。青年马克思主义者是青年中的先进分子，但青年中的先进分子不一定是青年马克思主义者。青年马克思主义者是青年中具有马克思主义理论素养与马克思主义信仰的先进分子。恩格斯在《致国际社会主义者大学生代表大会》的信中，希望出席大会的大学生努力提高觉悟，要在大学生队伍中造就出同体力劳动者并肩战斗的脑力劳动无产阶级，以适应无产阶级在“即将来临”的革命中掌管政治机器和全部社会生产的需要。恩格斯这里提到的大学生要成为脑力劳动无产阶级，与青年马克思主义者还不是一个概念，但他们都基本具备了马克思主义的理论品质，或者说基本掌握了马克思主义的理论武器。

具有马克思主义理论素养是指具有马克思主义的世界观与方法论，即具有辩证唯物主义和历史唯物主义的世界观和方法论。青年马克思主义者既不是不学无术的知识浅薄者，也没有对马克思主义浅尝辄止，他们的行动是在理论指导下进行的，他们能够运用马克思主义的立场、观点、方法去分析问题与解决问题。列宁曾经肯定德国工人运动的活动家和哲学家“约瑟夫·狄慈根是一个马克思主义者”，认为这个按照自己的方式发现了辩证唯物主义的工人哲学家是有许多伟大之处的！约瑟夫·狄慈根曾是一个普通的制革工人，参加过1848年的德国革命，革命失败后流亡美国和俄国。他依靠刻苦自学，独立地得出了与马克思、恩格斯的辩证唯物主义相似的结论，并认为辩证唯物主义是无产阶级的逻辑。

在《什么是“人民之友”以及他们如何攻击社会民主党人?》一文中，列宁就明确提出：马克思主义者从马克思的理论中，只是借用了宝贵的方法。没有这种方法，就不能阐明社会关系。就其功能、本质、价值而言，马克思主义就是“器”——方法。把马克思主义当做观察问题和解决问题的方法（工具、武器等），这是马克思主义创始人固有的思想，它体现的是实事求是的精神。马克思主义不是马克思的全部言论和著作的总和，而是他的观点和学说的体系。“马克思学说具有无限力量，就是因为它正确。它完备而严密，它给人们提供了决不同于任何迷信、任何反动势力、任何资产阶级压迫所作的辩护想妥协的完整的世界观。”①

马克思主义是一个具有内在统一性的完整的科学理论体系。这个体系是深邃博大的，虽然经过一百多年的历史传承，时代又发生了很大的变化，但辩证唯物主义和历史唯物主义的世界观和方法论仍然保持了其理论的先进性，其后马克思主义理论的发展，无论是列宁主义还是毛泽东思想以及中国特色社会主义理论体系，都坚持辩证唯物主义的世界观与方法论，以实现共产主义和人类解放为最终目标。因而，青年马克思主义者作为马克思主义的追随者和信奉者，要坚持和发展马克思主义，在新的情况下“接着说”马克思主义，一定要学习并坚持辩证唯物主义的世界观与方法论，而不是做每一件事、说每一句话都要到马克思那里找根据。

在如何学习并坚持马克思主义的世界观与方法论方面，列宁作为历史上伟大的马克思主义者是一个经典的案例。列宁不纠缠马克思主义某一具体观点的是与非，不计较马克思主义某一方面思想的新与旧，不苛求马克思主义某一句话语的对与错，而是挖掘和弘扬马克思主义理论体系最有价值的方法、内涵、本质、精髓，并且运用它们成功地解决社会主义实践中的新课题，进而实现马克思主义的新飞跃。在列宁这里，马克思主义一直都是他的世界观与方法论。

关于匈牙利思想家卢卡奇是否是马克思主义者，学界有很大的分歧。匈牙利思想家卢卡奇在《历史与阶级意识》一书中认为：我们姑且假定新的研究完全驳倒了马克思的每一个论点，即使这点得到证明，每个严肃的“正统”马克思主义者仍然可以毫无保留地接受这种新结论，放弃马克思的所有论点，而无须片刻放弃他的马克思主义正统。所以，正统马克思主义并不意味着无批判地接受马克思主义研究的结果。它不是对这个或者那个论点的信仰，也不是对某本圣书的注解。恰恰相反，马克思主义问题中的正统仅仅是指方法。卢卡奇对一个正统的马克思主义者的含义的理解，强调的是马克思主义的方法而忽视了马克思主义的世界观，把马克思主义的世界观与方法论割裂开来，

① 《列宁选集》第1卷，北京：人民出版社1995年版，第60页。

并且怀疑辩证唯物主义的正确性，可以说他不是一个真正意义上的马克思主义者。

教条主义者让我们认识了怎样才具有马克思主义者理论素养的真正品质。中国共产党历史上曾经饱受教条主义者的危害，因为教条主义者往往用马克思主义的词语吓唬信仰马克思主义而又不懂马克思主义的人。马克思主义创立的时候，马克思就宣布："我不主张我们树起任何教条主义的旗帜"，"新思潮的优点就恰恰在于我们不想教条主义地预料未来，而是希望在批判旧世界中发现新世界。"① 恩格斯进一步指出："我们的理论不是教条，而是对包含着一连串相衔接的阶段的那种发展过程的阐明"②，"我们的理论是发展的理论，而不是必须背得烂熟并机械加以重复的教条"③。教条主义者的一个重要特征，就是"在观察和处理问题时，不是从客观实际出发，进行认真的调查研究，而是把书本上的个别定义、词句当做千古不变的教条，生搬硬套，拒绝对具体情况进行具体分析"，"用形而上学的观点来看待马克思主义，把它看成僵死的东西，这是教条主义。"④ 邓小平在我国的社会主义建设中提出："教条主义者不研究中国特色社会主义现代化建设的生动实际，不研究我国社会主义面临的新情况、新问题、新环境，不研究我国的国情，更不结合时代发展特征和世界发展的潮流，而是生吞活剥、机械套用马克思主义的个别结论和个别语言，并把它们当做'放之四海而皆准的普遍真理'来指导现实社会主义中的实践活动，更有甚者企图照搬西方的多党制度和议会制度，把我国纳入资本主义的发展轨道。"⑤

王明是教条主义者的代表，他读了一些马列主义的书，熟记了一些词句，就自命不凡，自称是"百分之百的布尔什维克"，到处引经据典，却往往闭口不谈中国革命的实际，把马列的书当做天书，把马列

---

① 《马克思恩格斯全集》第1卷，北京：人民出版社1986年版，第416页。
② 《马克思恩格斯选集》第4卷，北京：人民出版社1995年版，第549页。
③ 《马克思恩格斯选集》第4卷，北京：人民出版社1995年版，第460页。
④ 《毛泽东选集》第5卷，北京：人民出版社1992年版，第417页。
⑤ 《邓小平文选》第3卷，北京：人民出版社1993年版，第267页。

著作中的某些词句或公式当做宗教教条，把共产国际的指示当做神圣不可侵犯的金科玉律，视之为包医百病的灵丹妙药，肆意割裂理论与实际的联系，否认通过实践发现、检验和发展真理的原则，而一切照抄照搬共产国际和斯大林的指示以及苏联的革命经验。这势必把共产国际和斯大林有关中国革命的一些错误的东西也接受过来，从而在中共党内产生“左”倾错误。

为此，中国共产党第一代领导集体成员之一刘少奇在延安马列学院作《论共产党员的修养》的报告时，根据党内对待马克思主义的态度的不同而将他们划分为两种人，即真马克思主义者和假马克思主义者。所谓假马克思主义者，就是“学习马克思、列宁，不能学习到马克思列宁主义的本质，只是肤浅地学习到马克思列宁主义的词句。他们虽然读了马克思列宁主义的书籍，但是，不能把这些书籍中的马克思列宁主义的原理和结论当做行动的指南，运用到活生生的具体实际问题上去。”① 所谓真马克思主义者，就是“认真地学习马克思列宁主义的理论和方法，掌握马克思列宁主义的精神和实质”，“熟读马克思列宁主义的书籍，同时又着重调查和分析活生生的现实，研究自己所处的时代和本国无产阶级所处的各方面情势的特点，把马克思列宁主义的普遍真理和本国革命的具体实践结合起来。他们不以背诵马克思列宁主义的原理和结论为满足，而要站在马克思列宁主义的坚定立场上，掌握马克思列宁主义的方法。”②

把这种理论素养上升为信仰，即信仰马克思主义、信仰科学共产主义是青年马克思主义者理论特质的外在表现。马克思主义理论素养与马克思主义信仰是一个并列关系，两者之间互相支撑但彼此不可取代。在思维方式上遵循辩证唯物主义与历史唯物主义的方法论的人不一定信仰马克思主义，而在现实中信仰马克思主义的也可能不具备马克思主义理论素养。而一个马克思主义者则应同时具备这两方面的素质。

---

① 《刘少奇选集》（上卷），北京：人民出版社 1981 年版，第 106 页。

② 《刘少奇选集》（上卷），北京：人民出版社 1981 年版，第 107-108 页。

现实中作为一名共产党员要求信仰马克思主义，但是他可能不具备马克思主义理论素养。信仰能够使人在理想和现实之中保持合适的张力，保持清醒的头脑，保持对未来发展和历史经验的反思和批判，保持对马克思主义理论在实践发展中的扬弃和创新。邓小平说："如果我们不是马克思主义者，没有对马克思主义的充分信仰，或者不是把马克思主义同中国的实际相结合，中国现在还会是四分五裂，没有独立，没有统一。对马克思主义的信仰，是中国革命胜利的一种精神力量。"①

马克思主义者对马克思主义的信仰与一般信仰马克思主义的人的信仰的区别是：这种信仰是一种理论品质。马克思成为马克思主义者，是马克思能够在理论探索的过程中以严格的科学态度不断验证和审查自己从前的哲学信仰，不断做出符合历史发展的和现实要求的哲学结论，从而为论证人类解放的课题提供理论基础，即马克思主义者的信仰是建立在辩证逻辑与人类社会发展的规律基础上的。

美国著名学者海尔布隆纳在马克思主义者标准问题上认为，马克思主义思想有一个可以得到"公认的共同点"，这个共同点来源于"同一套前提"：抓住马克思主义的本真精神的人，行动上对共产主义理想的追随和思想上对马克思主义的信仰。海尔布隆纳所说的"共同点""同一套前提"即是辩证唯物主义的世界观与方法论，而马克思主义者对马克思主义的信仰既有一般信仰的特征：思想的认可与行为的追随，还同时拥有马克思主义的思想体系，在新的形势下去发展这个主义。青年马克思主义者也不例外。

青年马克思主义者是一个发展的概念，在不同时代有着不同的内涵，但有一点是共同的：即信仰马克思主义、信仰科学共产主义。没有马克思主义的信仰，青年充其量只是马克思主义的同路人。如果这种信仰没有科学论证和正确的前提，那么，即使是非常强烈的信仰，也会变得非常脆弱，到头来迷失自我。坚定马克思主义信仰，就是用马克思主义的科学体系武装人们的头脑、自觉排除各种错误思想的干

① 《邓小平文选》第3卷，北京：人民出版社1993年版，第63页。

扰，为中国特色社会主义现代化建设贡献力量。马克思主义信仰是以马克思主义对人类历史规律尤其是资本主义运动规律的科学研究和解释为基础而得出的。马克思主义对资本主义的批判，不是一种纯粹道义上的谴责和语言上的诅咒，而是以一种理性、冷静、客观的剖析为基础。马克思主义宣告资本主义必然被社会主义代替，也不是仅基于对无产阶级的同情和道义上的义愤，而是依据对资本主义产生、发展和灭亡的客观规律的揭示和把握。尽管马克思主义诞生以来，人类社会已经发生了翻天覆地的变化，但时代主题的变化与我国社会的发展并没有否定马克思主义的科学性。他们有责任根据马克思主义“公认的共同点”“同一套前提”，与时俱进作出马克思主义适应时代的阐述。

3. 青年马克思主义者的实践特质

青年马克思主义者的实践特质是青年马克思主义者的最重要的特质。他们对于马克思主义，是作为追求人类解放的锐利武器去接受、去掌握的。在实践中去实现共产主义理想，是他们共同的信念。他们的马克思主义理论素养与马克思主义信仰也需要在改造社会的实践中逐渐提纯。邓小平曾经说过：“列宁之所以是一个真正的伟大的马克思主义者，就在于他不是从书本里，而是从实际、逻辑、哲学思想、共产主义理想上找到革命道路，在一个落后的国家干成了十月社会主义革命。”①

在价值取向上以改造世界为旨归是青年马克思主义者实践特质的必然要求。马克思在《关于费尔巴哈的提纲》中写道：“哲学家们只是用不同的方式解释世界，而问题在于改变世界。”② 马克思对“解释”和“改变”这两个词特别用粗体字加以强调。毛泽东则在《改造我们的学习》一文中指出：“对于马克思主义的理论，要能够精通它，应用它，精通的目的全在于应用。”③ 一个马克思主义者如果不懂得从改造世界中去认识世界，又从认识世界中去改造世界，就不是一个好的马克思主义者。一个中国的马克思主义者，如果不懂得从改造中国中去

---

① 《邓小平文选》第3卷，北京：人民出版社1993年版，第291-292页。

② 《马克思恩格斯全集》第3卷，北京：人民出版社1986年版，第6页。

③ 《毛泽东选集》第3卷，北京：人民出版社1991年版，第815页。

青年人对群众的理解过于抽象化、理想化，必须下决心到群众中去，学习如何接受群众，同他们一起生活，了解群众，直至取得他们的信任。只有这样，群众才会信任我们，接受我们的领导。其次，青年人要善于使群众根据自身的经验来了解我们领导的正确。只有让群众了解我们领导的正确，群众才会心悦诚服地接受我们的领导。让群众了解我们领导的正确，需要反对那些光会喊喊革命口号、唱唱高调的空谈主义者和命令主义者。最后，青年要向群众学习。张闻天指出，群众可能有一些缺点，但是，群众的革命实践能够创造出丰富的斗争形式、组织形式、工作方法等各种可贵经验。群众创造出来的东西，常常是一个领导，即使是天才的领导也不能预料。所以，青年人不应该在群众面前摆资格，自高自大，瞧不起群众，而应该虚心向群众学习。

毛泽东也有这样的说法：“中国广大的革命知识分子应该觉悟到将自己和农民结合起来的必要。农民正需要他们，等待他们的援助。他们应该热情地跑到农村中去，脱下学生装，穿起粗布衣，不惜从任何小事情做起，在那里了解农民的要求，帮助农民觉悟起来，组织起来，为着完成中国民主革命中一项极其重要的工作，即农村民主革命而奋斗。”①

青年马克思主义者爱人民不仅仅是因为他们是自己的老师、同志与战友，为无产阶级和广大人民群众谋利益，也是马克思主义的根本政治立场和根本宗旨。胡锦涛同志在纪念中国共产党成立 90 周年讲话中 132 次提到“人民”二字，表明中国共产党始终代表中国最广大人民群众的根本利益，始终坚持人民群众是历史的真正创造者的历史唯物主义世界观。中国特色社会主义是与人民群众的命运休戚相关的事业，是不断满足人民群众的需求实现以富强、民主、文明、和谐为目标的社会主义。人民群众既是社会物质财富和精神财富的创造主体，也是享受物质文化利益的价值主体。

如何在情感上一以贯之地做到爱人民？就是全心全意地为人民服务。为人民办实事，做好事，不做坏事。青年马克思主义者在实践中

---

① 《毛泽东选集》第 3 卷，北京：人民出版社 1991 年版，第 1028 页。

是以为人民做好事为价值标准的，是在为人民做事中体现自己的价值，而不是在做官的大小中体现自己的价值。做大官是为了更好地为人民做大事。由于中国共产党是执政党，青年马克思主义者是具有马克思主义理论素养的经济、科技、教育、军事、外交和文化等社会各个领域中的专门人才，势必会逐步进入党和政府的各级领导岗位，这些岗位只是为他们实现信仰提供了空间，这是人民对他们的信任，他们对此是有认识与思想准备的。如果一个人总是在计较官位的大小，因为官位小了，不愿意为人民去做事，那他也不是一个青年马克思主义者。

为此，他必须深入到民众中去，深刻地理解民众的疾苦，要了解民众的语言、表达方式，让民众感到与青年马克思主义者这些精英们没有任何外在的差别与鸿沟。他们没有任何特权，有的只是对民众的关心与责任。精英理论家认为，政治精英的前提条件是先天的生理优越性，具有超人的智力与旺盛的精力。对青年马克思主义者而言，他并不是先天的政治家，他改造世界的智力与旺盛的精力源于他对民众的感情。

青年马克思主义者对那些坑害人民、危害人民的行为深恶痛绝。他对人民有多爱，他对敌人就有多恨。如果一个青年马克思主义者已经对那些危害人民的行为熟视无睹，没有任何的情绪反应，或是反应不强烈，那么，他对人民的爱也没有了，他就不是一个马克思主义者了。

在实践中青年马克思主义者还担负着宣传马克思主义，团结他人与自己一道努力工作的责任。青年马克思主义者有责任、有义务宣传马克思主义，使更多的青年与民众成为自己的战友与同志，一个不愿意全力宣传马克思主义的青年不是一个青年马克思主义者。现代社会固然重视媒体的大众传播，但也重视个体之间的人际传播，口耳之间的人际传播效果更好。不仅如此，青年马克思主义者在传播马克思主义的过程中，既教育了别人，也教育了自己，它使自己的马克思主义的学习更加自觉，马克思主义的信仰更加坚定。青年马克思主义者宣传马克思主义的过程中还将发展马克思主义。我们不能仅仅把青年看做是接受马克思主义武装的群体，也要把青年看做是推进马克思主义被实践证明是犯了错误的人。但是，要特别警惕像赫鲁晓夫那样的个人野心家和阴谋家，防止这样的坏人篡夺党和国家的各级领导。他们必须是党的民主集中制的模范执行者，必须学会从群众中来，到群众中去的领导方法，必须养成善于听取群众意见的民主作风。而不能像赫鲁晓夫那样，破坏党的民主集中制，专横跋扈，对同志搞突然袭击，不讲道理，实行个人独裁。他们必须谦虚谨慎，戒骄戒躁，富于自我批评精神，勇于改正自己工作中的缺点和错误。而绝不能像赫鲁晓夫那样，文过饰非，把一切功劳归于自己，把一切错误归于别人。”① 青年马克思主义者是宽以待人、严以律己、对人民群众非常友善的青年精英。现在许多人把拥护自己的人划一个小圈子，把反对自己的人划到另一个圈子。这样的人肯定不是马克思主义者。

自我牺牲的人格意志。青年马克思主义者应该具有勇于牺牲、愿意奉献，不计较个人利益得失，与祖国人民共进退的品质。它在中国传统文化那里是君子的“甘愿清贫”“推己及人”的品格，是颜回的“一箪食，一瓢饮，在陋巷”“人不堪其忧，回也不改其乐”② 的品格。为此，毛泽东同志提出这样的要求：“这些人不要自私自利，不要个人英雄主义和风头主义，不要懒惰和消极，不要自高自大的宗派主义，他们是大公无私的民族的阶级的英雄，这就是共产党员、党的干部、党的领袖应该有的性格和作风。”③ 1937 年 10 月 19 日，毛泽东同志在纪念鲁迅逝世周年大会上的讲话，一开始就指出，“陕北公学主要的任务是培养抗日先锋队的任务。”他说，“陕北公学的一切物质设备都不好，但这里有真理，讲自由，是造就革命先锋分子的场所。”他强调，“当着这伟大的民族自卫战争迅速地向前发展的时候，我们需要大批的积极分子来领导，需要大批的精练的先锋队来开辟道路。”他说：“我们现在需要造就一大批为民族解放而斗争到底的先锋队，要他们去领导群众，组织群众，来完成这历史的任务。”又说：“我们共产党是无

① 毛泽东：《关于赫鲁晓夫的假共产主义及其在世界历史上的教训——九评苏共中央的公开信》，《人民日报》，1964 年 7 月 14 日。

② 《论语 · 雍也第六》

③ 《毛泽东选集》第 1 卷，北京：人民出版社 1991 年版，第 267–268 页。

产阶级的先锋队，同时又是最彻底的民族解放的先锋队。”对先锋分子，毛泽东要求他们是胸怀坦白的，忠诚的，积极的与正直的；他们是不谋私利的，唯一地为着民族与社会的解放；他们不怕困难，在困难面前总是坚定的，勇往直前；他们不是狂妄分子，不是风头主义者，而是脚踏实地富于实际精神的人们。

刘少奇在《论共产党员的修养》中作了这样的解读：认为无产阶级与共产党员是把自己的幸福建筑在使别人同享幸福的基础上，“是在努力于最大多数劳动人民与全人类的解放斗争中来解放自己，来消灭少数人的特殊权利，这就是共产党员的高贵、伟大与被人尊敬的基础”。

当今的市场经济环境对青年马克思主义者的自我牺牲的人格意志是严峻的考验。因为市场经济对个人利益是非常注重的，青年马克思主义者以人民利益、民族利益为重，只是这种自我牺牲不是一日两日的事，不是偶尔为之，它是一种常态，也不是通常说的吃小亏，占大便宜，它可能是一辈子吃亏都不占便宜。占便宜的是他服务的人民群众。只是想给自己带来好处的人而不是给人民带来好处的人，不可能成为青年马克思主义者。

进取创新的人格素养。中国传统文化的“君子”都是自强不息的典范。“穷则独善其身，达则兼济天下”。贪图安逸、满足现状、因循守旧、碌碌无为不是君子风范。中国传统文化在他们身上烙下了深深的印记。他有一种强烈的进取心，他周围的人都能感觉到，就像一股强烈的气场，带动着他人。他始终朝气蓬勃，昂扬锐气，敢为人先、百折不挠、坚忍不拔。他的强烈进取心并非是一种野心，而是一种事业心，它主要来自于青年马克思主义者对社会承担的责任，来自于他们对自己的严格要求。当进入知识经济时代后，他深知新时期对青年马克思主义者创新的要求。唯如此他们才能在社会主义“蛋糕做大”的过程中，想干事，干成事，干大事，干成人民满意的事。即在新时期下：进取必须创新，创新才体现进取的价值。因此，进取创新逐渐成了他们的人格素养。

他们进取创新的特别标志是勤奋学习。学习多方面，在多方面学习。他们总是利用一切可以利用的时间给自己充电。毛泽东认为他一生最大的爱好是读书，饭可以一日不吃，觉可以一日不睡，书不可一日不读。进取创新的基础是站在巨人的肩膀上，只有学习他才有宽阔的视野，创新的能力。一个不爱学习的人肯定不是青年马克思主义者。

他们进取创新的另一标志是艰苦创业。艰苦创业是青年马克思主义者在新形势下进取创新的主要形式。在社会主义建设的大背景下，青年马克思主义者不管他的家庭背景如何（不排斥“官二代”“富二代”，乃至于今后的“官三代”“富三代”……），他们都应该是艰苦创业的一代。他们自己艰苦创业，也引领着他人艰苦创业。物质上高享受不属于他们，这不意味着他们没有很高的幸福指数，他们享受的是艰苦创业带来的乐趣，这种进取创新而给社会带来的繁荣体现的价值使他们的幸福指数远远超越他人。

他们进取创新还表现在有相当的自我克制与淡泊利益、宁静致远的品质。他们对逆境与挫折的考验，比普通的青年人有更好的表现，委屈也可以承受（当然他们不希望无端的委屈），他们的进取创新不是冲着自我的利益而去，由于宁静致远使他们认准了目标，“不到长城非好汉”。他们知道作为青年精英，不在于有多么高贵的嗜好，而在于对周围的人的感召，承受别人难以承受的困难与委屈，就是他们在同龄人中具有最好感召力的优势所在。

崇高与卓越并非没有缺点，不犯错误。古人云：圣人并非无过，只是注意少犯错误。而一旦有过，即“迁善改过”，勇于修正自己的错误，从而使其思想得以“常新”、道德境界得以“常觉”、日新日进。青年马克思主义者也是如此，他们不文过饰非，在错误面前勇于承认，迅速地改正自己工作中的缺点和错误。

5. 青年马克思主义者的青年性特质

青年马克思主义者的青年性特质是青年马克思主义者的最基本特质。青年这个社会群体至少有下列特质，联合国教科文组织表达为：“青年是一些连接过去与将来的过渡性社会群体，一个以各种各样的方式发挥作用且具有可塑性的群体。”① 学者表达为：“青年本质为，青年是身心逐渐成熟，开始能动地建立和完善自我独立的各种社会关系的个体以及由这些个体所组成的群体。”②

青年马克思主义者是青年群体中的精英，但他仍然是青年中的一员，他具有青年的优点，也具有青年的弱点。毛泽东曾这样分析青年：“青年是整个社会力量中的一部分最积极最有生气的力量，他们最肯学习，最少保守思想，在社会主义时代尤其是这样。”③ 但是“不少青年人……缺乏政治经验和社会生活经验。”④ 毛泽东这里肯定的青年长处，青年马克思主义者都具有，部分青年人的短处，青年马克思主义者也或多或少具有。

革新、创业是青年马克思主义者青年性特质的最典型体现。青年马克思主义者具有朝气蓬勃的品质而不是唯唯诺诺的品质。毛泽东鼓励青年敢想敢说敢干，不要为名人、古人、大人物所吓倒，告诫中老年要相信青年放手让他们去干，以充分发挥青年的创造活力，千万不要压制他们，限制他们的首创精神。邓小平同志要求青年“要大胆地试，大胆地闯”。胡锦涛希望青年“勤于学习、善于创造、甘于奉献”。这些都是对青年马克思主义者革新、创业的青年性特质的肯定。青年马克思主义者如果没有“初生牛犊不怕虎”向权威质疑的勇气，如果没有大胆地试、大胆地闯向旧体制宣战的锐气，他就不是一个真正的青年马克思主义者。

青年马克思主义者青年性特质还表现在青年马克思主义者思想行为方面都有相对不成熟的一面，有的青年马克思主义者研究者往往忽视这一点。有研究者认为青年马克思主义者应有远大的共产主义理想、广博的科学文化知识、高水平的创新实践能力、奉献和服务意识⑤，有研究者则认为青年马克思主义者应具有坚定的马克思主义信仰、有高

① 联合国教科文组织：《八十年代的青年》，北京：中国社会科学院青少年研究所 1983 年版，第 16 页。

② 吴鲁平：《试析青年本质的规定性》，《中国青年政治学院学报》，1988 年第 3 期。

③ 《毛泽东选集》第 5 卷，北京：人民出版社 1977 版，第 247 页。

④ 《毛泽东选集》第 5 卷，北京：人民出版社 1977 版，第 395 页。

⑤ 王珩：《新时期高校青年马克思主义者的特质及培育》，《高教论坛》，2009 年第 7 期。

度的社会责任感和与时俱进的使命感、有健全的人格，把青年马克思主义者完全等同于成熟的马克思主义者。

其实青年马克思主义者尽管是青年的精英，由于政治经验和社会生活经验相对缺乏，难免出现政治上的幼稚、思想上的偏激、行动上的激进、方法上的简单这些青年人的病症，甚至在信仰上发生摇摆，在人格上出现分离。青年马克思主义者具有青年的属性，必然具有青年特质，这就是他们的不成熟性及由此而产生的在学习中成长。青年马克思主义者在马克思主义理论素养方面有待提升，在改造世界的实践能力方面比较薄弱，在人格方面由于比较单纯，也容易受到各种思想的影响与侵蚀。他们在成长道路中都经历了一个由不掌握马克思主义到初步掌握马克思主义，由一个不成熟的马克思主义者逐步成长为成熟的马克思主义者的历程。因此，青年马克思主义者是一个发展的概念，需要持续的培养、引导与教育。他们本身也需要继续学习与成长。

在学习和实践中丰富自己、完善自己。自觉、勤奋的学习是青年马克思主义者青年性特质的最基本要求。学习是青年马克思主义者的最基本任务。显然，他首先是马克思主义的自觉学习者，当前要特别学习马克思主义中国化的最新理论成果。他还要学习其他方面的知识、技能与经验。列宁强调："只有了解人类创造的一切财富以丰富自己的头脑，才能成为共产主义者。"因为"共产主义是从人类知识的总和中产生出来的，马克思主义就是这方面的典范"[①]。恩格斯也有类似的论述：工人阶级的解放，除了需要政治家之外，"还需要医生、工程师、化学家、农艺师及其他专门人才，因为问题在于不仅要掌管政治机器，而且要掌管全部社会生产，而在这里需要的绝不是响亮的词句，而是扎实的知识"[②]。

每一个马克思主义者都必须面对的一个基本问题，即如何把握理论与实际的关系，或如何对待书本与实际的关系。一个马克思主义者

① 《列宁选集》第4卷，北京：人民出版社1995年版，第284页。

② 《马克思恩格斯选集》第4卷，北京：人民出版社1995年版，第435页。

的成长既离不开书本，离不开既有的理论；又不能局限书本，拘泥于书本上现成的理论答案。真正的马克思主义者无不通过刻苦学习而具有马克思主义理论素养与马克思主义信仰。列宁在把马克思和恩格斯创立的科学社会主义从理论变为现实的历史进程中，多次强调要学习、学习、再学习。毛泽东在解决中国新民主主义革命实际问题的历史进程中，力主“改造我们的学习”来增强学习马克思主义理论的实效性。刘少奇在1941年写的《答宋亮同志》一文中严肃地指出：“中国党内在最初的一个时期——陈独秀时代及其以后——有些党员是有一种意见，反对党员对理论作比较深入的专门研究。甚至在学校中，当许多党员专门学习理论的时候，亦强调反对‘学院式’的研究，指那些比较埋头读书的党员为‘学院派’，而强调在实际斗争中的锻炼。似乎认为只要有实际斗争的经验，而不要高深的理论研究，就能满足，就能领导革命达到胜利。似乎认为马列主义的理论，无须经过相当长期的埋头深刻的研究，就能把握得到的。这种意见，与当时某些党员的另一种意见，即轻视实践，脱离实践的理论研究，真正的学院式研究对抗着。这两种意见都是错误的……他们都没有把理论与实践的关系正确解决与正确联系。”① 接着，刘少奇又明确指出：“党员埋头读书研究，这一事实并不表现为‘学院派’，而是每一个党员在从事马列主义研究时所必需如此做的。任何比较有马列主义修养的人，都必须经过这样的埋头读书与研究的阶段。马克思、列宁本人更是如此。”②

具有马克思主义理论素养与马克思主义信仰是在学习与实践中形成的，需要相关的知识作为基础。学习马克思主义应注意不是只知道几个共产主义的新名词，或是几句皮毛的空洞原则，也不要做一个不顾环境的模仿主义者，而是要结合中国的国情，按照中国的实际情况去解释和运用革命的理论，避免产生过左和过右的倾向。任弼时同志作为多年主管青年工作的领导要求青年马克思主义者，“学习问题是所有一切不同职业、不同部门的青年团的共同的中心活动。学习的含义

① 《刘少奇选集》（上卷），北京：人民出版社1981年版，第218页。
② 《刘少奇选集》（上卷），北京：人民出版社1981年版，第219页。

有两个方面：一方面，学习系统的马克思列宁主义与中国革命实践相结合的毛泽东思想，学习科学、技术知识，提高青年团员及广大青年的思想政治文化水平。另一方面，学习马克思列宁主义在各种具体工作上的实际运用。这就是说，学习要和本身的实际工作结合起来。”并强调：“马列主义是人类文化知识最高的发展，学习马列主义必须有很丰富的、具体的社会知识与科学知识做基础，没有这样的基础，要成为一个优秀的马列主义者，是不可能的。”①

1941年1月31日，毛泽东在给毛岸英、毛岸青的信中说：“惟有一事向你们建议，趁着年轻，多向自然科学学习，少谈些政治。政治是要谈的，但目前以潜心多学习自然科学为宜，社会科学辅之。将来可以倒置过来，以社会科学为主，自然科学辅之。总之注意科学，只有科学是真学问，将来用处无穷。”② 即用马克思主义的学习去指导专业知识、技能的学习，用专业知识、技能的学习加深对马克思主义的理解。

青年马克思主义者的理论特质、实践特质、人格特质及其青年性特质是青年马克思主义者内涵不可缺少的四个部分，它们相辅相成，互为补充、密切联系，共同构成了青年马克思主义者的丰富内涵。

只有具备马克思主义素养及马克思主义信仰的理论特质才可能是马克思主义者，并发挥其青年马克思主义者引领潮流，把握政治方向的作用。否则他充其量只能是一个优秀青年。

只有以实践为平台，在实践中向人民群众学习，对人民群众有深厚感情，经受实践的锻炼与考验，并在实践中努力作为才表明他是真搞马克思主义，否则他充其量只能是一个口头马克思主义者。而他的自觉实践既来自他的马克思主义信仰的要求，也来自马克思主义素养的指导，他的实践又强化了他的信仰与对马克思主义的理解。

只有他具备追求崇高与卓越的人格特质，在革命与战争时期，他才能经受住生与死的考验，在和平建设时期，他才能经受住各种欲望

① 《任弼时选集》，北京：人民出版社1987年版，第12页。

② 《毛泽东书信选集》，北京：人民出版社1983版，第166页。

的诱惑，否则他经受不住外界的考验，他成不了马克思主义者。

青年马克思主义者具有的青年性特质，决定了他既具有青年的积极因素，如进取创新、敢作敢当，也具有理论素养不扎实、信仰容易动摇等消极因素。

综上所述，我们对青年马克思主义者的概念作一理论界定：青年马克思主义者是在学习中成长的、具有一定的马克思主义理论素养、对人民群众有深厚感情的、品德高尚的马克思主义信仰者与实践者。

二、青年马克思主义者培养工程提出的背景与意义

当改革进入了攻坚阶段，党对青年的要求更高了，尤其是对青年的精英要求更高，因为它关系到改革的方向与成果，关系到祖国的未来、民族的希望，关系到中国共产党的未来和希望。青年精英的发展水平代表着青年的发展水平，是一个国家经济社会发展程度的重要指标。青年精英缺乏对中国的深切责任感，缺乏对马克思主义的深刻理解，缺乏对中国的历史与现实的深入认识，缺乏党内生活及艰苦意志的深刻磨砺，是难以应付未来复杂的社会局面的，是难以完成民族复兴的重任的。中国共产党高瞻远瞩，2007 年开启了青年精英的马克思主义者培养工程，用马克思主义理论及马克思主义中国化成果武装青年精英，通过常态化机制下的专注培养及青年自身有效的实践，从而改变他们四个缺乏的状况。中国特色社会主义事业将在一代代青年马克思主义者手中传承，发扬光大。

1. 现实平台：中国特色社会主义事业全面推进

根据中华人民共和国国家统计局网站《改革开放 30 年报告》：改革开放以来，中国成为世界上经济增长最快的国家，年均增长 9.8%，它大大高于同期世界经济年平均增长 3.0%的速度。2007 年：中国国内生产总值（GDP）高达 249 530 亿元，是 1978 年的 68.5 倍；人均 GDP 为 18 934 元，是 1978 年的 49.7 倍；中国国内生产总值占全球的比重由 1978 年的 1%上升到 2007 年的 6%，已达到世界第四位；外汇储备扩大到 15 282 亿美元（截止 2007 年年底），居世界第一位；全国农村绝

对贫困人口由 2.5 亿减少到 1 479 万人；城镇化步伐明显加快，基本实现了由城乡分割向城乡协调共同发展的转变。30 年来，城镇人口占总人口的比重逐年提高，城镇化水平由 1978 年的 17.9%上升到 2007 年的 44.9%，上升了 27 个百分点，年平均上升 0.9 个百分点。城镇总人口年均增加 1 453 万人，乡村总人口年均减少 216 万人。中国已经成了名副其实的世界制造大国，中国制造业增加值占世界的份额由 1995 年的 5.1%上升到 2007 年的 11.4%。中国在航天技术、核能发电技术、高性能计算机技术、重型机械成套设备制造技术、数控机床制造技术、第三代通信技术等领域都有一系列重大突破。2007 年，我国高技术产业增加值 11 621 亿元，占国内生产总值的比重达到 4.7%，比 1995 年提高 3.0 个百分点。中国的发展为国际资本提供了广阔市场，中国累计实际使用外资超过 8 826 亿美元。2001 年以来，中国年均进口额近5 600 亿美元，为相关国家和地区创造约 1 000 万个就业机会。2007 年进出口总额 21 737 亿美元，比 1978 年增长了 104.3 倍，年均增长 17.4%。其中，出口增长 18.1%，进口增长 16.7%。进出口贸易总额占国内生产总值的比重由 1978 年的 9.7%提高到 2007 年的 66.8%，进出口贸易总额居世界位次由 1978 年的第 29 位跃升到第 3 位，仅次于美国与德国，占世界贸易总额的比重也由 0.8%提高到 7.7%，中国成为一个名副其实的对外贸易大国。中国经济对世界经济增长的贡献率超过 10%，对国际贸易增长的贡献率超过 12%，成为推动世界经济增长的发动机之一①。

当 2007 年美国次贷危机全面爆发，进而演变成国际金融危机之时，是中国提供了解决这场危机的“金钥匙”，开启漩涡中的世界经济大门，在国际金融危机的巨大冲击下，既保持了本国经济的平稳较快发展，也对全球经济稳定与恢复做出了巨大的贡献。

中国特色社会主义道路已经成为一种中国发展模式。英国著名思想库伦敦外交政策中心 2004 年 5 月发表乔舒亚·库柏·拉莫的一篇论文，题为《北京共识》，对中国 20 多年的经济改革成就作了全面理性

① http：//www. stats. gov. cn.

的思考与分析，指出中国的经济发展模式不仅适合中国，也是适于追求经济增长和改善人民生活的发展中国家效仿的榜样。此文一出，顿时对“中国模式”以及“北京共识”的讨论成为了国际主流媒体在2004年5月份的一个引人关注的动向。美国《国际先驱论坛报》网络版5月20日刊登的题为《中国将以自己的方式改变》的文章，称赞中国以循序渐进的方式推进政治改革果断明智。英国《卫报》5月27日刊登题为《中国解决亿万人民温饱问题的经验》的文章，认为中国的崛起为其他国家提供了除西方发展模式之外的一个强有力的选择。墨西哥《每日报》5月24日则刊登了题为《中国：亚洲的地平线》的文章，认为中国奇迹是依照自身情况理智制定社会经济政策的结果。中国发展模式让人们看到中国特色的社会主义有着巨大的持续的发展动力与发展效率。中国的改革发展无疑是成功的，造福了世界上最多的人口，使他们摆脱饥饿，实现了他们的自我价值。这一模式体现出民生为大、渐进改革、文化觉醒等特点。20世纪90年代，资本主义思想家们认为资本主义对社会主义不战而胜的舆论甚嚣尘上。然而社会主义中国用发展的事实使这一舆论哑火。在改革开放的推动下，中国这样一个人口众多的发展中大国，以世界上少有的速度持续快速发展起来，经济实力和综合国力不断增强，基础设施和城乡建设发生巨大变化，人民生活总体上实现了由贫穷向小康的历史性跨越。美国著名经济学家斯蒂格利茨指出，中国经济发展形成了“中国模式”，堪称很好的经济学教材。

这种中国发展模式来自于一种成熟的理论指导。马克思主义中国化取得了一系列的丰硕成果，中国特色社会主义理论体系是其中最新、最重要的成果。党的第十七次全国代表大会提出了中国特色社会主义理论体系的科学命题，明确指出：中国特色社会主义理论体系，就是包括邓小平理论、“三个代表”重要思想以及科学发展观等重大战略思想在内的科学理论体系。中国特色社会主义理论体系，在新的时代条件下系统回答了什么是社会主义、怎样建设社会主义，建设什么样的党、怎样建设党，实现什么样的发展、怎样发展等重大理论实际问题；科学阐明了中国特色社会主义的思想路线、发展道路、发展阶段、根本任务、发展动力、发展战略、依靠力量、国际战略、领导力量等重大问题，是贯通马克思主义哲学、政治经济学、科学社会主义等领域，覆盖经济、政治、文化、社会、国防、外交、统一战线、祖国统一、党的建设等方面的系统的科学理论体系。中国特色社会主义理论体系是立足中国国情指引中国如何发展的理论，如果说邓小平理论解决了要不要发展的问题，“三个代表”重要思想强调“发展是党执政兴国的第一要务”，自觉地把党的发展与国家发展结合起来，科学发展观则力求解决如何“又好又快”这一发展的根本问题，提出了创新的战略思维全面指导中国的发展现实。

中国特色社会主义理论体系，凝结了几代中国共产党人带领人民不懈探索实践的智慧和心血。中国特色社会主义理论体系的形成和发展经历了以毛泽东同志为核心的党的第一代领导集体对于社会主义建设的探索，在十一届三中全会以后，在世界主题由战争与革命转化为和平与发展，国内实行改革开放和社会主义现代化建设的历史条件下，通过不断地总结我国和世界社会主义的历史经验的基础上，由党的第二代领导集体提出及开创，并由党的第三代领导集体逐步形成和发展及完善。中国共产党人运用马克思主义解决中国的社会进步问题，先后完成了两次成功结合，实现了两个历史性飞跃，解决了两大历史性任务。第一次飞跃，开辟了有中国特色的无产阶级革命道路和社会主义改造道路，从理论上形成了毛泽东思想，从实践上指导中华民族获得独立和中国人民求得解放。第二次飞跃，开辟了中国特色的社会主义现代化发展道路，从理论上形成了中国特色社会主义理论体系，从实践上引领社会主义中国走向富强和中国人民达到小康①。

中国特色社会主义事业的成功推进源于社会主义制度的切实保证。中国共产党立足中国国情，通过改革开放，逐步建立并完善中国特色的政治制度、经济制度，初步形成了中国特色的社会主义法律体系。这种制度确保了党的重大战略目标与任务的完成。如：2005 年 10 月党的十六届五中全会，提出了建设社会主义新农村的重大战略思想；

① 秦刚：《中国特色社会主义理论体系的源流》，《中共中央党校学报》，2009 年第 1 期。

2005 年 12 月 31 日中共中央国务院专门制定发出了《关于推进社会主义新农村建设的若干意见》；2006 年 10 月党的十六届六中全会正式通过《中共中央关于构建社会主义和谐社会若干重大问题的决定》；2007 年 10 月党的十七大提出中国特色社会主义经济建设、政治建设、文化建设、社会建设四位一体的建设目标；2008 年开始，党决定用 2 年的时间在全党、全国开展科学发展观教育活动，解决经济增长的资源环境代价过大，城乡、区域、经济社会发展不平衡，农业稳定发展和农民持续增收难度加大，劳动就业、社会保障、收入分配、教育卫生、社会治安等方面关系群众切身利益等问题。

正如党的十八大所指出，中国特色社会主义事业的巨大成就，使我们党与人民完全有理由充满："道路自信、理论自信、制度自信"。同时，中国特色社会主义事业取得的巨大成就也为青年马克思主义者的培养提供了现实的物质平台。1936 年，毛泽东同志提出马克思主义中国化的命题，中国在此之前早就产生了马克思主义的实际运动。马克思主义中国化如今在中国的社会经济发展中已经有了雄厚的物质基础，并且已经成为社会的主流意识形态。马克思主义在中国的令人瞩目的实际运动是马克思主义教育的最好资源，是坚持马克思主义的基本原则和基本方法的最好课堂。马克思主义中国化的理论成果是青年马克思主义者培养的最好教材。中国青年马克思主义者的培养在世界具有得天独厚的优势，中国青年马克思主义者的培养与成长是完全可能的。

2. 时代课题：执政党面临着前所未有的执政风险

中国人民富了，中国强大了，这是中国共产党人率领中国人民前赴后继努力的结果，但这不意味着中国共产党可以安享太平了。胡锦涛同志在庆祝中国共产党成立 90 周年大会上指出：全党必须清醒地看到，在世情、国情、党情发生深刻变化的新形势下，提高党的领导水平和执政水平，提高拒腐防变和抵御风险能力，加强党的执政能力建设和先进性建设，面临许多前所未有的新情况、新问题、新挑战，执政考验、改革开放考验、市场经济考验、外部环境考验是长期的、复杂的、严峻的。精神懈怠的危险、能力不足的危险、脱离群众的危险、消极腐败的危险，更加尖锐地摆在全党面前。

市场经济的运行在带来发展的同时，也给中国共产党的执政带来考验和风险。计划经济下国家对经济以及各种社会资源实行全面的垄断，政治权力系统掌握着社会资源及其分配的权力，表现为全能行政权力对社会的渗透和干预。在这种情况下，社会利益结构表现出高度的整体性，整体利益代表并决定着个体的利益。个体利益服从于整体利益，人和整体联系在一起。市场经济是市场在经济资源的配置中起基础性作用的经济形式。它是一种完全不同的新的资源配置和经济运作方式，有着与计划经济完全不同的特点。市场经济下有着不同的利益主体，在党的正确政策的指导下，我国的所有制结构发生了重大变化，非公有制经济成为经济发展中增长速度最快的经济成分。所有制结构的调整，彻底打破了传统计划经济体制下单一的公有制格局，形成了国有、集体、个体、私营、外商等不同经济成分在市场竞争中共同发展的局面。价值规律在驱动着个人为自己的利益而奋斗。我国已经不可能再退回到计划经济时代。

市场经济导致的“四个多样化”：即社会经济成分和经济利益多样化、社会生活方式多样化、社会组织形式多样化、就业岗位和就业方式多样化，使得以经济分层为核心的阶层分化现象在中国迅猛发展。阶层分化的一个突出方面是出现了新的社会阶层，包括民营科技企业的创业人员和技术人员、受聘于外资企业的管理技术人员、个体户、私营企业主、中介组织的从业人员、自由职业人员等。不同阶层的成员有着不同的生活方式、工作方式和交往方式。马克思主义认为，物质决定意识，观念的东西不过是物质的东西在人脑中的反映。因此，随着阶层结构的不断分化，人们的生活方式、工作方式、交往方式日益多元化，人们的思想观念、价值观念、生活观念等也日益摆脱单一的模式而变得多元化。

市场经济导致了个人收入差距、城乡差距与地区差距的拉大。根据世界银行 1997 年发布的一份题为《共享不断提高的收入》的报告，中国 20 世纪 80 年代初期的基尼系数是 0.28，1995 年是 0.38，90 年代末为 0.458，2001 年为 0.459，2002 年为 0.460。按照国际通行的判定标准，基尼系数在 0.3—0.4 为正常状态，超过 0.4 就算进入警戒状态，达到 0.6 则属社会动乱，为随时可能发生危险的状态。中国已跨入居民收入很不平等国家行列，据联合国开发署公布的报告预算，中国目前有亿万富翁 1 000 人，百万富翁 300 万人，同时还有 3 000 万人还没有解决温饱问题。从 1998 年到 2001 年，占全国总人口 10%的最贫穷人口的收入占全国总收入的比重从 2.4%下降为 1.8%，占全国总人口 20%的最贫穷人口的收入占全国总收入的比重由 5.9%下降为 4.7%；而占全国总人口的 20%的最富有人口的收入占全国总收入的比重由 46.6%提高到 50%，占全国总人口 10%的最富有的人口收入占全国总收入的比重由 30.4%上升到 33.1%。

城乡差距拉大。30 年来，城乡差距非但没有缩小，反而拉得更大。城乡收入之比从上世纪 80 年代中期的 1.8∶1，90 年代中后期的 2.5∶1，扩大到 2003 年的 3.2∶1。城镇乡村居民人均可收入之比从 1990 年的 2.20∶1 扩大到 2005 年的 3.22∶1[①]。

地区差距拉大。据国家统计局的 有关资料显示，农民人均纯收入东、中、西之比，从 1980 年的 1.39∶1.11∶1 扩大到 1995 年的 2.3∶1.3∶1；而城镇居民人均生活费东、中、西部之比，也由 1985 年的 1.31∶1.141∶1 扩大到 1995 年 1.46∶1.03∶1，东部沿海和中西部的居民差距已接近或超过 4∶1。东南沿海与贵州、甘肃等省份的差距已超过 7 倍。学者胡鞍钢把中国地区差距形象地描述为“一个中国，四个世界”，第一世界是北京、上海、深圳等高收入的发达的地区；第二世界是天津、广东、浙江、江苏、福建、辽宁等沿海省份；第三世界是东北、华北中部部分地区；第四世界是中国另外的约一半以上的地区[②]。

适度的收入差距有利于社会的发展和进步，过大的差距则会导致社会不稳定，引发民众对党和政府的不满。

西方敌对势力对我国的意识形态渗透随着当今信息全球化、网络

① 《中华人民共和国 2005 年国民经济和社会发展统计公报》，《人民日报》，2006 年 3 月 1 日。
② 胡鞍钢：《西部开发新战略》，北京：中国计划出版社 2001 年版，第 6-7 页。

普及化更加便捷。西方敌对势力对我国意识形态的渗透大大突破了传统的时空界限。美国一直把促进西方资本主义意识形态的传播作为冷战结束后称霸全球战略部署的重要组成部分。中国无疑作为当今最大的社会主义国家成为实施这一战略的重点。他们试图“用物质引诱和败坏”我们的青年。从20世纪80年代末90年代初以来，“美国之音”“自由亚洲电台”和英国BBC都增加了华语广播时间。受西方各种思潮和腐朽生活方式通过各种现代传媒、各种传播手段的不断影响，一些地方封建迷信和黄赌毒等社会丑恶现象沉渣泛起，一些干部和青年崇尚拜金主义、享乐主义和极端个人主义，有的甚至走上了违法犯罪的道路。

就党情而言，全国党员的数量由改革之初的3 500万发展到8 000多万，现有党员队伍人数占全国人口的5%还多。党员队伍的结构发生了新的变化。战争年代，党员70%以上是农民出身。新中国成立以后，工人成分的党员占了党员队伍的绝大多数。党的十一届三中全会以后，一些非工农职业的劳动者、企业管理人员甚至一些以资本要素参与分配的人受各种动机影响加入党组织。党员的经济地位和经济条件也不尽相同，既有高收入社会阶层，也有社会贫穷阶层。党内一方面面临着价值危机的挑战，表现在对社会主义和共产主义信念的动摇；另一方面面临着党员队伍自身状况变化的挑战，一些党员领导干部腐化堕落，党员队伍中“党员不像党员”“党不能体现先进性”的问题比较突出。

执政难度加大。随着改革开放的深入，对外贸易依存度越来越高，易受国际经济波动影响，现在国内经济调控难度越来越大。加入WTO后我国外贸出口年增长速度一直维持在20%—35%。从国民经济外贸依存度看，1978年为9.7%，2000年发展到30.6%，2005年猛增到63.8%，2007年进一步增长到66.9%，中国外贸依存度已超过八个工业发达国家和两个发展中大国。国民经济增长对进出口的依赖程度越来越深，也为我国经济发展带来了新的风险和影响①。

① 《中国统计年鉴》(2007)，国家统计局，网址：http：//www. stats. gov. cn.

资源浪费严重。2005年，国内创造1万亿美元GDP消耗的能源是日本的6倍，人均消耗的能源是美国的7倍、印度的2倍，我国经济增长的成本高于世界平均水平25%以上，同时还伴随着生态环境的恶化加剧。2005年1月27日，评估世界各国（地区）环境质量的“环境可持续指数”（ESI）在瑞士的达沃斯世界经济论坛上正式对外公布，全球144个国家和地区中，中国位居第133位。这充分说明了我国环境恶化的趋势还没有得到有效的遏制。目前环境污染呈现出“局部改善，整体恶化，点上改善，面上扩展”的格局。生态的失衡导致自然灾害频繁发生，如长江洪水、沙尘暴、水质污染、传染病流行等，特别是SARS、禽流感对人类的威胁。据有关专家统计，我国平均每年大约有相当于1/4新增国民生产总值的财富因为自然灾害化为乌有。

中国的持续改革发展使国家处在社会全面转型，走向现代化的关键时期。这既是一个前所未有的“黄金发展时期”，也是一个前所未有的“矛盾凸现时期”。一方面，中国特色的社会主义事业取得了巨大的成就，中国社会主义建设已经从注重政治建设、经济建设时期到由科学发展观指导的政治、经济、文化、社会的全面建设时期；另一方面，随着改革的越来越深入，触及的矛盾越深，涉及的利益越复杂，碰到的阻力也就越大，这一切都绕不开、躲不过。改革真正走到了需要体制深度创新的拐点，改革的拐点就是矛盾的集中点。随着经济市场化程度进一步提高，作为领导13亿人口，进行改革开放和社会主义现代化建设的世界第一大执政党，面对着全球化时代的各种信息在全球范围内自由、高速地传播，深化改革中出现了一系列的新情况、新问题，面临着一批党员领导干部存在思想理论水平不高、依法执政能力不强、解决复杂矛盾本领不大以及思想作风不端正、工作作风不扎实、脱离群众等问题，在新形势下必须解决领导方式、执政方式、领导体制和工作机制适应社会转型，要有新的思路、新的对策，要进一步提高驾驭全局的能力，把执政水平提升到一个新的高度，执政党面临着前所未有的执政风险。

党的执政风险逐渐被全党所认识。毛泽东同志是最早认识党的执政风险的，他告诫全党要防止“糖衣裹着的炮弹的攻击”，避免像李自成那样失去政权①。他试图用阶级斗争及“文化大革命”的方式，消除党的执政风险。经过“文化大革命”的弯路，邓小平对党的执政风险有了新的认识，即执政党只有发展生产力才有执政的合法性，因而坚定不移地推行改革开放，戒骄戒躁，经受执政的考验。他说：“在社会主义国家，一个真正的马克思主义政党在执政以后，一定要致力于发展生产力，并在这个基础上逐步提高人民的生活水平。”② 为了应对执政风险，党的十三大、十四大、十五大都明确地提出把党建设成为领导社会主义现代化建设坚强核心这一总目标，要求强化执政意识，提高执政本领。

以胡锦涛同志为核心的党中央对党的执政风险认识相当深刻。2003 年 11 月 24 日中央政治局会议做出决定，召开四中全会，专题讨论加强党的执政能力建设问题，并做出相应的决定。2004 年 9 月 19 日，党的十六届四中全会正式通过了《中共中央关于加强党的执政能力建设的决定》。通过党的执政能力建设问题的思考，党对执政风险的认识又进了一层。《决定》指出：“党的执政地位不是与生俱来的，也不是一劳永逸的。”一个执政党是否能够长期执政，并不取决于它的主观意愿。墨西哥革命制度党执政了 71 年，执政期间，墨西哥经济得到很大发展，从一个落后的农业国发展成为第三世界中的中等发达国家。上个世纪 40 年代至 70 年代，墨西哥经济以 8%的年均速度持续增长，被誉为“墨西哥奇迹”，但还是失去了政权。苏联共产党领导的世界上第一个社会主义国家不仅在帝国主义的封锁、包围之中得以巩固，而且二战前后综合国力迅速增强，使得苏联成为仅次于美国的世界强国。在执政长达 74 年后，没能经受住长期执政的考验，丧失了执政地位。中国共产党失去执政的风险在党内认识的程度是不一样的，党中央对此认识是最深的。一个长期执政的党，实际掌控大量资源，拥有许多有形或无形的特权，如不高度警惕，采取有效措施，严加防范，很容

① 《毛泽东选集》第 4 卷，北京：人民出版社 1991 年版，第 1438 页。
② 《邓小平文选》第 3 卷，北京：人民出版社 1993 年版，第 28 页。

易蜕变成为“政府党”“官僚党”“老人党”，也就势必严重脱离基层、脱离群众、脱离青年、脱离时代，其迅速汲取信息的能力就会严重衰退，准确筛选信息的能力就会逐步丧失，其作出科学决策、进行科学执政的能力就会日趋衰竭，最终退出历史舞台的日子也就只是时间问题了。

中国共产党执政已经有六十多年的历史了。2004 年党的十六届四中全会总结了 55 年来党执政的主要经验，共六条经验，阐明了我们党要真正做到为人民执政、靠人民执政，第一要有与时俱进的指导思想，第二要有充满活力的社会制度，第三要有三个文明的协调发展，第四要有同人民群众的血肉联系，第五要有科学的领导方式和执政方式，第六要不断加强党的自身建设。

党的执政理念可以概括为两点：永远保持党的先进性和执政为民。“得人心者得天下，失人心者失天下。”从执政的基本规律看，人民选择执政党并不是一朝确定便永远不变的。执政党在多大程度上实现人民利益，人民就在多大程度上拥护和支持执政党。执政党能否长期执政，归根结底取决于人民群众对执政党的执政活动和执政成效的满意程度。水可以载舟也可以覆舟。我们代表人民、为人民服务，使人民满意，我们就有了执政的资格和执政的合法性。如果我们不代表人民，不为人民服务，或者服务得人民不满意，人民就会离我们而去，我们的执政就不合法，我们就会失去执政权。

保持党的先进性是执政为民的前提，一个落后的党是代表不了人民的利益的。过去先进不等于现在先进，现在先进不等于永远先进。任何一个执政党，不管它资格多老，执政时间多长，过去多么强大，如果丧失先进性，在长期执政中漠视人民利益，甚至蜕变为既得利益集团，最终必然被人民所抛弃。党的执政理念清晰是党的执政能力与执政水平提高的前提。

为此，中国共产党开始自觉加强党的执政能力建设。执政能力，就是执政党掌握和运用国家机器，综合运用经济、政治、法律、行政等各种手段，领导、管理国家和社会事务的本领和水平。在今后一个相当长的时期内，中国共产党将围绕以下方面提高自己的执政水平：

科学分析形势和任务，制定执政的纲领、路线的能力；掌握国家政权、保持执政党合法性和执政地位的能力；驾驭国家机构、协调各种政权组织相互关系的能力；运用国家机器、推动经济和社会发展进步的能力；坚持执政为民、满足人民群众利益要求的能力；整合社会关系、解决社会矛盾、保持社会稳定的能力；坚持依法治国、依法执政、建设社会主义法治国家的能力；正确处理国际关系、维护国家主权、安全和利益的能力；应对复杂局面、抵御各种风险的能力；从严治党、拒腐防变、保持执政党自身先进性和生命力的能力；培养和造就青年马克思主义者的能力。

其中前十个能力都应该在最后一个能力上予以体现，这样才能保证党的事业后继有人，执政传承。对青年马克思主义者的培养是保持党的执政思想的先进性，保持党的执政路线的贯彻最有效的途径，是提高党的执政能力的举措之一。

3. 未来视野：党和国家新时期发展的核心工程

共青团中央在党的十七大提出中国特色社会主义经济建设、政治建设、文化建设、社会建设四位一体的建设目标之前，推出青年马克思主义者培养工程。我们应该立足现实，站在未来的角度，站在执政党提升执政能力，消解执政风险的角度，站在中国特色的社会主义事业后继有人的角度，认识共青团作为青年的主管部门，中国共产党的助手推出并实施这一工程的现实意义：它应该是党和国家新时期发展的核心工程。

青年马克思主义者的培养工程是建设中国特色社会主义事业的基础工程。中国特色社会主义事业是前无古人的伟大事业，前进道路会遭遇诸多困难和挑战，既有来自客观进程中各种因素的阻碍，也有来自主观人为因素的诱惑与抵制。中国特色社会主义事业是一项长期的事业，它由中国共产党的第一代领导人开创，经党的二、三代领导人发扬并取得了巨大成就，它还需要一代代传承下去。现实呼唤一批批具有爱国热情、掌握科学理论、勇于实践创新、对人民群众有责任担当的青年马克思主义者走在时代的前列，带头探索，带头示范，坚持方向，坚持前进。面对中国正处于社会主义初级阶段这样的事实，改革开放需要“全智全能”型的通才，或专精一艺的专才，或治国经邦的帅才，更重要的是他们具有马克思主义理论知识，具有坚定政治信仰、政治立场、政治观点、政治敏锐性与鉴别力，从而保证完善社会主义的初衷和实现共产主义目标，而不是背离、消解这个初衷和目标。很难想象，中国特色社会主义事业没有马克思主义指导会是一种什么样的结果，中国特色社会主义事业实践没有青年马克思主义者的传承又是什么样的结果。中国特色社会主义事业实践需要造就庞大的青年马克思主义者的专门人才的队伍，使之分别掌管国家中的各项事务，使百业兴旺，实现民富国强。努力为社会主义现代化建设培养和造就青年马克思主义者和优秀建设人才，不仅关系到国民经济的整体水平和国家综合国力的提高，而且直接关系到社会主义现代化建设的全局和国家的发展、民族的振兴。

青年马克思主义者的培养工程是继续推进马克思主义中国化的关键工程。马克思主义在中国的传播，最早就是在青年中传播的，而且也主要是由青年马克思主义者宣传和推广的。无论是革命年代还是社会主义建设时代，青年与青年马克思主义者在推进马克思主义中国化过程中都发挥了重要的作用。

青年马克思主义者的培养工程是用马克思主义及马克思主义中国化成果教育、武装青年的过程，也是青年马克思主义者发展、创新马克思主义的过程。因此，青年马克思主义者的培养工程对马克思主义中国化来说意义重大。实施青年马克思主义者培养工程，就是要坚持不懈地用马克思主义中国化的最新成果武装青年，通过教育培训和实践锻炼等行之有效的方式，不断提高大学生骨干、团干部、青年知识分子等青年群体的思想政治素质、政策理论水平、创新能力、实践能力和组织协调能力，使他们进一步坚定跟党走中国特色社会主义道路的信念，成长为中国特色社会主义事业的合格建设者和可靠接班人。同时，中国化的马克思主义在有效地指导着中国的发展，培养与赢得青年的时刻，也是一大批青年马克思主义者在政治、经济、文化、军事、社会等多个领域推进马克思主义中国化，用自己的真学、真懂、真信、真用，行为示范，使马克思主义科学理论走出书斋，走进生活，与时俱进，永葆活力的时刻。青年是最有生机、最敢创新、最少保守的社会力量，是开拓和发展先进思想文化的先锋，他们比以往任何时代更需要在科学理论武装下实现全面发展，当代中国比以往任何历史时期更需要青年为社会进步和马克思主义发展注入新的血液和活力。青年所处的中介地位，决定了他们无论过去、现在乃至将来在坚持、推广、创新、发展马克思主义方面总会起着承前启后的作用，为推动当代中国马克思主义大众化做出新的贡献。马克思主义中国化在中国取得了一系列的伟大成果。马克思主义走近青年、武装青年、掌握青年的过程，就是青年接受和实践马克思主义、传播和创新马克思主义的过程，其精神实质就是青年坚持和发展马克思主义。

青年马克思主义者的培养工程是加强执政党建设的生命工程。中国共产党是领导中国社会主义事业的核心力量，只要党不变，中国的大局就变不了，中国的社会主义前途就变不了。党变不变，关键是党的领导权是不是永远掌握在马克思主义者手里。执政党建设最重要的是思想建设，最关键的是接班人建设。党的事业接班人接的不只是权力之班，接的是社会主义事业之班，接的是马克思主义在中国的传承之班。在中国共产党处于革命党未执政时期，接班人的培养是在革命的腥风血雨中经受考验，谁经受住了考验，谁就是革命的接班人。中国共产党处于执政的和平时期，拥有了执政资源，有许多投机分子加入了我们队伍，口头上承认我们党的路线与纲领，实际上是为了他一己私利。他们在党困难危机的时候，就会与党离心离德，对此执政党应该有所警惕。

从政治学层面，青年马克思主义者培养是党执政的最重要的政治产品。执政党执政的过程就是利用执政资源，进行政策的制定、调整和付诸实施输出政治产品的过程。政治产品如意识形态、福利、自由、安全、秩序和稳定等，党的执政形象与接班人队伍也是党执政的政治产品，高质量的政治产品将赢得更多民众对当政者执政地位的赞同，青年马克思主义者是我们党政治的 GDP，意识形态的 GDP。我们应该拥有更多这样的 GDP。

从党的长期执政层面，青年马克思主义者培养关系到社会主义事业的长治久安。什么是马克思主义、怎样对待马克思主义，是治理社会主义全部问题的关键和核心。只有科学地回答了这个问题，其余问题才能得到正确的答案。我国正处于经济体制和政治体制的深化改革时期，国家和社会面临着多重的任务，人们的思想、价值观念处于非常复杂的变化之中。执政党如何从长治久安着想，坚持把干部和青少年教育好，掌握未来执政的基本力量，让各级领导权始终掌握在真正的马克思主义者手里至关重要。执政党在执政时期要为自己的长期执政培养后备力量、核心力量。从执政现实来看，青年马克思主义者培养也有助于提高党的执政效率。青年马克思主义者培养对象是一批“学习好、能力强、威信高”的优秀学生干部、党员等先进分子。通过他们的导向作用，在广大青年中树立标兵模范，达到“以点带面，全面发展”的效果，切实在社会中营造“学习气氛浓，学术研究深，能力全面发展”的氛围，使广大青年各展所长、各尽其责，从而为执政者减轻执政的阻力，提高执政效率。

从意识形态层面，青年马克思主义者培养是我们对付西方意识形态战略、防范政治风险的最有效方法。西方发达资本主义国家把对我国实行政治思想文化渗透的重点转向了青年一代。他们从文化和政治的各个层面宣传资本主义价值观，诋毁社会主义价值观，达到让新青年一代去崇尚资本主义而摈弃社会主义的目的。这其中既有欺骗性的两党制、“三权分立”的政治体制和以普选制为基础的议会民主制，也有各种“民主社会主义”思潮，诱使欠发达社会主义国家的青少年对资本主义、“民主社会主义”制度产生崇拜，利用科技及网络技术全球化，使处在转型中的社会主义国家的青少年受到西方文化的影响，从娱乐到生活再到人生观和价值观的西方化。青年马克思主义者的培养是我们与西方发达资本主义国家青年争夺战中的重要环节。有青年马克思主义者这批青年的精英，他们的想法不会得逞。

从培养造就大批优秀年轻后备干部层面，青年马克思主义者培养是党超前思考、科学谋划的战略性步骤。党对年轻后备干部的培养一直非常重视，近年来通过了《党政领导班子后备干部工作规定》《2009—2020年全国党政领导班子后备干部队伍建设规划》，并提出：

严格选拔，注重培养，加强管理，备用结合，努力建设一支素质优良、结构合理、数量充足、堪当重任的高素质后备干部队伍，既满足各级领导班子建设的现实需要，又着眼未来提供领导班子建设的战略储备。在2009年9月18日通过的《中共中央关于加强和改进新形势下党的建设若干重大问题的决定》上，再次指出：源源不断培养大批优秀年轻干部是关系党和国家事业的根本大计。青年马克思主义者从青少年的世界观、人生观形成之初就着手进行精细化专注的培养，使其思想扎实、信仰可靠，具有马克思主义的理论功底与为人民服务的愿望及能力。青年马克思主义者将是我党大批优秀年轻后备干部的重要来源。

因此，说青年马克思主义者的培养工程是党和国家发展新时期的核心工程一点不为过。为此，任弼时早就有论述，他发表的《苏俄与青年》一文中，介绍联共（布）和苏联政府对青少年的关怀和青少年在革命和建设中锻炼成长的情况，指出："这种下层青年之培养，实为苏俄近年最可乐观的事，十五年后的苏俄，将有思想行为均健全的一般青年为真正共产社会建设的新基础。这是苏俄与全世界无产阶级共同企望。"正因为如此，使资产阶级深感畏惧，他们说："苏俄现在的政权无足惧，所可畏者乃他们的儿童和青年"，因为苏维埃政权可以用武力推翻，而无数用共产主义精神培养起来的"小东西"，是没有法子推翻的[①]。

中国共产党要赢得未来必须赢得青年。怎样赢得青年？要赢得青年，首先要赢得青年精英。"精英"这个概念是和"大众"相对的。意大利社会学家帕累托曾从两个方面对精英进行了界定：一是从个体在所属群体中的能力来说明，群体中的优秀分子才能成为精英；二是从权力和影响力的角度看，拥有权力和广泛影响的才是精英。他们应该是精神独立、创造力丰沛、能与社会沟通而不是与之隔离、有责任感和服务社会的热情的人，他们有能力捍卫民主和创造国家的持久竞争优势，是引领社会健康发展的中坚分子。由于人类社会中最重要的稀缺资源——权力、财富、知识等并不是均衡分布到每个个体的，因此，

① 章学新：《任弼时传》（修订本），北京：中央文献出版社2004年版，第63页。

少数拥有这些资源的出类拔萃的人就成为这个领域的精英。按精英人物所处社会的领域，可划分为政治精英（拥有权力）、经济精英（占有财富）和知识精英（掌握高深知识）等。无论是经济、科技、教育、军事、外交和文化等社会各个领域，还是政府和各行业等不同的管理部门，精英人才都起着引领社会发展潮流，推动社会进步的中流砥柱作用。

传播学中有二级传播的理论，它显示了精英在传播中的作用。二级传播理论指信息传播从媒介到舆论领袖，经舆论领袖再到受众过程。传播学研究的先驱者之一拉扎斯菲尔德于1940年主持的一项研究发现，在总统选举中选民们政治倾向的改变很少直接受大众传媒的影响，人们之间直接的面对面交流似乎对其政治态度的形成和转变更为关键。通常有关的信息和想法都是首先从某一个信息源（如某一个候选人）那里通过大众媒介到达所谓的“舆论领袖”那里；然后再通过舆论领袖把信息传播到普通民众那里。前者作为第一个阶段，主要是信息传达的过程，后者作为第二阶段，则主要是人际影响的扩散。这就是著名的两级传播假设，它使人们认识到大众媒介渠道和人际传播渠道在人们信息获取和决策（态度形成和转变以及具体的行动）中的不同角色和作用。

营销学中有意见领袖理论。意见领袖直接影响营销行为的发生。意见领袖是指在人际传播网络中经常为他人提供信息、意见、评论，并对他人施加影响的“活跃分子”，是大众传播效果的形成过程的中介或过滤的环节。这个有影响力的人是他的购买者所愿意追随和模仿的对象，他的一言一行、所作所为受到追随者们的格外重视，并希望自己也能像他那样生活和工作。意见领袖对传播者的传播还具有协调或干扰的作用。如果传播者传递的是符合意见领袖及其团体成员需要的或者是可以为其接受的观点和主张，那么意见领袖就会协调操作，成为大众传播中引起良好效果的动力。相反，如果传播者输出的信息违背或损害了意见领袖及其团体的利益，观点不能为其所接受，那么他就可能设障阻滞或施故干扰，也可能对信息只作出合意的加工和解释，或者干脆进行指责和攻击。意见领袖的创新能力，并不表现为他们能够创造新产品或类似的东西，而在于他们能根据自己的经验、常识来把握新的消费机会，而比较少受社会上现有的消费习惯影响。因此，意见领袖通常都是新产品或新服务推向市场初期阶段的最早尝试者。现代营销理论，往往注重寻找意见领袖，也就是寻找某一特定交易中有决定性影响作用的人。

根据精英理论，青年精英有着广泛的影响力与社会的推进力。青年精英是青年人思想传播的舆论领袖，是对青年信息营销的意见领袖（如果我们把对青年的思想政治教育看做是主流意识形态的信息营销）。青年精英势必影响青年的思想、行为及其选择。青年马克思主义者是青年社会精英，是拥有马克思主义信仰的政治精英或经济精英或知识精英。青年马克思主义者的政治理想信念、行为选择与人格魅力，对其他青年提供了时代的引领与具有亲和力的示范。

我们党在90多年的奋斗中，创造了三大历史成就，它们是实践形态的中国特色社会主义道路，理论形态的中国特色社会主义理论体系，制度形态的中国特色社会主义制度。这三大历史成就都是在马克思主义指导下取得的。中国共产党作为马克思主义衣钵的传承者，在继续推进与完善这三大历史成就的同时，又在进行一个可能是我们党新的伟大成就探索：按照马克思主义原理，在新时期的实践中，系统化、专业化地培养青年马克思主义者。一批又一批的青年马克思主义者走向社会，从而使中国特色社会主义事业后继有人，马克思主义中国化得以持续推进。他们将是“中国梦”的强有力的推动者，他们将永远保持中国共产党的先进性，坚持执政为民，永远保持中国的科学发展，为世界发展作出更大的贡献。

第二章　工程思维视角下的青年马克思主义者培养机制释义

党的事业与社会主义事业需要一批又一批青年马克思主义者去传承、探索、担当、开创。实施青年马克思主义者培养工程，需要有个工程思维以及与之相适应的工作方式。这是一个庞大的工程，需要上下两个方面的积极性；这是一个持续的工程，需要不断积累经验，并不断地把经验固化，形成机制，并逐步地优化机制，从而做到工程思维视角下的青年马克思主义者常态培养的系统化、科学化、机制化。

一、工程思维及其设计特点及应用边界

现在人文社科项目经常使用“工程”一词，诸如“人才工程”“教育质量工程”等，青年马克思主义者培养也使用了“培养工程”的说法。“工程”作为自然科学的学科和技艺，在人文社科层面被广泛使用，主要是因为其工程思维与设计特点，对人文社科类的人际实践活动有切实的价值。

1. 工程思维

工程从广义上说是人与人之间的协调活动。工程思维是人们在进行工程活动中所形成的特有的思维方式。工程思维首先是一个系统思维。系统是由相互联系、相互作用的要素按照特定的结构构成的具有特定功能的有机整体。与系统紧密相连的系统思维，就是从系统观点

出发，把考察的事物如实看成是具有特定结构的有机整体，着重从整体与要素、要素与要素、系统与环境之间的相互联系、相互作用中综合研究和分析考察对象，以求在认识和实践活动中实现最优化目标的思维方式。一个工程即是一个相对独立的系统，一个工程的“短板现象”就会影响整个工程质量。因此，工程思维必须是系统思维。

其次是一个目标思维。目标思维是指做任何事情总是预设相应的追求目标，从目标出发，根据目标的要求，规划实现目标的路径，明了实现目标的条件，并在实际工作中努力去发现，借助和创造实现目标的条件，按照路径一步步推进并最终实现目标。这是一种根据目标倒推资源配置、倒推时间分配的反向思维方式。工程的目的性很强，目标指向性很明确，比如某教育质量工程要在5年内完成预期任务，接受检查验收。目标思维是工程思维的基本特点。

再次它是一个计划思维。计划思维是一种具体思维，是细节思维，是步骤思维，是对目标思维的落实。工程在预设目标后，通过相应的规划，进行周密的计划安排，对系统进行分解，对实现目标的每一个环节进行落实。制订检查评估的数字指标，一般认为要有足够的人力、财力保证，从而在规定时间内，按照预先的计划，做出相应的成果，达到建设的目的。每一项工程都是通过计划制订、计划检查、计划完成、明确指标、细化考核，层层分解的方式推进的。

2. 工程思维的设计特点

与工程思维相应的工程设计有以下特点：

重视顶层设计。工程设计是完成工程建设的关键性步骤，其主要任务有立项、可行性分析、融资、设计、决策、风险评估、招标、授标等。工程设计之后的所有行为都只是对工程设计阶段的构想的实施。一个工程项目可能有若干个子项目，为了保证工程质量，工程设计必须在顶层进行总体设计，规定各子项目的达成标准、完成时间。以青年马克思主义者培养工程为例，培养工程在顶层设计者那里必须明确：什么是青年马克思主义者？青年马克思主义者的培养目标是什么？培养动力是什么？有哪些培养资源，这些资源怎样合理运用？培养青年马克思主义者有哪些环节，各环节的定位如何？青年马克思主义者的培养与使用怎样衔接？等等。如果没有顶层设计，任由各个高校按照自己的理解培养青年马克思主义者，培养的结果可想而知。

根据对象的特点进行设计。工程设计主要依托两个方面，一是工程的目的、目标，二是工程对象的特点。前者是他设计的总体要求，后者是他设计所遵循的方式、方法。马克思曾说："他不仅使自然物发生变化，同时他还在自然物中实现自己的目的，这个目的是他所知道的，是作为规律决定着他的活动的方式和方法的，他必须使他的意志服从这个目的。"[①] 工程活动的目标是按照规划的要求来进行的建造活动，所要建造的对象在立项之初就已经存在于规划和想象之中。因此，工程活动中的基本指导思维就是面向这个规划或想象中的对象，使这个对象的特点得以体现，从而达到其工程目的。从某种意义上说，不考虑对象特点设计的工程一定是失败的工程。

方案具有可操作性。工程思维与理论思维的区别主要在于：工程思维务实性强，理论思维理想化成分多；理论思维的能力表现为洞察力，工程思维表现为执行力。这种执行力就是方案的主要指标要清晰，做什么不做什么要求很明确。工程不可能去追求一个实现不了的目标，工程也可能对预设的计划进行适当的调整。工程实施的方案都是可操作的，是一种真实的有责任人的需达到某种效果的方案。方案具有可操作性是所有工程共同的特点。

3. 工程思维的应用边界

青年马克思主义者培养工程可以从广义与狭义两方面去理解。广义的青年马克思主义者培养工程是用"工程"的形式培养一批政治立场坚定、思想品质优良、综合能力突出的优秀学生骨干，使他们拥护中国共产党的领导，成为中国特色社会主义事业的合格建设者和可靠接班人。狭义的青年马克思主义者培养工程是用"工程"的形式培养马克思主义的忠实追随者和信奉者，中国特色社会主义事业的坚定实践者。两种含义在培养目标、培训内容、选拔途径、培养方案执行等多方面存在分歧。本研究侧重狭义的青年马克思主义者培养工程，但

① 《资本论》第1卷，北京：人民出版社1975年版，第202页。

也兼顾广义的“工程”。党的两任总书记共同呼吁从战略与未来的角度高度重视青年马克思主义者的培养并着手谋篇布局，并最终通过“工程”的方式解决培养“党的坚强后备队”的“任务”，表明青年马克思主义者的系统化自觉主动的培养已经是非常紧迫。它事关中国特色社会主义事业后继有人的战略需要，事关马克思主义中国化的发展，事关中国共产党长期有效执政。

青年马克思主义者培养是一个社会系统工程。从社会场维度可以把培养教育分为专门教育、综合教育和社会环境熏陶三个子系统；从培养主体维度可以分为中学阶段、大学阶段、工作岗位阶段三个子系统；从培养方式维度可以分为理论教育子系统、实践锻炼子系统、榜样示范与行为监督自律子系统。由于青年马克思主义者培养涉及多主体参与，多维度配合，整个活动比较适合于工程思维与工程设计。它既强调了由上至下的统筹设计，又鼓励由下至上的方案落实与经验创造。用“工程”的方式推进青年马克思主义者培养是党的战略决策，它充分体现了党对青年马克思主义者培养的高度重视，体现了党在青年马克思主义者培养上的科学精神与务实态度。

显然，把青年马克思主义者培养视为一个社会系统工程，运用工程思维是有应用边界的。青年马克思主义者培养至少有两点不适合工程思维。其一，工程思维要求工程施工方严格按工程设计进行操作，系统已经设计好了，只要执行到位，结果就应该与设计一致。对青年马克思主义者培养来说这是不可能的，因为青年马克思主义者培养既涉及人也涉及社会。人是追求意义的动物，人们对事物的不同理解就会导致他们的行动乃至后果的不同。而社会是多元的、复杂的，它牵涉众多的利益，青年马克思主义者培养更多的是与情景相关的现场操作，设计好的系统也会因为利益的考量使工程的方向发生改变，结果变异。其二，工程思维与工程设计强调标准化作业，用标准化的知识培育标准化的劳动者；用标准化的规范约束标准化的工程过程；用标准化的工具和设备实施标准化行为，生产标准化的产品。标准化的重要意义是改进产品、过程和服务的适用性，扩大技术应用范围，促进技术合作，加速技术的扩散与传播。而青年马克思主义者培养工程的产品是青年马克思主义者，是人，标准化作业不符合产品对象的特点，站在人的角度，教育与培养应该有某种差异，标准应该有适当的弹性。也就是说，青年马克思主义者培养既要有工程思维的系统与务实，进行必要的机制顶层设计，通过工程的目标与计划形式进行推进，也要在教育活动与培养活动中运用其他思维，这里不存在所谓思维的统一，不必担心思维的混淆与僭越①。防止单纯的工程思维影响了培养质量。

二、青年马克思主义者培养工程的培养机制释义

青年马克思主义者培养进入常态化阶段有诸多的机制设计，形成培养教育的合力，维护教育效果的长效。

1. 机制的一般概念

机制，原指机器的内部构造、运转过程中各零部件之间的相互关系及其工作原理，后逐渐被借用到生物学和医学中，用以表示生物有机体各种组织和器官的有机结合，产生特定功能（如光合作用或肌肉收缩等）的相互作用关系、内在工作方式以及期间发生各种变化过程的物理、化学性质。现代许多学科如心理学、社会学、经济学、政治学等都借用“机制”一词，形成了心理机制、社会机制、经济机制、政治机制等概念。《现代汉语词典》把“机制”解释为：第一类机制，用机器制造的如：机制纸，机制煤球等；第二类机制：①机器的构造和工作原理，如计算机的机制；②有机体的构造、功能和相互关系，如动脉硬化的机制；③指某些自然现象的物理、化学规律，如优选法中优化对象的机制，也叫机理；④泛指一个工作系统的组织或部分之间相互作用的过程和方式，如市场机制、竞争机制。在自然科学领域里，机制引申为事物与自然现象的作用原理、作用过程及其功能。应用到社会科学领域中，机制用以表示社会的政治、经济、文化活动各要素之间的相互关系、运行过程及其形成的综合效应，或者社会组织、

① 徐长福：《论人文社会学科中理论思维和工程思维的僭越》，《天津社会科学》，2001 年第 2 期。

机构的内部结构及其运行原理。

可以从三个方面着手理解机制的概念：机制由若干要素组成。这些要素具有不同层次，既各成体系，又按一定的方式结合为一个整体。其中，组成机制的各要素的功能如何以及按何种方式把这些要素组合起来，决定着整个机制的功能。而机制中各构成要素功能的发挥总是在整个机制的运行过程中与其他要素相互作用而实现。总之，机制既不单纯涉及对象的构造，也非仅仅涉及对象的工作和运行，而是把两者结合起来，研究结构与运行之间的相互作用以及从中体现的规律。由于机制是指构成事物有机体的内部各要素、各部分之间的相互联系、相互制约关系及其调节形式，它含有使事物有机体各要素相互适应、相互制约、自行调节的自组织能力。

机制与制度、体制概念比较相近。制度有两个基本含义，一是指要求大家共同遵守的办事规程或行动准则，二是指社会制度。即在一定历史条件下形成的规范化、系统化、定型化的社会关系体系。体制为社会活动的组织体系和结构形式，包括特定社会活动的组织结构、权责划分、运行方式和管理规定等。制度、体制和机制处于社会有机体结构的不同层面，各有自身的特殊规定、特点和功能定位，发挥着不同的作用。制度位于社会体系的宏观层面和基础层面，侧重于社会的结构；体制位于社会体系的中观层面，侧重于社会的形式；机制位于社会体系的微观层面，侧重于社会的运行①。

机制与制度、体制都具有“制”的属性，即都有某种稳定的组织的带有显性或隐性的指向性、必然性、规律性成分。在稳定性方面，制度、体制更为明显，机制也是某些固化的因素所构成，只是比制度与体制要容易变化。机制正因为这种自组织性能力，在机制内部，各组成部分和环节之间相互联系、相互制约、相互促进、相互作用。任何一个因素和环节的变化，都会引起或受制于其他因素和环节的变化；同样，其他因素和环节的变化，也会影响或受制于这个因素和环节的

① 赵理文：《制度、体制、机制的区分及其对改革开放的方法论的意义》，《中央党校学报》，2009年第5期。

变化，从而使系统整体在一定时间和条件下保持着相对的稳定性。当某一要素的变化不符合系统整体的要求及其功能的发挥时，系统就会借助自身机制自动进行调节，以确保系统目标的实现。机制这种资源调节功能使其在机制内对关系人能产生“自动的动作”的作用，它可以助长某种行为，也可以使某种行为致弱，即对某种符合组织期望的行为具有反复强化、不断增强，而对某些不符合组织期望的行为起抑制作用和削弱作用。

2. 青年马克思主义者培养工程的培养机制内涵

本书的机制在工程思维之下有两层含义，一是面向工程规划或想象中的对象，从培养者角度审视培养对象接受培养内容，内化思想、外化行为的接受过程。这里的机制为各构成要素由于某种机理形成的因果联系和运转方式，各要素之间的相互作用以及从中体现的规律。二是从工程的顶层设计，着眼于运行环节，分析其培养的工作机制。这里的机制含义为相对稳定的运行工作制度及形成的一套结构化的规则。它是把青年马克思主义者培养工程作为一个系统工程，青年马克思主义者培养工程的构成要素为：以组织形态出面的培养者，以个体形态出面的培养对象，以培养背景与培养支撑出面的培养环境，以培养载体、方法、手段出面的培养目标与培养模式。

因此，青年马克思主义者培养工程的培养机制是指在青年马克思主义者培养工程的框架下，针对各培养要素之间的相互作用，以及要素内部为达成目标的运转方式、调节方式的机理，所进行的权责划分及组织化的制度规定与常态化的运作。

青年马克思主义者培养工程的培养机制具有哪些有别于其他形式的人才培养机制的特点呢？首先这个机制行为的性质是国家行为，它不是个人行为，更不是企业行为与高校行为。青年马克思主义者培养工程关系到社会主义事业的长治久安，是党和国家发展新时期的核心工程，是国家意志的集中体现。它是在全国的范围内为国家培养党的事业、社会主义事业的接班人。团中央与全国学联是作为国家的相应机构代表国家具体负责领导这项工作，全国各高校具体承办这项工作。

其次这个机制所表现出来的培养方式与调节方式既有统一的要求，

也需要各培养主体相对独立的各种形式的创新。这种统一要求集中表现在青年马克思主义者培养方案上。青年马克思主义者培养有5—7年的时间跨度，涉及多个培养主体，只有统一的培养方案，才能形成培养合力，保证培养质量。全国统一的培养方案就是团中央与全国学联发布的《“青年马克思主义者培养工程”实施纲要》，这份实施纲要从目前来看存在着诸多修改的必要，修改后的文本即是中学、高校、社会各培养主体必须遵循的培养方案，在没有修改之前，各培养主体也要参照执行现有的文本。相对独立的各种形式的创新主要表现在培养模式上，各个培养主体的培养条件不同，培养对象存在差异，应有不同的培养模式。

再次这个机制它属于一个开放的机制。大多数培养机制都是封闭机制，用封闭机制可以避免受外界干扰。可是“青年马克思主义者培养工程”的培养机制则必须是一个开放的机制。青年马克思主义者必须在一个开放的环境下，接受开放的培养与评价，在开放竞争中接受考验。这是因为青年马克思主义者的信仰是理性的科学的信仰，他必须回答现实中的问题，接受群众的监督，他必须在实践中增长才干，并遵循优胜劣汰的规律。通过这种开放的机制，也可以吸纳各种培养的经验，使培养机制逐步完善。

“青年马克思主义者培养工程机制建设研究”旨在梳理现有的青年马克思主义者培养的运行工作制度及结构化的规则，按照青年马克思主义者培养教育以及成长的规律，着眼于顶层设计，系统建构新形势下更加科学化、精细化的培养运行工作制度及结构化的规则。实现青年马克思主义者培养的中学—高校—工作岗位的序列化、一体化，实现多种教育方式的协调化与合理化。

新的机制产生有两种方式，一是根据青年马克思主义者的培养教育规律，从顶层设计的角度产生新的机制；二是“摸着石头过河”，在基层创新的基础上根据实践的经验加以总结固化产生新的机制。顶层设计针对全局性、战略性的事宜，强调宏观层面的系统性与有机性，注重整体推进、督促落实，并在反馈中加以调节，但它仍然难以关照各层次、各地在具体实施中的所有问题，不能细化相关行动主体的具体行动。由于各层级都有自己的利益诉求，因此顶层设计不可能代替基层行动主体的“摸着石头过河”创新，在顶层设计不能发挥作用的领域，恰是地方以及各高校等行动主体的用武之地。这两种方式要良性互动，在顶层设计指导之下“摸着石头过河”，避免瞎摸。同时，顶层设计不断吸纳“摸着石头过河”过程中的经验与反思的成果，防止顶层设计的闭门造车。

不论哪种方式，新的机制总是对现有机制的继承与创新。有的比较容易，只要相应的调整即可，如高校学生党建就有许多成功的机制化工作规则，青年马克思主义者培养工程的培养机制可以借鉴，只是我们目前没有打通高校学生党建与青年马克思主义者培养之间的联系，高校学生党建是组织部门分管的工作，青年马克思主义者培养工程是团委分管的工作。现在必须用新的理念建构新的机制，即高校学生党建与高校青年马克思主义者培养是一件事。高校学生党建不能仅仅是组织建设，更重要的是学生党员的思想建设，学生党员的思想建设本质上是马克思主义信仰的确立。而高校青年马克思主义者培养，核心是确立马克思主义信仰，成为中国特色社会主义事业的自觉实践者，同时也必须在组织上加入中国共产党，所以，这两方面的工作在高校完全是同一的，用新的机制与组织架构把两者统一起来。

有的则要重新设计，而且比较困难，如青年马克思主义者的使用机制。由于大学生分配制度改革，公务员进行招聘考试，在这样的背景下，怎样设计使青年马克思主义者的使用与现行的体制与制度相容，不把这个机制问题解决，青年马克思主义者的培养很难深入，因为使用的信息反馈是培养的最重要的信息反馈。青年马克思主义者的使用机制必须在使用的基础上通过实践的平台尽快地形成，俗话说得好，任何事只要想做，办法总比困难多。

新的机制创新包括对国外经验的学习。国外虽然没有青年马克思主义者培养，但是在青年培养的机制方面还是有值得借鉴的，如美国用服务学习培养青年的能力与社会责任感的做法。服务学习是学生参与到有组织的服务行动中进行学习并获得发展的一种方法。它与学生的学术课程整合，并安排结构性的时间让学生来反思服务经验。大学生普遍认为服务性学习使他们对社会问题有了新的看法。服务性学习使他们对社会问题的根源、社会公正的重要性、变革公共政策的需要、从个人角度影响政治结构的需要等问题的认识，发生了改变。在公民意识方面，服务性学习对体现公民意识的价值观、知识、技能、解决问题的有效性和投身社会问题的程度，都有积极的作用，尤其是社会责任感的增强。

美国的服务学习与我们的暑期社会实践很相似，他们的运行机制是由美国总统签署“国家和社会服务行动”基金议案与法律条文；成立诸如美国国家服务学习信息中心、美国国家服务学习协会和美国国家服务学习合作组织等学生服务学习的监管机构，负责服务学习的指导和评估；制定服务学习的课程质量标准，制定指导服务学习的国家指导方针，以为学校发展服务项目和引导学生实践提供更好的指导；出版《实践Ⅰ：服务性学习教师案例手册》《实践Ⅱ：大学生、管理人员和教师服务性学习指南》《实践Ⅲ：关于服务性学习的对话》服务性学习指南；推行指导教师及管理人员培训制度；规定学生要具备一定服务学习或参与社区服务的经历，才能获得毕业证书。

在具体的服务学习安排，既有一次性和短期服务性学习，也有集中的服务性学习。学生相当一部分时间——每周 10 小时以上——都用于服务经验，而且要持续一段时间，比如说一个学期或一个暑假。要求教师与管理人员帮助学生制订相应的计划，这种计划要针对每一个学生的具体情况以确定其任务的种类与难度要求。服务学习特别强调在教师的指导下进行精心的反思。让学生学会思考他们在服务学习中所获得的经验，分析并解释他们，理解其中的意义①。

我国的暑期社会实践自 1990 年开始，至今已有 20 余年的历史，取得了丰硕的成果，形成了相应的机制，积累了经验。但是我们在社会的支持度、教师的参与度、学生的反思层面还有相当的提升空间。特别是对青年马克思主义者的暑期社会实践要求更高，要有新的机制保障。借鉴美国服务学习的做法，比如我们可以进行指导教师培训，形

① 参见徐碧鸿：《美国高校服务学习及其推广》，《煤炭高等教育》，2009 年第 5 期。

成培训制，提高指导水平，这很简便易行。

“青年马克思主义者培养工程机制建设研究”所给出的若干机制的顶层设计，是丰富的青年马克思主义者培养活动的经验固化，是制度化运作的方法设想，在丰富的培养实践面前，它可能只是一种思路、一种理念。青年马克思主义者培养工程强调顶层设计，系统的整体协调，但也肯定各培养主体的主动性与创造性，固化自己的经验，把自己的方法制度化、常态化运作。(成功成熟的局部机制化的经验可以上升为全局的制度化方法)“青年马克思主义者培养工程机制建设研究”意在通过全局的机制化培养的设想示范，鼓励并引领局部的对经验固化的重视。当青年马克思主义者培养工程全局的机制与局部的机制很好地衔接与协调，青年马克思主义者常态化培养才有可能进行。

三、青年马克思主义者常态化培养下的党的执政资源支持

青年马克思主义者培养工程的培养机制的国家行为特点，意味着国家资源配置的合法性与合理性。青年马克思主义者培养是党正在试图解决的党的坚强的后备队伍的艰巨任务，理应得到党的执政资源机制化的有力支持，然而现实状况不是很理想。

1. 提高党的执政资源支持青年马克思主义者培养的自觉性

青年马克思主义者培养工程作为一个常态化的培养工程，需要常态机制保障。常态机制保障精密计划的制订与统一的培养目标实现。在这样的长跨度的培养阶段，牵涉众多的培养部门与培养主体，很容易各行其是。而常态机制提供的相对固化的成熟的培养模式，使培养部门与培养主体感到有章可循，并且也能自己检查与评价阶段性的培养成果。

常态机制保障了培养过程的协调推进。作为机制，规定了机制内要素之间的相互作用与规律，以及要素内部的运转方式及规律，也就规定了各个运行要素的相应的职责与承担的任务。常态机制避免了推进过程中的职责不清、相互依赖的现象。没有常态机制保障，常态化必然是培养主体的淡化、培养过程的无序化。

党的执政资源要自觉地全方位地为未来执政培养基本力量服务，提供机制化支持。在我们党的中高级干部以及党的具体工作人员中还缺乏用党的执政资源有力支持青年马克思主义者培养的自觉性。相比对GDP的追求、意识形态的维护的自觉性要差多了。我们应该把青年马克思主义者培养与对GDP的追求，意识形态的维护及反腐倡廉放在同样的位置加以重视。因此，党的事业的接班人的培养是党的建设的重中之重。中国共产党人要把青年马克思主义者培养看做是党的建设的“生命工程”。中国共产党要运用好执政资源执好政、掌好权，也要为人民自觉地用执政资源培养好执政的接班人。青年马克思主义者培养是当前我国人才强国战略的一部分，如何配置党的执政资源有效支持青年马克思主义者培养值得思考，需要在实践中不断摸索。而以下几个方面是必需的：

一是以科学发展观为指导统筹资源配置，要让参与青年马克思主义者培养的人感受到资源倾向性配置而产生培养动力，要让培养对象享受资源配置给自己带来的便利。科学发展观不仅仅是发展的指导，也是资源配置的指导。党的执政资源配置的方式主要是计划，即通过国家的、社会的统一计划来决定资源的配置。中国共产党的执政资源内容丰富，要合理运用、协调这些资源，使其发挥最大的效能和最好的作用，不假思索地利用执政资源，将会浪费执政资源甚至破坏执政资源。以高校思想政治理论课为例，高校思想政治理论课是党利用执政资源进行青年马克思主义者培养的重要阵地，但其效果一直不理想，原因是多方面的，主要还是教师资源整合不好、学生的社会实践资源整合不好、学生的社团资源整合不好。这三个不好要在科学发展观指导下，不是孤立地去改进与完善高校思想政治理论课，而是树立全局意识和整体观念，统筹兼顾，全面协调，使学校的整体育人和思想政治理论课的功能实现和谐统一。

二是通过各种长效机制的建立，保证资源配置的使用绩效，保证青年马克思主义者的阶段培养与长期培养一直得到执政资源的支持。建立长效的领导决策机制，设立由长期关注和帮助青年健康成长的各界代表和青年自身组成“青马工程”管理指导委员会，充分发挥其理论指导、统筹协调、决策咨询、监督管理、日常服务等方面的重要作用，为不同单位和部门提供经验交流和相互学习的平台，加强培养主体和对象的沟通与对话。建立长效的协调整合机制及跟踪培养机制，建立导师跟踪督导培养模式。聘请党政官员、优秀教师、企业精英、社会名流、青年楷模等各界人士担当培养对象的人生导师，建立相对稳定的培养关系，使各位导师与自己的"弟子"经常进行"心灵对话"和"思想碰撞"，在长期的"亲密接触"中因势利导，因材施教，有效克服集中培养后青年学员无专人负责教育的弊端。建立长效的服务指导机制；建立长效的监督管理机制；建立长效的评价考核机制；建立长效的奖惩激励机制；建立长效的保障完善机制；建立长效的改革创新机制。

三是从占用资源到创造开发资源，使资源像滚雪球似的越滚越大而不是越来越萎缩。青年马克思主义者的培养与使用一方面要占用党执政的政治资源、经济资源、人才资源、信息资源和社会文化资源等，但另一方面它又会为党的执政创造开发资源。人是执政资源中的第一资源。青年马克思主义者培养中要经常不断地去创造开发执政资源。任何组织都不可能完全拥有满足其需要的全部资源，也不可能仅仅依靠组织的自身或内部资源来完成生存和发展的全部活动。组织生存的关键就是"获得并保住资源的能力"，组织的新资源来自于它依赖的环境中的因素互动，同环境进行资源的交换。通过青年马克思主义者的培养推动马克思主义的中国化、大众化、时代化，吸引了更多的青年精英与青年为党工作，创造党的更多的执政资源。马克思主义在中国的传播，最早就是在青年中传播的，而且也是由青年来传播的。青年人接受新思想、新文化非常敏感，有强烈的社会责任感，在民族危亡的情况下是青年接受马克思主义，传播马克思主义。在当今社会主义建设时期同样是这样。青年正是在改造客观世界的同时，改造自己的主观世界，健康成长为青年马克思主义者。当他们成长为青年马克思主义者之后，他们会成为我们党和国家可靠的优秀的政治人才、经济人才、文化人才，为党的长期执政创造开发更丰富的资源。而每一批青年马克思主义者走上社会，又为后续的青年马克思主义者培养提供了经验与人力支持。

常态机制保障了持续推进。由于党在各个时期都有特定的中心任务，这些对青年马克思主义者的培养可能会产生干扰与影响。培养人在培养过程中也难免产生惰性情绪，这时候机制的自组织会发生作用，使系统整体在一定时间和条件下保持着相对的稳定性，确保系统目标的实现。它可以使某种固化行为得以反复强化、不断增强，自动对不符合组织期望的行为起抑制作用和削弱作用，并针对党的中心任务，对原培养计划作相应的调节，使其与党的中心任务达到某种内在的相容。如当下党的群众路线实践教育活动，就可以与青年马克思主义者培养的常态机制进行很好的衔接。

2. 高校作为党的执政资源为青年马克思主义者培养服务

在急风暴雨的无产阶级革命时期，无产阶级没有条件利用学校教育的方式培养自己的接班人。许多伟大的马克思主义者都是在革命的实践中千锤百炼成长的。当无产阶级夺取了政权，掌握了国家机器，拥有了资源的配置权，他们完全有条件也有理由利用学校教育为其接班人培养服务。

青少年时期是世界观、人生观、价值观形成与确立的时期，是他们意志品质的雕塑期，在学校阶段重视对青少年进行马克思主义素养与信仰的培训是中国共产党作为执政党长期执政意识清醒的标志。刘少奇曾经指出："有人说，马克思列宁主义创始人那样伟大的天才革命家的思想和品质，是学习不到的，要把自己的思想和品质提高到马克思列宁主义创始人的思想和品质那样的高度，也是不可能的。他们把马克思列宁主义创始人看成是天生的神秘的人物。这种说法和看法对不对呢？我想是不对的。"①

高校是党的执政资源中一个重要部分。高等学校既是研究、开发和传播先进文化的阵地，又是先进生产力不断发展的源泉，同时也是培养中国特色社会主义事业合格建设者和可靠接班人的摇篮。它拥有资源丰富的组织部门以及得天独厚的人力资源和理论研究优势。高校

① 刘少奇：《论共产党员的修养》，北京：人民出版社 1997 年版，第 11-12 页。

作为党发展先进生产力和先进文化的重要力量，在建设人力资源强国和创新型国家的进程中，担负着传播科学、创新理论、塑造精神，特别是为党培养中国特色社会主义事业合格建设者和可靠接班人的重要使命。高等教育已经成为大众化教育，高校作为青年的聚集地、人才的摇篮，是实施青年马克思主义者培养工程的主渠道，是用马克思主义中国化最新成果教育大学生的“先行者”，承担着青年马克思主义者培养的主要责任。根据中共中央组织部、中共中央党史研究室编著，中共党史出版社2004年版的《中国共产党历届中央委员大辞典（1921~2003）》显示：中共第一至七届中央委员中高校入党的人数比例逐年上升，而至党的十三大后，中共中央委员出自高校培养的比例更大。党的现任中央委员都有大学学习的经历，意味着政治精英受大学的影响更大。

大学本科或高职专科是青年接受常规教育的最后阶段，这一阶段是青年人生观、世界观、价值观的形成与确立时期。在这个时期由于高校与社会的联系日益密切，社会思潮容易向高校集散，社会问题容易向高校投射，社会热点容易向高校传导，高校阶段的青年思想争夺最为激烈。在高校从事党的工作的同志应责无旁贷地为党分忧，担负起青年马克思主义者培养的主要责任，要用本校的优质资源为这一工作服务。

由于高校的人才培养受到诸多因素的制约，需要得到社会多方面支持。青年马克思主义者的培养虽然主要由高校来承担，但仅仅依靠高校的资源、高校的力量肯定是不行的，社会与家庭必须给高校最大程度的支持。党要通过机制的形式把高校与社会力量连接，使之形成一股合力，使教育与培养、培养与使用、理论与实践有机衔接。在机制的运作与保障下，调动一切可以调动的资源，使青年马克思主义者培养的每一个环节、每一个层次、每一个细节都得到方方面面的关心、呵护，一路绿灯。

第三章　中共历史上对培养青年马克思主义者机制建设的探索

中国共产党已经走过了九十四年历程，中国共产党的历史其实也是青年马克思主义者成长的历史。一代又一代青年马克思主义者从稚嫩到成熟到成为中国社会的栋梁，它既是一个长期的、复杂的、品质逐步纯正的、情感逐步接近工农的、信仰逐步坚定的自我成长过程，也是一个需要社会支持、环境配合、各种力量协调的教育培养过程。让我们来梳理中国共产党历史上青年马克思主义者成长的历程及在机制建设方面积累了哪些经验。

一、早期青年马克思主义者的成长历程

青年马克思主义者在马克思主义中国化的思想发展史上有着突出的地位。这里截取“五四”一代青年马克思主义者进行分析，其中，青年李大钊是第一个提出要用马克思主义解决中国社会根本问题，并系统传播马克思主义的人；青年毛泽东是马克思主义中国化的提出者与实践者；青年瞿秋白则是马克思主义中国化早期的探索者。我们以这三个人为例，从中国共产党历史上早期公认的青年马克思主义者成长的历程中探索青年马克思主义者选择马克思主义的历程，以及他们的成长规律。虽然今天的社会环境与早期青年马克思主义者成长的环境有巨大的差别，但是我们从早期青年马克思主义者成长的共同特征

中会发现这些成长规律对今天的青年马克思主义者的培养具有启示作用。

1. 深切的民族责任感

中国共产党历史上早期公认的青年马克思主义者生活在中国社会内忧外患不断深化的时代。列强对中国的侵略步步进逼，封建统治日益腐败，祖国山河破碎、战乱不已，人民饥寒交迫、备受奴役，国家贫穷落后，人民苦不聊生。19 世纪末 20 世纪初，渴望找到救国之路的知识分子从不同的途径寻找出路，其中主要体现为三派，即全盘西化派、新儒家和马克思主义，前两个派别的尝试均被历史证明并不适合当时的中国，相反，只有马克思主义才能救中国。

李大钊愤怒日本对中国的野心，寻求中国问题的根本解决方案。李大钊与众多的志士仁人一样，希望能够拯救自己的祖国。他立志要为苦难的中国寻求出路。1912 年和 1913 年他先后撰写了《隐忧篇》和《大哀篇》等论文，以犀利的笔锋揭露了践踏共和的反动统治者，表示了对国家命运的深切关怀。李大钊 1912 年在北洋法政专门学校读书时，看到日本军国主义分子出版的《支那分割之命运》一书，叫嚣瓜分中国，李大钊对此十分愤慨，为了给国人当头之棒喝，知耻知惧，竞奋图存，与同学共同将之翻译出版。1913 年 4 月 1 日李大钊写了《厌世心与自觉心》一文，强调要自觉奋发改造国家，树立积极的爱国主义思想。他强调说："夫国家之成，由人创造，宇宙之大，自我主宰，宇宙之间，而容有我，同类之人，而克造国。我则何独不然？"① 李大钊在愤怒日本瓜分中国野心之余，思考小日本为什么能强大，而中国不能，他要救民于水火，寻求中国问题的"根本解决"②。至此，李大钊束发受书，即矢志努力于民族解放之事业，实践其所信，励行其所知，为功为罪，所不暇计。马克思主义正是李大钊寻求能够用来解决中国社会根本问题、挽救民族危亡的武器。

毛泽东心忧天下，做身心并完的一代新民为国效力。毛泽东 18 岁

① 《李大钊文集》（上卷），北京：人民出版社 1984 年版，第 146 页。
② 《李大钊全集》第 3 卷，北京：人民出版社 2006 年版，第 6 页。

从韶山来到长沙就以“身无分文，心忧天下”自勉。他一直在寻找救国救民的道路。1936年他对埃德加·斯诺回忆时，还记得《盛世危言》开篇头一句就是：“呜呼，中国其将亡矣！”“读罢，我感到十分抑郁，忧虑我的祖国的前途，开始意识到参与救国，人人有责。”[①] 1912年，清帝宣布退位，袁世凯窃取了辛亥革命的胜利果实之后，他认为革命已经结束，他希望求学实业报国，然而很快被事实否定了。1918年，毛泽东从湖南第一师范毕业后，与蔡和森、张昆弟等新民学会的会员尝试一种“大同”的新生活。他们寄居在岳麓书院湖南大学筹备处，想建立一个半工半读、平等友爱的“新村”，希望改良救国，直到1920年的湖南自治运动的失败，才使他彻底放弃对社会改良主义的“探索”。

为了救国，毛泽东从青年时代就决定要做“身心并完”的一代新民。为此，他十分重视自己的体魄锻炼，提出了“文明其精神，野蛮其体魄”的修身健身口号。有时在夏天电闪雷鸣、狂风暴雨的夜晚，毛泽东独自一人从学校出发，一口气爬上岳麓山顶，然后又从山上跑下来，这种集风浴、雨浴和爬山为一体的健身方法，不仅能锻炼人的体质，而且能锻炼人的胆量和意志品质。毛泽东看到有的同学喜欢在寝室里谈论个人和家庭的生活琐事，有的同学喜欢谈论男女之间的问题，还有的同学羡慕升官发财的人。于是，毛泽东极力引导大家谈论国家和世界的大事，少考虑个人和家庭的小事，并和同学们相互约定“三不谈”：不谈论金钱，不谈论男女之间的事，不谈论家务琐事。否则，就不能做朋友。欲立其身，先忧其国，国家兴亡、匹夫有责，念书就是为了强国富民，不能只想自己一生锦衣玉食，而忘了国家民族。

瞿秋白文化救国，在“五四运动”中怒起。瞿秋白于1899年出生于江苏常州一个破落的“仕宦之家”。他早年曾刻意回避政治，1917年瞿秋白到达北京，开始他的三年北京求学生活。在北京的三年，瞿秋白认为是孤苦寂寞的，不过他认为这时的厌世观和以前的避世观还是

① ［美］埃德加·斯诺：《红星照耀中国》，李方准等译，石家庄：河北人民出版社，1992年版，第98页。

不一样的。他说："这虽是大言不惭的空愿，然而却足以说明我当时孤独生活中的'二元的人生观'。一部分的生活经营我'世间的'责任，为自立生计的预备；一部分的生活努力于'出世间'的功德，做以文化救中国的功夫。"[①] "五四运动"的爆发彻底打破了他孤寂的生活和封闭的心灵，他为了救亡图存自己的祖国，成为"五四运动"的先锋。他作为俄文专修馆的学生代表，率领同学参加了五月四日天安门的示威游行和火烧曹汝霖宅的行动。"五四运动"陡然爆发，"我于是卷入旋涡。"[②] 瞿秋白积极投入这场运动，并成为中坚分子。"五四运动"在瞿秋白的思想变迁中起着重要作用，它一方面使瞿秋白找到了志同道合的人，更重要的是，"五四运动"使他真正走向现实，"我和菊农，振铎，济之等同志组织《新社会》旬刊。于是我的思想第一次与社会生活接触。"[③] 现实的实践和"五四运动"斗争的最后胜利使瞿秋白认识到自己思想和行动的价值，也给瞿秋白从未有过的信心。他的政治热情被彻底唤醒了，他大声疾呼："革新的时机到了。"

可见，爱国主义是早期青年马克思主义者共同的思想特质。

2. 比较中选择马克思主义

一般认为李大钊是从《庶民的胜利》《Bolshevism 的胜利》发表后，开始运用无产阶级的宇宙观来观察自己国家的命运，从一个革命民主主义者开始向着马克思主义者转变[④]。十月革命一声炮响，给中国革命送来了马克思主义。青年李大钊作为迎接马克思主义到来的使者，他从十月革命的胜利中看到了中国的未来。李大钊 1919 年初发表《庶民的胜利》和《Bolshevism 的胜利》两文，阐明十月革命的意义，报道与欢庆十月革命的胜利。1919 年又发表了《新纪元》一文，指出十月革命是伟大的革命群众运动，德、意、奥等国的革命都是同一个世界群众运动的历史潮流，这个潮流将冲破历史上一切腐败的反动的东西而获得最后的胜利。"试看明日之环球，必是赤旗的世界"。李大钊向

① 《瞿秋白文集》第 1 卷，北京：人民文学出版社 1985 年版，第 25 页。
② 《瞿秋白文集》第 1 卷，北京：人民文学出版社 1985 年版，第 25 页。
③ 《瞿秋白文集》第 1 卷，北京：人民文学出版社 1985 年版，第 26 页。
④ 《李大钊传》编写组：《李大钊传》，北京：人民出版社 1979 年版，第 44 页。

往中国也走十月革命的道路，推翻国内专制统治，抵抗外国侵略，投入到社会主义革命的潮流中。

“五四运动”后，中国思想界有一场问题与主义的论战，论战主要是在胡适与李大钊之间展开的，论战显示李大钊选择了马克思主义，并且要用这个主义总领中国的问题。李大钊在1919年8月17日出刊的《每周评论》第35号上发表《再论问题与主义》，他认为，对于“问题”的解决，是离不开“主义”的。“因为一个社会问题的解决，必须靠着社会上多数人共同的运动。那么我们要想解决一个问题，应该设法使他成了社会上多数人共同的问题。要想使一个社会问题，成了社会上多数人共同的问题，应该使这社会上可以共同解决这个那个社会问题的多数人，先有一个共同趋向的理想、主义，作他们实验自己生活上满意不满意的尺度（即是一种工具）。那共同感觉生活上不满意的事实，才能一个一个地成了社会问题，才有解决的希望。”否则，这些社会问题永远没有解决的希望，而这些社会问题的研究也仍然不能影响实际。由此看来，“我们的社会运动，一方面固然要研究实际的问题，一方面也要宣传理想的主义。这是交相为用的，这是并行不悖的”①。

1920年李大钊组织了马克思主义研究会，其会员后来差不多都是北京共产主义小组的成员。马克思主义研究会大力搜集德、英、法、日等各种文版的马、恩著作进行编译刊印，为研究马克思主义提供必要的条件。组织研究唯物史观、阶级斗争、剩余价值等马克思主义基本理论，举办演讲会。研究会还经常讨论国内外大事，关注实际斗争，进行广泛的宣传和组织活动。组织“平民教育演讲团”到工人中去宣传社会主义。在长辛店从事组织工人的活动，培养了北方铁路工人运动的第一批骨干。北京共产主义小组成立后，深入长辛店开展工作，进行共产主义宣传；创办《劳动者》杂志，对工人进行马克思主义理论的宣传。一方面对工人阶级进行马克思主义理论的普及，提高工人的思想理论水平；另一方面对工人在社会中悲惨生活境况、社会的现

① 《李大钊文集》第3卷，北京：人民出版社1999年版，第1页。

实不公进行报道，使工人更加认识到革命的重要性和迫切性。为提高工人的知识水平和思想觉悟，共产主义小组在长辛店创办劳动补习学校。劳动补习学校分日夜两班上课，日班教工人子弟，夜班教工人，提高他们的一般文化知识水平，同时宣讲共产主义与无产阶级斗争的理论。根据工人阶级的生活环境、生活习惯和文化水平灵活采用各种方式，深入到工人当中，理解工人从而获得工人的理解和信任。

毛泽东早年是一个个人主义者、无政府主义者。他曾经主张温和的社会改良。当李大钊主张用“炸弹革命”“有血革命”，揭开人类的新生活、新文明、新世界时，他主张“在对人的方面，主张群众联合，向强权者为持续的‘忠告运动’，实行‘呼声革命’——面包的呼声，自由的呼声，平等的呼声——‘无血革命’。不至张起大扰乱，行那没效果的‘炸弹革命’‘有血革命’。”①

在问题与主义的论战时，他响应胡适的“多研究些问题，少谈些‘主义’”的号召，要求新民学会的会员去研究 71 个中国问题。在唤起民众问题上，毛泽东在《民众的大联合》一文中指出，民众联合起来后的行动方式有两种：一是马克思主义主张的激烈的行动方式，二是无政府主义主张的温和的行动方式。他说：“联合以后的行动，有一派很激烈的，就用‘即以其人之道还治其人之身’的办法，同他们拼命的倒担（捣蛋）。这一派的音（首）领，是一个生在德国的，叫做马克思。一派是较为温和的，不想急于见效，先从平民的了解入手。人人要有互助的道德和自愿工作。贵族资本家，只要他回心向善能够工作，能够助人而不害人，也不必杀他。这派人的意思，更广，更深远。他们要联合地球做一国，联合人类做一家，和乐亲善——不是日本的亲善——共臻盛世。这派的首领，为一个生于俄国的，叫做克鲁泡特金。”毛泽东此时赞成的不是马克思的马克思主义，而是克鲁泡特金的无政府主义。毛泽东曾经对他这段时间的思想有专门的回忆：“在这时候，我的思想还是混乱的……我赞同许多无政府主义的主张”，但“我

① 《毛泽东早期文稿》，长沙：湖南人民出版社 2008 年版，第 293-294 页。

对政治的兴趣继续增长，我的思想越来越激进"①。由此可以看出，此时青年毛泽东的思想状况，就其主导方面来说是热烈追求马克思主义，但同时受着各种非马克思主义的影响，从这个意义上说，青年毛泽东第一次北京之行逗留的五六个月，正处在由激进民主主义者向马克思主义者迅速转变的过渡阶段，他已开始接触马克思主义，这对于后来毛泽东的发展是一个关键性的转折，或者说是一个决定性的开端。

毛泽东在谈到自己怎样成为马克思主义者时，说过读了三本书与陈独秀一席话使他成为马克思主义者。青年毛泽东因领导驱逐张敬尧的运动第二次来到北京。在北京逗留的不到半年的时间里，在一些介绍苏俄情况和马克思主义书籍的启发下，迅速接受了马克思主义，确立了对马克思主义的信仰。他说道："我第二次到北京期间，读了许多关于俄国情况的书。我热心地搜寻那时候能找到的为数不多的用中文写的共产主义书籍。有三本书特别深地铭刻在我的心中，建立起我对马克思主义的信仰……这三本书是：《共产党宣言》，陈望道译，这是用中文出版的第一本马克思主义的书；《阶级斗争》，考茨基著；《社会主义史》，柯卡普著。"②

如果说上述三本书使青年毛泽东最终摒弃了种种主义、种种学说，引起他思想的转变，但还有些把握不准、理解不很透彻的话，那么他第二次上海之行及与陈独秀的一番谈话，则使他牢牢地树立起对马克思主义的信仰，"那年春天的陈独秀是迄今所知对毛的马克思主义思想影响最大的人"③。毛泽东回忆说："我第二次到上海去的时候，曾经和陈独秀讨论我读过的马克思主义书籍。陈独秀谈他自己的信仰的那些话，在我一生中可能是关键性的这个时期，对我产生了深刻的印象。"④真是与君一席谈，胜读十年书，"我一旦接受了马克思主义是对历史的正确解释以后，我对马克思主义的信仰就没有动摇过。"到1920年夏

① ［美］埃德加·斯诺：《西行漫记》，童乐山译，北京：三联书店1979年版，第127–128页。

② ［美］埃德加·斯诺：《西行漫记》，童乐山译，北京：三联书店1979年版，第131页。

③ ［美］R·特里尔：《毛泽东传》，刘路新等译，石家庄：河北人民出版社1990年版，第57页。

④ ［美］埃德加·斯诺：《西行漫记》，童乐山译，北京：三联书店1979年版，第132–133页。

天，“在理论上，而且在某种程度的行动上，我已成为一个马克思主义者了，而且从此我也认为自己是一个马克思主义者了。”①

显然，上述三本书与陈独秀一席话对毛泽东成为马克思主义者有重要作用，这种作用可能是临门一脚的作用，青年毛泽东在从激进的民主主义者向马克思主义者的根本转变中，陈独秀无疑起了“导向”作用，充当了一位“导师”的角色。而更基础更重要的是他在这之后的自觉地传播马克思主义，主要有三个方面，这三方面的活动是他成为早期青年马克思主义者更为重要的原因。

创办文化书社。根据陈独秀在上海、李大钊在北京传播马克思主义的做法，青年毛泽东在张敬尧被赶走以后，回长沙抓的第一件大事就是同易礼容等创办文化书社②。为了进一步适应社会各界和青年的需要，充分发挥书社在传播马克思主义方面的作用，毛泽东以“特别交涉员”的身份，多方筹措资金，努力扩大营业范围，先后和省外六七十个单位进行业务往来，同时还聘请了陈独秀、李大钊、恽代英等为“信用介绍”③。文化书社活动了将近七年，广泛传播了马克思主义，有力地推动了以宣传马克思主义为中心的新文化运动的发展，后来事实上成了湖南共产主义小组对内对外的秘密联络机关。它在为党周转革命活动经费、提供秘密集会和联络场所，以及培养革命干部方面都起了重要作用。

成立俄罗斯研究会。为公开研究、宣传马克思主义与俄国十月革命，继创办文化书社之后，毛泽东与方维夏、何叔衡、彭璜等人一起，联络湖南教育界、新闻界和其他各界人士，发起组织了湖南俄罗斯研究会。青年毛泽东对俄罗斯研究会的贡献主要有两点：一是将各地进步报刊上研究俄罗斯的文章推荐给长沙的有关报纸转载，如上海的《共产党》月刊刊登的《俄国共产党的历史》《列宁的历史》和《劳动制度研究》等文章，都在湖南《大公报》上登载过。这些文章对湖南的进步青年产生了重大的影响。二是介绍进步青年赴俄国留学。受十

---

① ［美］埃德加·斯诺：《西行漫记》，童乐山译，北京：三联书店1979年版，第131页。

② 逄先知、金冲及：《毛泽东传》（上），北京：中央文献出版社1996年版，第61页。

③ 叶永烈：《红色的起点》，上海：上海人民出版社，1991年版，第172页。

月革命的影响，湖南的许多青年非常向往俄国，希望能到俄国去。在这种情况下，毛泽东和俄罗斯研究会克服重重困难，千方百计地先后介绍了刘少奇、任弼时、萧劲光等16名进步青年到上海外国语学校学习俄语，然后赴俄国留学①。这些人多数成为中国共产党早期的重要骨干。

组织马克思主义研究会。受陈独秀、李大钊分别在上海、北京成立马克思主义研究会，组织革命知识分子学习和研究马克思主义的启迪，毛泽东由北京、上海返回湖南后，很快就组织了一个马克思主义研究会，进一步学习和研究马克思主义。毛泽东一方面组织学生、教师阅读马克思主义著作，一方面指导学生肖述凡组织崇新学社，夏曦、郭亮组织马克思主义研究小组。毛泽东和他的战友们的这些活动，深入地宣传了马克思主义，使马克思主义在广大师生的心灵里深深地扎了根。他们不是把马克思主义当做单纯的学理来研究，而是把它作为观察国家命运、改造社会的工具加以接受的。

正是这种研究马克思、研究俄罗斯、传播马克思的实践活动，不仅仅为中国共产党的成立奠定了思想基础与组织基础，也使他终于认识到：社会主义是改造中国的对症之方，因为只有马克思主义不仅理论上说得通，事实上也可以做得到。

瞿秋白在苏俄的红色体验中选择“以俄为师”拯救中国道路。如果说毛泽东在各种救国学说比较中选择了马克思主义，李大钊在介绍苏俄革命、传播马克思主义中选择了马克思主义，那么瞿秋白则是通过考察苏俄革命的现实让他选择了马克思主义。“五四”以后，社会主义的学说成为广大青年知识分子热切讨论的话题，但是社会主义究竟是什么？这还是一个模糊的轮廓。瞿秋白对社会主义的认识正处于初级的接触阶段，不过他要比其他人认识深刻，瞿秋白希望自己去做一个真理的探寻者，寻求中国的出路以及发展自己的个性，去真正地体验社会主义国家的生活。他以《晨报》特派记者的身份奔赴俄国了解俄国社会主义的真实情况并为中国人民求一条光明的路。

① 逄先知、金冲及：《毛泽东传》（上），北京：中央文献出版社1996年版，第62页。

《饿乡纪程》和《赤都心史》是瞿秋白于1920年至1923年赴俄途中及在俄期间写的两部游记，通过这两部游记，我们可以看到他成长为共产主义战士的历程。作为进步的知识分子，为了寻求实现中国人民自由和解放的道理和道路，瞿秋白进行了不懈的探索、比较，最后确立了马列主义思想为指导思想、社会主义道路为实践途径。因为，只有这些“才是真正的新文化新思想，才能彻底反帝反封建，才能真正解决中国的社会问题。”① 同时，瞿秋白的马克思主义理论修养也在不断提高。他自称“当时已经略略领会得唯实的人生观及宇宙观”②，这是唯物主义的倾向。而且瞿秋白认为苏俄之行使自己唯物主义的社会理想得到了实现。瞿秋白在苏俄期间，对社会主义俄国的政治、经济、文化等方面进行了考察，“同时，我二十一二岁，正当所谓人生观形成的时期，理智方面是从托尔斯泰式的无政府主义很快转到了马克思主义。人生观或是主义，这是一种思想方法——所谓思路，既然走上了这条思路，却不是轻易就能改换的”③。

可见，选择马克思主义是他们拯救自己国家的必然的逻辑延伸。

3. 信仰在马克思主义中国化实践中坚定

中国早期青年马克思主义者在各种主义比较中接受了马克思主义，立即投入到传播马克思主义的活动中去，他们走进工农，开始了马克思主义中国化的实践，这是一条非常正确的成长道路。

李大钊尝试用马克思文本分析中国问题。对于十月革命的观察和研究，引起了李大钊对于马克思主义的浓厚兴趣，以极大的热情投入到对马克思主义的研究和传播中。1919年《我的马克思主义观》是他以比较系统的方式公开介绍马克思主义的开始，这篇2万多字的长文体现了李大钊对马克思主义的深刻的体系化认识。在这篇文章里他写道：“但自俄国革命以来，‘马克思主义’几有风靡世界的势子。德奥匈诸国的社会革命相继而起，也都是奉‘马克思主义’为正宗……而自一九一八年马克思诞生百年纪念以来，各国学者研究他的兴味复活，批

① 《瞿秋白文集》文学篇第1卷，北京：人民文学出版社1985年版，第31页。
② 《瞿秋白文集》文学篇第1卷，北京：人民文学出版社1985年版，第30页。
③ 《瞿秋白文集》政治理论篇第6卷，北京：人民出版社1996年版，第701页。

判介绍他的很多。我们把这些零碎的资料，稍加整理，乘本志出‘马克思研究号’的机会，把他转介绍于读者，使这为世界改造原动的学说，在我们的思辨中，有点正确的解释，吾信这也不是绝无裨益的事。”在马克思主义以前的社会主义者，不是偏于感情就是限于空想，未能造成一个科学的理论和系统。马克思以科学的论证，阐明了社会主义的可能性和必然性，形成一个独立的体系，“故社会主义经济学的鼻祖不能不推马克思”。文章概括了马克思主义包括的三部分，即唯物史观、政治经济学和科学社会主义。马克思的整个学说是以历史唯物主义观点作为基础的，用以论证和阐明社会经济制度的发展和变化，预言社会主义制度必然代资本主义制度而起。最后根据这个预言断定实现社会主义的手段方法仍在最后的阶级竞争。

以《由经济上解释中国近代思想变动的原因》一文为起点，李大钊在 1920 年开始用唯物史观指导，针对中国的历史与现实，解释并试图解决中国问题。接着他一发不可收拾，在这一年中所写的《史观》《今与古》《鲍丹的历史思想》《孟德斯鸠（Montesquieu）的历史思想》《韦柯（GiovanniBattistaVieo）及其历史思想》《孔道西（Condoreet）的历史观》《桑西门（Saint-Simon）的历史观》《马克思的历史哲学与理凯尔的历史哲学》《唯物史观在现代史学上的价值》《唯物史观在现代社会学上的价值》等文，是马克思主义中国化的第一批重要成果。

工农群众是李大钊马克思主义中国化思想的生长点。李大钊指出：“要想把现代的新文明，从根底输入到社会里面，非把知识阶级与劳工阶级打成一气不可。”① “社会主义的实现，离开人民本身，是万万做不到的”②。他认为，要发挥马克思主义对中国的改造作用，就必须使之与占中国人民大多数的工农群众相结合。由此李大钊得出结论，马克思主义指导下的中国革命运动，不应当“只是三五文人的运动”“纸面上的笔墨运动”，必须是“劳工阶级的运动”“街市上的群众运动”③。为使中国革命成为劳工阶级的运动，就必须通过掌握了马克思主义的

① 《李大钊全集》第 3 卷，北京：人民出版社 2006 年版，第 304 页。
② 《李大钊全集》第 3 卷，北京：人民出版社 2006 年版，第 32 页。
③ 《李大钊全集》第 3 卷，北京：人民出版社 2006 年版，第 195 页。

知识分子向他们灌输马克思主义。所以，他提出知识分子尤其是青年要到农村去的倡议，号召："青年应该到农村里去，拿出当年俄罗斯青年在俄罗斯农村宣传运动的精神，来作些开发农村的事，是万不容缓的。"① 此后，他继续热情地鼓励青年知识分子与农民联合，以完成中国的变革。正是在他的带领和影响下，不少知识分子深入工厂、农村，初步开创了马列主义与工农运动相结合的局面。

毛泽东把马克思主义同工人运动、农民运动结合。青年毛泽东在第一次去北京期间，就已满怀热情地两次深入长辛店，在产业工人中进行调查访问。在1920年第二次由北京、上海返回湖南之后，尤其是这年的冬天，他更加自觉地集中精力投入到工人运动中。他后来回忆说："一九二〇年冬天，我第一次在政治上把工人们组织起来了，在这项工作中我开始受到马克思主义理论和俄国革命历史的影响的指引。"② 他主要是在产业工人中大力从事马克思主义的宣传活动，同时，在这种结合过程中，努力改造自己的世界观。具体表现在以下三个方面：一是争取、改造、指导湖南劳工会，使该工会进入了新的发展时期；二是开办工人夜校。在毛泽东的领导下，许多矿山、铁路、工厂都创办了工人夜校，使这些产业工人的马克思主义觉悟得到了较大提高，为中国工人运动第一次高潮的形成奠定了思想基础；三是领导安源工人大罢工。经过七下安源，罢工终于取得了胜利，对全国产生了很大影响。

毛泽东作为中国农民运动的领袖，早就尝试用马克思主义分析农村、农民与农民运动。他的《湖南农民运动考察报告》，是马克思主义中国化的示范。毛泽东在韶山办农民夜校，建立农村第一个党支部，在广州开办农民运动讲习所，用马克思主义思想武装农民中的精英。上述工作的开展，是青年毛泽东自觉地走知识分子与工农群众相结合道路的开端。这是个良好的开端，正是因为他走了这条道路，所以他的世界观和阶级感情都发生了根本变化，从而成为一个真正的马克思主义者。

---

① 《李大钊全集》第3卷，北京：人民出版社2006年版，第304页。

② ［美］埃德加·斯诺：《西行漫记》，董乐山译，北京：三联书店1979年版，第131页。

瞿秋白马克思主义中国化传播。瞿秋白回到祖国即担任了《新青年》的主编，此时的《新青年》已经成为中共中央的理论性机关刊物。瞿秋白在所撰写的《新青年之新宣言》中表示：要使这个刊物“成为中国无产阶级革命的罗针”。而要为中国革命指南，就要借用马克思主义的武器。他立即开始马克思主义理论的引进，他认为“应用马克思主义于中国国情的工作，断不可一日或缓”①。为此，他对马克思主义理论进行了符合民族文化和民族心理特征的加工整理。据李维汉回忆说：“我在湖南读到他编写的社会科学讲义。这个讲义对马克思主义的历史唯物主义作了比较系统的介绍和阐述。正好这时湖南有个专门学校要我教社会学，我就用这份讲义去讲，很受学生们的欢迎。学生们受到一次马克思主义的启蒙，我也从中得到不少教益。”② 虽然，还没有资料显示瞿秋白像李大钊、毛泽东那样组织工农运动，但他对工农一直非常关心。早在 1921 年，对苏联满怀憧憬的瞿秋白写了《中国工人的状况和他们对俄国的期望》一文，文中描述了中国工人、工厂和工业的现状：“中国的工厂工业还处于萌芽状态，所以无产阶级的大多数是由农民组成的，工人的数目则很少。在中国，只有大城市以及为外国商业开放的港口有工厂。即使在这些工厂里，工人人数也不多。”中国工人“知识水平极低，不仅不知道世界上发生的任何大事，也完全不知道在俄国发生了革命，建立了苏维埃政权，他们甚至不知道发生在中国的事情。这些工人的生活是暗无天日的”③。

马克思主义中国化的实践是早期青年马克思主义者信仰坚定的必由之路。

二、延安时期培养青年马克思主义者机制建设的历史经验

延安时期是中国共产党对青年马克思主义者培养的自觉时期。这种自觉一是基于惨痛的历史教训，中国共产党在这之前遭受到青年假

① 《瞿秋白文集》政治理论编第 4 卷，北京：人民出版社 1993 年版，第 415 页。
② 李维汉：《怀念秋白》，北京：人民文学出版社 1981 年版，第 240 页。
③ 《瞿秋白文集》政治理论篇第 1 卷，北京：人民出版社 1987 年版，第 169、173 页。

马克思主义者对党及其事业发展的重创，要想避免这样的重创继续发生，必须让党内分得清真假马克思主义者；二是中国共产党中央在延安的几年处于一个相对比较宽松的生存环境，它既不是像井冈山、瑞金时期整天应对围剿与反围剿这样的生死存亡，也不像执政后忙于巩固政权与发展经济，另外，当时近万名有志青年，抱着救国寻找真理的信念来到延安，来时他们大多对马克思主义一无所知。中国共产党为了今后的事业的大发展，需要他们成为掌握马克思主义武器的中国共产党党员，延安成了中国共产党执政前的青年马克思主义者的培养基地，延安一代青年马克思主义者是在这样的机制环境下成长的。

1. 马克思主义学习与省思机制的建立

为了形势发展的需要，党在长征结束后，立即着手干部教育与培养工作。1936 年 6 月在陕北安定县（今子长县）瓦窑堡创办“中华苏维埃共和国西北抗日红军大学”，不久改名为“中国抗日红军军政大学”（简称“红大”），直属中央军事委员会领导，培养党的军政干部。1937 年 1 月，红大随中共中央进驻延安，改名为“中国人民抗日军政大学”，即“抗大”。中央培训干部的决心非常大，要求：中共华北局、华中局“各战略区域在保持工作需要的最低条件下”，必须下“最大的决心抽调一大批干部来延安保留培养”。

1937 年抗日战争爆发后，大批爱国青年怀着抗日救国的热情，寻求革命真理的渴望来到中共中央所在地——延安。“政府不支持爱国，只有共产党才说必须抗日……愚蠢的日本帝国主义和国民党政府，共同把我这样的青年推到了共产党的旗帜之下。”① 这些爱国青年对马克思主义、对共产党缺乏认识。为了抗日战争及培养干部适应未来发展的需要，1937 年 7 月底，中共中央决定委托林伯渠、吴玉章、董必武、徐特立、张云逸、成仿吾等筹建陕北公学（简称“陕公”）培训抗日救国的政治干部。1938 年 5 月 5 日，在马克思诞辰 120 周年纪念日，成立“马克思列宁学院”，它是以学习、研究马克思列宁主义基本理论为重点的干部学校，由当时的党中央负责人之一的张闻天兼任院长。

---

① 韦君宜：《思痛录 · 露沙的路》，北京：文化艺术出版社 2003 年版，第 4 页。

1938年10月1日，又成立了“延安鲁迅艺术学院”，简称“鲁艺”，它是中国共产党在抗战时期创建的一所专门培养艺术干部、艺术人才的新型学校。1939年7月20日，中国女子大学开学典礼在陕甘宁边区延安杨家岭中央大礼堂举行，它是中国共产党在抗日战争时期创建的一所专为培养女干部开设的大学。另外，党还根据形势的需要，开办了许多短期训练班，其中最为著名的是安吴战时青年训练班，它日后改名为“泽东青年干部学校”，专门培养从事青年工作的干部。这些学校的设置都可以视为是党对培养青年马克思主义者机制建设的考量。

为了提高马克思主义的整体认识水平，中国共产党决定根据自己的历史惨痛教训，在全党范围内开展一次学习马克思主义的运动，它对当时的青年马克思主义者成长是一次思想上的震撼。

1938年9月中国共产党召开了六届六中全会，这次会议通过《中共中央扩大的六中全会政治决议案》，强调全党必须自上而下地努力学习马克思列宁主义理论，善于把马克思列宁主义和国际经验应用到中国具体的环境中，反对教条主义。毛泽东向全党发出号召：“普遍地深入地研究马克思列宁主义的理论任务，对于我们，是一个亟待解决并须着重地致力才能解决的大问题。我希望从我们这次中央全会之后，来一个全党的学习竞赛，看谁真正地学到了一点东西，看谁学的更多一点，更好一点。”①

帮助青年识别真假马克思主义。当时党内存在着两种人把马克思主义搞得面目全非，几乎把党的事业推到失败的边缘，一种人只是肤浅地学习到马克思列宁主义的词句。他们读了几本马克思列宁主义的书籍，并没有把这些书籍中的马克思列宁主义的原理和结论当做行动的指南，运用到活生生的具体实际问题上去；另一种人根本不懂得马克思列宁主义，只是胡诌一些马克思列宁主义的术语，自以为是“中国的马克思、列宁”，甚至要求我们的党员像尊重马克思、列宁那样去尊重他，拥护他为“领袖”，他们家长式地在党内发号施令。由于中国共产党内理论水平低，识别真假马列主义的能力差，就便于左、右倾

① 《毛泽东选集》第2卷，北京：人民出版社1991年版，第533页。

教条主义者吓唬人。因此当他摆出一副理论权威的架势，又打着共产国际的旗号，使一些工农干部和天真的青年跟着他跑，使他们堕入空想和盲动的深坑。马克思主义是中国共产党的指导思想，中国共产党必须帮助青年能够识别假马克思主义与假马克思主义者。

领导干部登讲台，讲授研究成果。毛泽东亲自为这些学校讲授《实践论》《矛盾论》和《中国革命战争的战略问题》等革命理论，推动青年参加学习运动。1937 年 4 月至 8 月，毛泽东在抗大讲授《辩证法唯物论（讲授提纲）》一书，三个月共讲了 100 多个学时。刘少奇、周恩来、张闻天等人都专门登台讲课。1938 年秋冬党的六届六中全会在提出马克思主义中国化命题的同时，部署了全党的大学习。

建立学习制度，规定学习时间。全党建立了正规的学习制度。在职干部教育，规定每人每天必须学习两个小时。干部学校教育，延安和各敌后抗日根据地开办的几十所干部学校，党员干部分期分批培训。1939 年全党正式开启了学习运动。

改进学习方法，整顿学风，提高学习效果。大规模学习运动开始后，根据产生的片面追求正规化、制度化和系统化的教条主义的状况，适时地提出改造学习的口号。党在“江西时期”锻炼出来的红军初、中、高级干部，如杨成武、肖华、杨得志、许世友、李先念、余秋里等人，当年几乎都是“放牛娃”和“长工”“短工”出身的青年干部，没读过多少书。学习追求正规化、系统化，使他们的学习一下子处于“短路”状态，很难收到学习效果，于是，1941 年 5 月，毛泽东提出了“改造我们的学习”的目标，主张将全党的学习方法和学习制度改造一下。接着，中央成立学习总委员会，各单位成立学习分委员会。结合过去的教条主义错误、现实的教条主义学习方法，结合全党 76 万新党员的世界观改造，毛泽东创造性地提出了“反对教条主义以整顿学风、反对宗派主义以整顿党风、反对党八股以整顿文风”，推行与学习运动相联系的“整风运动”。

总结党的历史经验，开发党的教育资源。为了从党的历史中总结党的历史经验，学会用马克思主义指导中国革命实践，毛泽东主持中央书记处，查阅了近千万字的中央文件，编辑出版了 416 万多字的

《六大以来——党内秘密文件》（上、下册）和《六大以前——党的历史材料》两部大型党史文献，供高级干部学习党史之用。其次，从1943年10月以后，毛泽东、周恩来、朱德等人作了一系列关于党史研究的报告，指导党的高级干部正确总结党的历史经验。中央扩大了研究规模，绝大多数党政军高级干部都参加了研究。对于党的全部历史，特别是1931年初到1934年底这一时期中央的政治路线问题，进行了多次讨论。同时，中央还组织了过去曾在各个革命根据地和工农红军中工作的干部，召开各地区、各部队的党史座谈会。通过高级干部历时四年的深入学习与研究，以1945年8月9日党的七届一中全会第二次会议一致通过了《关于若干历史问题的决议》为标志。

开展学习竞赛与学习检查。为了学习运动的推进，全党还在机制上开展了学习竞赛与学习检查。1938年12月25日，延安的《新中华报》发表社论《一刻也不要放松了学习》，社论指出，六届六中全会号召全党来一个学习竞赛。今天我们处在一个伟大的时代，是中国历史的转变的关键。在这个空前的历史战争中，要求把学习和干部的工作联系起来抓。中共中央的相关部门曾在1939年8月、1940年1月，组织过两次大规模的总检查的活动，在1940年5月又组织了一次大规模的总检查活动。6月6日，中央宣传教育部召开延安在职干部学习周年总结大会，总结一年来的学习成效，并且针对障碍学习的一些思想认识问题，又作了进一步的动员。强调要下决心，用“挤”和“钻”的精神对待学习。在学习方法上提倡以自学为主，养成独立思考的能力和习惯。

毛泽东等党的领导同志早就认识到，只学习马克思列宁主义著作是不够的，也是学不好的。这是因为“马列主义是人类文化知识最高的发展，学习马列主义必须有很丰富的、具体的社会知识与科学知识做基础。没有这样的基础，要成为一个优秀的马列主义者，是不可能的。”① 正是因为如此，为了更好地学习马克思主义，必须增加各种具体的知识，要学习历史，学习地理和各种必要的社会常识和科学常识，

① 《张闻天选集》，北京：中共党史出版社1985年版，第296页。

尤其是中国的历史和地理以及各种必要的社会常识和自然常识，甚至还包括小说等读物，通过这些能够更深刻地了解社会生活。

在学习与整风运动中，通过王明的教条主义及其表现成为青年马克思主义者认识与省思什么是真正马克思主义的反面典型。王明本人是一不会做工、二不会种田、三没有革命实践经验的知识青年。他读了一些马列主义的书，熟记了一些词句，就自命不凡，自称是“百分之百的布尔什维克”，到处引经据典，却往往闭口不谈中国革命的实际，把马列著作词句或公式当做宗教教条，把共产国际的指示当做金科玉律，否认通过实践发现、检验和发展真理的原则，他在延安整风运动中说：“我在小册子中（即《为中共更加布尔什维克而斗争》）所提出的对当时中国革命运动的许多意见，是从何而来呢？是从分析当时中国的具体情况和根据当时中国人民的具体要求而来的吗？绝不是的，它是从抄袭各种决议而来的。如对中国革命性质、动力、阶级等问题的意见，主要的是抄袭1928年党六次大会的决议；对富农问题、职工问题及改组派等问题的意见，直接是抄袭1929年共产国际关于这些问题的文件；对当时中国形势估计和党的主要任务的意见，则是主要抄袭1930年6月共产国际执委对中国问题的决议及11月关于立三路线问题致中央信（指十月来信）。”“总而言之，用的是‘从决议中来，到决议中去’的方法；是‘不从实际出发，而从书本出发’的方法；是根本的教条主义思想和作风的方法。”① 1949年3月7日，王明在党的七届二中全会上，在谈到自己犯错误的根源时说：一、心中无数，对经济问题一向无研究；发号施令，是靠教条。教条主义，其思想即主观主义也。给党很有损害。在莫斯科学的很少，哲学未学，不懂方法论，现在才感到不足，想学。二、知识缺乏，党的锻炼很差，工作经验也差，我不懂中国历史。三、小资产阶级的自高自大，我过去犯的最大。1931年进了中央，后来进了国际，我既骄、又躁，盛气凌人，由于小资产阶级个人主义，自高自大，胆大妄为，胡扯八道，因而犯了武汉时期的无组织的错误。

① 郭德宏：《中国国情与王明教条主义》，《北京党史研究》，1991年第2期。

通过学习与整风运动这样的教育形式，全党进行普遍的马克思主义学习教育，使全党认识到什么是真正的马克思主义，其中青年受教育最大，青年学习马克思主义，认识深化与行动的省思机制也就此建立。

2. 艰苦奋斗实践磨砺机制的运行

马克思主义创始人从当时工人阶级的生活状况和现代大工业的客观规律出发，提出了教育同生产劳动相结合的原则，并把这一原则看做是保护工人阶级后代的“最必要抗毒素”和培养造就全面发展的人的唯一方法。毛泽东同志在延安时期培养青年坚持了这一原则与方法。

陕北公学1937年创办之初条件就极端困难。学员入校，第一课就是挖窑洞，首先解决栖身之所。六七人共一个土炕，晚上翻身都困难。“陕公”没有教室，上课就在露天，背包一物两用，晚上盖、白天当坐凳。雨天，师生卷起裤脚学习，冬天便头顶雪花。主食是小米、土豆，咸菜是主菜。1937年10月23日，毛泽东为“陕公”写了著名的题词：“要造就一大批人，这些人是革命的先锋队，这些人具有政治远见。这些人充满着斗争精神和牺牲精神。这些人是胸怀坦白的，忠诚的，积极的，正直的。这些人不谋私利，唯一的为着民族与社会的解放。这些人不怕困难，在困难面前总是坚定的，勇敢向前的。这些人不是狂妄分子，也不是风头主义者，而是脚踏实地富于实际精神的人们。中国有一大群这样的先锋分子，中国革命的任务就能够顺利的解决。”① 毛泽东在“陕公”开学时说道：“今天‘陕公’开学，我应当送点礼物。但是，我没有多少东西，只能送你们两件礼物。第一件，是坚定不移的政治方向。第二件，是艰苦奋斗的工作作风。”② 当年听到毛泽东讲话的陕北公学的青年，受到很大启发和教育，他们在讨论中，纷纷表示，毛泽东赠给的这两件礼物极为宝贵，一定要在民族解放斗争中和中国革命事业中，坚持坚定正确的政治方向，保持艰苦奋斗的工

① 中共中央文献研究室，《毛泽东思想年编（1921－1975）》，北京：中央文献出版社2011年版，第172页。

② 中共中央文献研究室，《毛泽东年谱（1893－1949）》（中卷），北京：中央文献出版社、人民出版社1993年版，第61页。

作作风，不怕一切艰难困苦，不怕流血牺牲，坚持到底，直至最后胜利。他们不仅是这样说的，而且在实际行动中，也是这样努力去做的。

与整风运动一起被称为当时整个革命链条中起决定性作用的两个轮子的大生产运动，它不仅粉碎了日本侵略者和国民党顽固派“困死”“饿死”我延安抗日军民的企图，克服了根据地严重的经济困难，基本实现了军民的“丰衣足食”，从而为争取抗日战争乃至整个新民主主义革命的最后胜利，奠定了必要的物质基础，而且也对青年马克思主义者在艰苦奋斗中成长有特殊的贡献。

1939 年开始的大生产运动，是中共中央、毛泽东适应形势发展客观需要，争取抗日战争乃至整个新民主主义革命胜利的战略决策。在长达 7 年左右的时间里，大生产运动既产生了丰硕的物质成果，也产生了丰硕的精神成果。中国共产党有意识地把青年的培养与大生产运动结合在一起。1939 年，毛泽东为“抗大”题词：“现在一面学习，一面生产，将来一面作战，一面生产，这是抗大的作风，足以战胜任何敌人的。”① 在整个大生产运动中，抗大表现最为突出。抗日军政大学第五期师生，于 1939 年 3 月 20 日至 4 月 25 日掀起突击生产高潮。在一个多月的开荒春播劳动中，从抗大领导到教职员工，从行政管理人员到炊事员、勤务员，男女老少荷镢扛锹向荒山野岭进军。有的学员干脆在山上安营扎寨，边开荒边上课。许多干部白天生产，夜晚办公。为此毛泽东称赞说，目前讲起来，延安生产运动，第一是抗大。

来自各地的革命青年，有出身贫苦的工农子弟，有出身豪门的富家儿女，有学识渊博的知识分子，也有一技在身的艺术家。中国传统文化是“劳心者治人，劳力者治于人”，大生产运动在向这种轻视劳动的思想发起挑战。知识与劳动团结起来，消灭过去劳心与劳力分裂。鲁迅艺术学院召开生产动员大会，布置总生产运动委员会给予的任务。延安各大中学校纷纷召开生产劳动动员会，组织师生展开讨论，想办法，提建议，为完成本学校生产任务出谋划策。

延安当时的口号：“发展生产，加强教育”，更明确了大生产运动

① 人民教育出版社：《毛泽东同志论教育工作》，北京：人民教育出版社 1992 年版，第 65 页。

绝不仅仅是生产运动，它是关系延安生存的政治运动，更是关系青年成长的教育运动。教育和改造人，是大生产运动的主题之一。一方面，在大生产中，教育不劳而获的“二流子”、寄生虫。不许有一个败家子，一个“二流子”，主张打倒穷困，努力生产。“不要那种阿Q式的叫花子的骄矜”。打倒寄生虫，摧毁不合理制度。另一方面，用自力更生、艰苦奋斗的革命精神教育学生和知识分子，努力生产，靠自己吃饭。当时的口号有：“贪污、腐化、浪费是生产运动的敌人。”来自各地的青年在延安是一面学习革命理论，研究抗日救国的道理和方法，一面参加大生产运动，搞体力劳动：打窑洞自己住，背柴背炭自己烧。他们开发成千上万亩的荒地，横扫了几千年遗留下来的轻视劳动的旧思想。青年学生和知识分子在生产劳动中磨炼了意志，历练了生命，由一般的追求光明和进步、情感脆弱、身体虚弱的爱国者，变成了意志坚强、身体健壮、不畏任何困难的无产阶级英勇战士和革命的脊梁。

艰苦奋斗，党中央、西北局、边区政府的领导人都以身作则。1943年初，毛主席在杨家岭窑洞下面开垦了一块地，种上了菜，朱德总司令组织了一个生产小组，开垦菜地三亩。1943年，中央直属机关和中央警卫团举行纺线比赛，周恩来、任弼时、李富春等领导同志都争先参加，任弼时同志夺得纺线第一名，周恩来同志被评为纺线能手。大生产运动改善了官兵关系、军政关系和军民关系，这种新型人与人关系，本身就是青年马克思主义者成长所需要的良好环境。

党在用艰苦奋斗精神磨砺机制、教育青年的同时，在生活上特别关心青年，组织上积极发展青年入党，使青年在党的组织里更好成长。1938年，中共中央通过了《关于大量发展党员的决议》。时任中共中央组织部长的陈云说：“现在各方面都在抢知识分子，国民党在抢，我们也要抢，抢得慢就没有了。日本帝国主义也在收买中国的知识分子为它服务。如果把广大知识分子都争取到我们这里来，充分发挥他们的作用，那么，我们虽不能说天下完全是我们的，但是至少也有三分之一是我们的了。”① 有人认为国统区来的人复杂，主张要拒之门外，甚

① 《陈云文选》第1卷，北京：人民出版社1995年版，第181页。

至指责组织部审查不严。陈云同志则认为，来的人虽然复杂，但“要干大事情，就免不了要遇到复杂情况。将来领导全国的时候，情况会更加复杂。只有几个人，不要发展，才简单，但是革命一定不会成功。”① 陕北公学从1937年9月至1939年6月间共培养学员6 000余人，其中约有3 000人被发展入党。据“抗大”统计，除第一期没有外来知识青年外，第二期知识青年609人，毕业时党员达427人，占70.1%。第三期知识青年477人，毕业时党员达323人，占67.7%。第四期知识青年4 655人，开学时党员仅530人，占11%，毕业时党员竟达3 304人，占71%②。

3. 青年马克思主义者世界观转变机制的推动

青年马克思主义者世界观的转变是一个根本的转变。当时到延安的青年知识分子和青年学生从他们的家庭出身、政治立场看，多数可以归入小资产阶级范畴。他们一般受帝国主义、封建主义和大资产阶级压迫，遭受着失业和失学的威胁，为了抗日与追求真理来到延安。由于其阶级的局限和学校教育、社会传统的影响，思想感情与工农群众有一定的差距，客观上存在着世界观的转变过程。要完成这个世界观的转变，就必须同工农打成一片，结合在一起。

来自重庆的文学博士陈学昭带着对抗日的美好憧憬于1938年8月6日进入延安。她在很长时期都与工农格格不入。对延安老百姓特别为其“原始的狡猾性格，觉得难堪”，爱贪小便宜，做工拖拉懒散，“事情不当事情做，我顶恨”③。1939年，她因为这种情感离开延安回到重庆。在这一年，毛泽东同志发表了《青年运动的方向》一文，肯定了青年必须走与工农相结合的道路，才能与革命、与党、与马克思主义走到一起。他在《青年运动的方向》一文中分析道：青年知识分子和青年学生“在其未和群众的革命斗争打成一片，在未下决心为群众利益服务并与群众相结合的时候，往往带有主观主义和个人主义的倾向，他们的思想往往是空虚的，他们的行动往往是动摇的。”号召“中国的

① 《陈云文选》第1卷，北京：人民出版社1995年版，第113页。

② 李志民：《革命熔炉》，北京：中共党史资料出版社1986年版，第52页。

③ 陈学昭：《延安访问记》，广州：广东人民出版社2001版，第87-88页。

知识青年们和学生青年们，一定要到工农群众中去……和广大的工农群众结合一块，和他们变成一体……”毛泽东总结了过去中国革命的经验教训，教育青年不但“要懂得”，而且还“应该好生研究”。他回顾了一百多年来，特别是从辛亥革命开始，民主革命的过程，分析了中国革命干了几十年还没有达到目的的原因，“那就是全国人民没有充分地动员起来，并且反动派总是反对和摧残这种动员。”对中国革命的经验和教训，毛泽东明确地指出：“根本的就是‘唤起民众’这一条道理。”他要求“全国青年都应该好生研究”，“一定要知道，只有动员占全国人口百分之九十的工农大众，才能战胜帝国主义，才能战胜封建主义。”

在毛泽东看来，“中华民族的解放与中国青年的解放是不能分开的，为了中华民族的解放而斗争，也即是为了中国青年自身的解放而斗争。”毛泽东希望全国青年和知识分子“认识中国革命的性质和动力，把自己的工作与工农民众结合起来，到工农民众中去，变为工农民众的宣传者和组织者。”知识青年与工农结合不是单方面的需要，知识青年需要工农大众，工农大众也需要知识青年。这一方面是因为知识青年受过文化科学知识教育，思想敏锐，容易接受和传播新的革命思想，对帝国主义、封建主义的压迫深恶痛绝，富有历史责任感。另一方面，在反动统治压迫剥削下，工农群众陷于愚昧无知状态，需要把他们“动员起来，组织起来”。反动统治阶级总是把工农群众看做火药桶，而把革命理论和科学文化知识看成火星，火星一旦同火药桶接触，被粉碎的将是他们的统治地位。工农群众十分渴望革命理论和科学知识，把它看成是争取解放不可缺少的武器。在争取解放的斗争中，工农群众欢迎愿意同他们结合的知识分子，需要知识分子给他们传播革命理论和科学文化知识，这也是革命胜利的一个重要条件。“然而知识分子如果不和工农民众相结合，则将一事无成。”在这篇文章里毛泽东史无前例地作出了：“知识分子之成为革命的，或不革命的，或反革命的最后的分界，看其是否愿意并且实行结合工农民众，他们的分界仅仅在这一点。”[①] 的论断，为知识分子指明了前进的方向和成长的途径。

延安时期，毛泽东反复阐述和强调了人民群众是历史创造者这一基本原理，把它作为青年运动和青年成长的基本思想，把实行与工农群众相结合作为青年革命化的唯一标准。毛泽东强调青年与工农相结合，其实质就是要求青年与人民群众立场一致，感情相通，命运与共，融为一体，向人民学习，从人民中吸取营养和智慧，为人民的事业和利益而奋斗，最终完成向社会实践主体转化的过程。毛泽东在为安吴青训班二周年纪念题词时指出：“青年同志的自然的缺点是缺乏经验，而革命经验是必须亲身参加革命斗争，从最下层工作做起，切实地不带一点虚伪地经过若干年之后，经验就属于没有经验的人们了！”。他强调青年必须亲自参加革命实践以取得直接经验，这是很重要的。不过在《实践论》中，他又说过，“人不能事事直接经验”，因此，还要学习“古人、外人的直接经验”，对我们来讲是间接经验。特别是革命的历史经验，是革命前辈和先烈们用鲜血和生命换来的，来之不易。青年是革命事业的接班人，当然应该学习和懂得这些宝贵的革命经验，以便将那些有益的经验加以推广，而从那些错误的经验中吸取教训，避免重犯错误。青年也只有在接受历史和现实的革命经验中，在正反两方面的经验教训中，才能逐步地更好地成熟和成长起来。所以，懂得革命的经验教训，对青年成长来讲是必不可少的。

当时的中共中央负责人张闻天也积极倡导青年学生到工农中去，向群众学习。他在《论青年修养》中指出：青年有崇高的理想，“想给国家民族谋点幸福”，“为人类解放做番事业”。“一切是属于青年的，青年永远是时代的骄子，是社会中最生动珍贵的力量。他们继承着过去光荣的传统，担负起目前艰巨的任务，为实现未来的辉煌远大的理想事业，而站在斗争的最前线。”但“青年本身常常有一种动摇性，缺乏足够的忍耐与坚定”。“他们胜利时常常为胜利冲昏头脑，失败时则又因失败而垂头丧气。”青年必须“同群众在一起去实现自己的理想”，

① 《毛泽东选集》（第 2 卷），北京：人民出版社 1991 年版，第 559-560 页。

青年“必须到群众中去”，“向群众学习，一切革命的经验，都是从群众的实际斗争中创造出来的。离开群众的革命实践，我们就不能有革命的理论。”也就实现不了自己的理想①。

在毛泽东等同志的指示下，上万名来延安的青年投入到抗日的前线去，到工农兵中去。

“一二·九”时期南下宣传团的青年学生，多数人从来没到过农村，不了解民众的痛苦，不懂得阶级压迫，对民众抱着怀疑、轻视的心理。他们下乡以后，过着完全不同于城市的生活，环境的艰苦、农民悲惨的遭遇和血泪控诉，震撼了每一个宣传队员的心，冲击着他们的灵魂。有的学生说：“以前对农民抱着怀疑、轻视的心理，以为他们愚笨，到农村去了，才懂得了农民。他们虽然不知道什么叫帝国主义，什么叫经济侵略，然而他们受到实际生活的痛苦，生存上致命的迫害。他们所需要解决的不是空洞的爱国，而是切实的土地问题、捐税问题等。”

一位宣传队员回忆说道：“老实说，我的社会主义思想并不完全起源于阅读马克思列宁的著作和毛主席的著作，而是同时萌生于那些硬邦邦的、充斥跳蚤和虱子的被窝里。”正是同广大工农相结合，“一二·九”时代的青年知识分子和青年学生，才完成了由民族觉悟到阶级觉悟、由爱国主义者到共产主义者的转变过程。群众是革命力量取之不竭的源泉，群众的力量是我党的最后依靠。

1940年陈学昭再次从重庆来到延安。她开始了将以前的“化工农”理想改为“工农化”的实践。陈学昭参加了生产运动，主要任务是纺纱。在纺纱中，虽然有时也产生轻视与厌倦之心，但整风运动学习的内容和审干的形势时时在鞭策着她，人民、抗日的大局与小资产阶级的个人主义经常在她脑海里作激烈的斗争，白天拔猪草、养猪，晚上在月光下抓紧纺纱的繁忙劳动在不断刷新她的记忆，她开始“懊悔自己成了知识分子，要是年轻时从事农业劳动，我的大哥也许已经把我送给他的知己同事家做童养媳了……如果那样，生活上虽然艰苦，精

① 张闻天：《张闻天文集》第2卷，北京：中共党史出版社2012年版，第392-410页。

神上的打击可能没有这么多和复杂”①。

在与工农的结合中，她说道：“在我一生中，从来没有受过比这更有益的教育了。就在共产党所给予的伟大教育力量感受下，我才开始走近党、认识党的。”在对党的方针与政策上，陈学昭完全改变了以前的怀疑与批判精神，完全否定了过去的自我立场。她认为她以前是站在小资产阶级的立场上，“任何事情都用自己的尺度去衡量党，从个人的利益出发去看党，一遇到与个人的希望不符合，对自己的个人利益有抵触时，就对党起反感，不信任”。对党的教育，陈学昭一直认为这是“磨损一个人优良的个性，限制个性的发展，我怕这样的教育”。而通过整风运动与自我的思想反省，她开始觉得她以前所受的教育是“个人主义的教育，技术的教育”。而党的教育，“不但不压制个性”，“而且也只有在共产党里个性与天赋才得以发展”。陈学昭改变了过去的想法，真正认识了党。“它是无产阶级革命的先锋队伍，是一个战斗的集体”，它“所从事的事业，是我们民族解放的事业，整个民族与国家翻身的事业”②。1945 年 7 月，陈学昭正式递交入党申请书，几天后被接纳为中共党员。

青年女博士陈学昭从一个个人主义者在工农的结合中成长为一个共产党员，一个为“整个民族与国家翻身的事业”奋斗的战士，一个马克思主义者，是青年马克思主义者培养的成功案例。

看不起工农曾是知识分子与青年学生中一种普遍的现象，来到延安的青年在党的教育与党的领袖影响下，扭转了对工农的看法，尤其是大批的青年文艺战士，在毛泽东的延安文艺座谈会精神指引下，走出“小鲁艺”，到“大鲁艺”（指广阔的社会生活）中去，与工农打成一片，创造出为工农喜爱的作品，思想发生了深刻的演变，成为忠诚的共产主义战士。

毛泽东也是这样教育自己的孩子，让他到工农中去。1946 年，23 岁的毛岸英从苏联大学毕业回到延安，毛泽东就让他到农民家里拜师，

① 陈学昭：《天涯归客》，杭州：浙江人民出版社 1980 年版，第 177-178 页。

② 陈学昭：《一个个人主义者怎样认识了共产党》，《解放日报》，1943 年 6 月 13 日。

去上劳动大学，说岸英在苏联学的只是书本上的知识，只是知识的一半，在劳动大学里，可以学到书本上学不到的东西。让他和乡亲们同吃、同住、同劳动，切身感受劳作的艰辛，懂得了劳动人民的伟大，在实践锻炼中成长。

三、新中国成立后中共对培养青年马克思主义者机制建设的探索

新中国成立以后，中国共产党取得了执政地位，掌握了执政资源，具备了通过正规的教育渠道培养接班人的资格与可能。中国共产党与资产阶级争夺青年人的斗争远未结束，对怎样自觉利用执政资源，培养社会主义事业接班人乃至可靠接班人这一重要使命的认识也需要一个过程。在中国共产党执政的60余年里，随着对执政规律的认识深入，利用执政资源培养了一批批有坚定马克思主义信仰的青年马克思主义者，作为中国特色社会主义事业与马克思主义中国化的骨干与带头人。在机制建设方面为今后持续探索自觉培养积累了如下经验：

1. 合力培养机制的最初形成

中国共产党取得了执政地位，大学就成了中国共产党培养青年马克思主义者的主要阵地。新中国成立后，青年大学生从中国共产党争取的对象、改造的对象逐步成为教育的对象、培养的对象，是中国共产党十分宝贵的人才资源。由于教育的水平、培养的水平还比较低，因此，教育与培养更多的是通过管理来进行的。大学的各个部门乃至社会的有关部门都要参与管理是中国共产党培养接班人的一个基本理念。

课程管理，确立马克思主义政治理论课在学校教育中的重要地位。新中国成立后，根据当时国家政务院的有关规定，决定在大学取消“国民党党义”和“军事训练”等反动课程，开设“新民主主义论”“政治经济学”“辩证唯物主义与历史唯物主义”三门公共必修课。组织学生参加各项社会政治运动，在实践中进行思想政治教育。1982年10月，教育部发出《关于在高等学校逐步开设共产主义思想品德课程

的通知》，从此，思想品德课在各高等学校广泛开设，成为对学生有计划地进行理想、道德、人生观教育的一门课程。1984 年 9 月，教育部在总结各校开课经验的基础上，正式发出《关于高等学校开设共产主义思想品德课的若干规定》，对课程的任务、内容、教学原则、师资队伍和体制作出了具体规定。中国共产党对马克思主义政治理论课非常重视，多次调整课程的设置，使其更加合理，更加符合现实的要求。最新的课程方案是由中共中央宣传部、教育部 2005 年确定的，从而形成了一个结构合理、功能互补、相对稳定的思想政治理论课课程体系。

思想教育管理，各个部门都要负责任。为了更好地教育青年学生，毛泽东提出了各部门都要管的思想。1957 年 2 月，毛泽东在《关于正确处理人民内部矛盾的问题》中明确提出："我们的教育方针，应该使受教育者在德育、智育、体育几方面都得到发展，成为有社会主义觉悟的有文化的劳动者。"他要求青年学生"在思想上要有所进步，政治上也要有所进步，这就需要学习马克思主义，学习时事政治。没有正确的政治观点，就等于没有灵魂。"他还说，对学生的"思想政治工作，各个部门都要负责任。共产党应该管，青年团应该管，政府主管部门应该管，学校的校长、教师更应该管。"①

在管的过程中也出现了一些问题，中央适时进行了纠正。1959 年 6 月 17 日，中共中央批转共青团中央《关于对学生进行政治教育中几个问题的报告》。该报告在对大学思想教育工作中的问题进行深刻反思之后，提出了改进学校思想政治工作的四点意见：一是学校工作以教学为中心，思想工作应当有利于教学工作的进行，有利于在学生中造成认真读书、刻苦钻研的风气，不能事事搞运动，天天搞运动，而应当经常地进行深入细致的思想教育工作；二是要善于运用各种思想工作阵地多方面地对学生进行教育；三是要具体分析、区别对待，严格区分两类不同性质的矛盾，在进行教育的时候坚持说服的方法，不能采取简单粗暴的压服办法；四是要注意在学校中造成民主的、自由争论的风气，培养学生敢想、敢说、敢干，勇于坚持真理、修正错误的精神。

① 中共中央文献编辑委员会：《毛泽东著作选读》，北京：人民出版社 1986 年版，第 71 页。

针对1956年个别地方发生学生闹事事件，毛泽东指出是“思想政治工作减弱了，出现了一些偏向。”① 尽管闹事的原因有许多，但是“领导上的官僚主义”和对学生“缺乏思想政治教育”是主要原因。因此，要“从根本上消灭发生闹事的原因，必须坚决地克服官僚主义，很好地加强思想政治工作，恰当地处理各种矛盾。”他鼓励青年学生通过自由争论、辩论、座谈等形式帮助共产党整风，帮助共产党改进工作中的官僚主义、宗派主义和主观主义，但是绝不允许否认共产党的领导、社会主义道路和马克思主义的指导地位。同时，各级党政领导要重视加强学校思想政治工作，“每省要有一位宣传部长、一位教育厅长亲自抓这项工作”②，并要求到学生中给学生作时事报告，他强调指出：“现在我们的总书记邓小平同志，亲自出马到清华大学作报告，也请你们大家出马。中央和省市自治区党委的领导同志，都要亲自出马做思想政治工作。”③

中国共产党对资产阶级争夺青年人的“和平演变”阴谋是一直高度警惕的。在毛泽东时代就明确提出防止第三代、第四代被帝国主义、资产阶级“和平演变”，要准备后事，培养革命接班人。要求各级领导权掌握在马克思主义者手里。改革开放后，美国等发达国家加大加快了他们对中国的文化价值观的渗透。美国新闻署自1983年以来，每年派20名左右的巡回学者到中国各地的大专院校和研究单位讲学。其中当然不能说没有对我国友好的人士，也不能认为他们都是中央情报局派来搞“和平演变”的，但作为美国政府的一项政策，其目的绝不仅仅是友好往来。美一政府机构致电美驻华使馆宣称，他们派往中国的教授对传播美国文明、宣传美国文化，对推进中国民主化进程起了关键作用。这些教授携带的宣传美国民主的小册子，在北京的学生中广泛传阅。如在北京某些外语学院工作的美国“实用教育组”的成员声称要把接受他们培训的人“培养成具有不同信仰的现代派新人”，在“3年内要彻底改革中国”。美国中央情报局还制定了《十条诫令》，对

① 《毛泽东选集》第5卷，北京：人民出版社1977年版，第385页。

② 中共中央文献研究室：《毛泽东文集》第7卷，北京：人民出版社1999年版，第247页。

③ 《毛泽东选集》第5卷，北京：人民出版社1977年版，第357页。

青少年试图进行西化和分化。

对此，中国共产党是非常敏感的，在邓小平同志的指示下，高校在80年代中期都分别成立了以主管学生工作副书记或常务副校长为主任、主管教学副校长和主管后勤工作副校长为副主任的学生工作领导组，负责集中全校资源，统筹学生思想教育工作，防止“和平演变”。院（系）一级成立相应的机构，校院两级形成了党政齐抓共管思想政治教育工作的体制。

江泽民同志多次强调培养年轻一代是全党和全社会的共同责任。1990年10月，他在中国少年先锋队全国代表大会的祝词中指出：“培养社会主义、共产主义事业的接班人是全党全社会的责任。”① 2000年2月，他在关于教育问题的谈话中则系统论述了齐抓共管的重要性，认为这项工作不仅教育部门要做，宣传部门、政法部门以及其他部门也要做，全党和全社会都要来做。要求学校、家庭及社会各方面都来关心青少年的成长。

2004年，面临国际国内形势的深刻变化，社会主义市场经济的深入发展，社会经济成分、组织形式、就业方式、利益关系和分配方式日益多样化。中央连发三个文件，部署青少年教育管理，应对形势变化。它们分别是：中发［2004］3号《中共中央关于进一步繁荣发展哲学社会科学的意见》，文件决定实施马克思主义理论研究和建设工程，从学科建设与理论建设支撑大学生思想政治教育。这是以胡锦涛同志为总书记的党中央作出的一项重大战略决策，是一项重要的理论创新工程，是马克思主义发展史上的一件大事。实施理论创新工程的根本目的，就是要不断推动党的思想理论与时俱进，不断巩固马克思主义在意识形态领域的指导地位，不断提高全党运用马克思主义的立场、观点和方法分析问题、研究问题，制定正确的路线方针政策，用发展的马克思主义指导实践。马克思主义理论研究和建设工程明确提出，用十年左右时间，建立以当代中国马克思主义为指导的中国特色、

①《毛泽东、邓小平、江泽民论青少年和青少年工作》，北京：中央文献出版社2000版，第244页。

中国风格、中国气派的哲学社会科学学科体系和教材体系，并提出实施马克思主义理论研究和建设工程以及用马克思主义理论学科建设支撑大学生思想政治教育，提高思想政治教育管理与教育的科学化水平。

中发［2004］8号《中共中央、国务院关于进一步加强和改进未成年人思想道德建设的若干意见》，文件要求进一步加强和改进学校教育，重视和发展家庭教育，不断强化社会教育。要深入挖掘未成年人思想道德实践活动的潜在教育资源，加强爱国主义教育基地建设。充分发挥青少年宫、少年宫、青少年学生活动中心、儿童活动中心、科技馆等公益性未成年人校外活动场所的重要作用。积极营造有利于青少年思想道德建设的社会环境，切实加强对未成年人思想道德建设的领导。各级宣传、教育、文化、体育、科技、广播影视、新闻出版、信息产业、民政、公安、司法、海关、财政、税务等部门和工会、共青团、妇联、科协等群团组织要结合业务工作，发挥各自优势，共同做好未成年人的思想道德建设工作。

中发［2004］16号《中共中央、国务院关于进一步加强和改进大学生思想政治教育的意见》，这份新时代纲领性文件再次体现了社会与学校以及学校内各部门在新形势下共同做好大学生思想政治教育的理念。要以思想政治理论课为大学生思想政治教育的主渠道。要让各门课程都具有育人功能。要深入开展社会实践，建设校园文化，占领网络思想政治教育新阵地。要充分发挥党团组织的作用，大力加强大学生思想政治教育工作队伍建设，努力营造大学生思想政治教育工作的良好社会环境，形成教育合力。这样就把大学教育与未成年人教育有机衔接起来。

这之后，中央有关部门与地方有关部门纷纷制定相关措施，试图在机制上对中央的这三个文件精神进行贯彻与落实。

2. 培养目标的始终坚持与表述方式的与时俱进

1953年6月30日，毛泽东在接见青年团第二次全国代表大会主席团成员时提出，青年团要照顾青年的特点。他号召全国青年要做到："身体好、学习好、工作好"。从此，高等学校把实现"三好"作为大学生的奋斗目标，把开展"三好活动"，评选"三好学生"，作为学校进行思想政治教育的重要内容、途径和方法。

1958 年 1 月，毛泽东在《工作方法六十条（草案）》中提出了又红又专的培养目标。他说："红与专、政治与业务的关系，是两个对立物的统一。一定要批判不问政治的倾向。一方面要反对空头政治家，另一方面要反对迷失方向的实际家。" 他认为 "办什么事情都要有知识"，"年轻人就是要多学一些知识，多掌握一些本领，更好地为人民服务。"[①] 即 "做学生的要好好学习，学好了要全心全意为军民服务。" 并对只重视实践知识，而忽视课堂知识的现象批评道："现在有的中学与大学把许多基础课程都放松了，这是一种危险。学校在基础课上打不好基础，要赶上世界先进水平是不可能的。我们现在的学校基本上有两种：一种是一般的大中学校，以学为主，另一种红专学校，以劳动为主。但现在人们中有一种趋势，把两种学校搞成一种红专学校，要纠正。两种学校都要有。"[②]

毛泽东提出了青年学生的红专道路，强调：青年学生只有走 "又红又专" 的道路，才能成为无产阶级革命事业的合格接班人。这些人既不是空头政治家，也不是迷失方向的实际家。根据这种对红与专的理解，毛泽东在 1964 年的中央工作会议上正式提出了培养接班人的五项条件。他指出："无产阶级革命事业的接班人，是在群众斗争中产生的，是在革命大风大浪的锻炼中成长的。应当在长期的群众斗争中，考察和识别干部，挑选和培养接班人。"[③]

显然，在当时国际冷战的背景下，毛泽东对红与专的统一中可能更偏向于红，防范青年成为空头政治家与防范青年成为迷失方向的经济家和技术家，可能对后者更加重视。1964 年 7 月 5 日，他在与侄子毛远新（中国人民解放军军事工程学院学生）的一次谈话中指出："阶

① 邸延生：《历史的真知——"文革" 前夜的毛泽东》，北京：新华出版社 2006 年版，第 136 页。

② 邓力群：《毛泽东与科学教育》（下册），北京：中央民族大学出版社 2004 年版，第 396 页。

③ 中共中央组织部、中共中央党史研究室、中央档案馆：《中国共产党组织史资料》第 9 卷，北京：中共党史出版社 2000 年版，第 1106 页。

级斗争是你们的一门主课”，“阶级斗争都不知道，怎么能算大学毕业?”[①] 此后不久，高等教育部转发了这个谈话纪要，并要求“所有高等学校，都应当认真加以讨论和贯彻”[②]。于是一时之间，抓紧培养无产阶级革命事业接班人，成为了党在高等学校一切工作的中心议题。而参与阶级斗争，站稳阶级立场就成了政治上“红”的最主要的方面。

为此，毛泽东号召未来的接班人：“应该去农村搞‘四清’，去工厂搞‘五反’”，因为“不搞‘四清’就不了解农民，不搞‘五反’就不了解工人。”[③] 1964 年 9 月 11 日，中共中央、国务院发出《关于组织高等学校文科师生参加社会主义教育运动的通知》，指出：高等学校文科，“脱离实际的倾向十分严重，资产阶级的和修正主义的思想影响相当普遍。有些单位的领导权不是掌握在无产阶级手里，而是被资产阶级所篡夺。不少资产阶级专家，正在同我们争夺青年学生。某些混进党内的不纯分子，爬上了基层党的领导岗位。有些学生不是听党的话，不跟着党走，而是跟着资产阶级专家跑，他们可能成为资产阶级的接班人。这样发展下去，不仅严重影响到我们的革命下一代的成长，而且由于文科毕业生将来会掌握国家的上层建筑，就使我国有发生‘和平演变’的危险。这种状态，必须从根本上加以改变。今后的方向，就是使文科院校附设工厂或者迁到农场，办成半工半读或者半耕半读的学校，一面参加生产劳动，一面读书。这样做的目的，是使文科师生通过生产劳动和阶级斗争，向工农群众学习，和工农群众打成一片，逐步锻炼成为无产阶级的革命战士。”[④] 从 1964 年下半年开始，全国高等学校的文科师生分批下到农村参加“四清”运动，时间为一年到一年半，要参加完一期“四清”的全过程。随着运动的进一步发

① 陈大白：《北京高等教育文献资料选编（1949-1976）》，北京：首都师范大学出版社 2002 年版，第 781 页。

② 中央教育科学研究所：《中华人民共和国教育大事记（1949-1982）》，北京：教育科学出版社 1983 年版，第 370 页。

③ 中央教育科学研究所：《中华人民共和国教育大事记（1949-1982）》，北京：教育科学出版社 1983 年版，第 781 页。

④ 陈大白：《北京高等教育文献资料选编（1949-1976）》，北京：首都师范大学出版社，2002 年版，第 788 页。

展，到1965年2月，中共中央、国务院再次发出通知，要求高等学校组织理工科师生参加社会主义教育运动。从1965年暑假开始，部分高校的理工科师生陆续奔赴农村的“四清”战场，接受阶级斗争的锻炼。

显然，事态的发展对青年大学生的红专统一要求，已经演变为红专分离，红可以取代专，成为“知识越多越反动”了，这只能是历史的一个插曲。粉碎“四人帮”拨乱反正后，青年的红专统一再次被提倡，1980年1月，邓小平在《目前的形势和任务》中明确指出：“这里要说一说红与专的关系。专并不等于红，但是红一定要专。不管你搞哪一行，你不专，你不懂，你去瞎指挥，损害了人民的利益，耽误了生产建设的发展，就谈不上是红。不解决这个问题，不可能实现四个现代化。”邓小平所提出的“四有新人”是新形势下的红专统一。《人民日报》1982年5月4日发表的社论《当代青年的历史使命》中把邓小平给全国小朋友的题词延伸为“培养青年成为有理想、有道德、有文化、有纪律、有强健体魄的新一代。这不仅是学校和共青团的责任，而且要靠所有家庭和整个社会的共同努力”。1985年，全国共青团思想政治工作会议上提出：要加强和改进新时期的青年思想政治工作，在四化建设的伟大实践中培养和造就一代有理想、有道德、有文化、有纪律的共产主义新人。在邓小平看来，“学生把坚定正确的政治方向放在第一位，这不仅不排斥学习科学文化，相反，政治觉悟越是高，为革命学习科学文化就应该越加自觉，越加刻苦。”① 在“四有”中其中理想最重要，他说：“我们一定要经常教育我们的人民，尤其是我们的青年，要有理想。为什么我们过去能在非常困难的情况下奋斗出来，战胜千难万险使革命胜利呢？就是因为我们有理想，有马克思主义信念，有共产主义信念。我们干的是社会主义事业，最终目的是实现共产主义。这一点，我希望宣传方面任何时候都不要忽略。”②

十三届四中全会以来，江泽民同志在不同的场所，从不同的角度对“四有新人”的培养目标进行了阐述。1996年6月，他在全国教育

① 《邓小平文选》第2卷，北京：人民出版社1994年版，第104页。
② 《邓小平文选》第3卷，北京：人民出版社1993年版，第110页。

工作会议上的讲话中指出："坚持社会主义办学方向，努力培养全面发展的四有新人。"① 2001 年 7 月在庆祝中国共产党成立八十周年大会上，江泽民把"四有"新人目标的培养作为社会主义的根本任务提出来，明确指出："发展社会主义的根本任务是培养一代又一代的有理想、有道德、有文化、有纪律的公民。"②

江泽民同志对青年大学生的"四个统一""六点希望"，即 1998 年 5 月 4 日，江泽民同志在北京大学建校百年庆祝大会上发表讲话，向全国各界青年提出的"坚持学习科学文化与加强思想修养的统一，坚持学习书本知识与投身社会实践的统一，坚持实现自身价值与服务祖国人民的统一，坚持树立远大理想与进行艰苦奋斗的统一"。"六点希望"，即 2002 年 5 月 15 日江泽民同志在纪念中国共产主义青年团成立八十周年大会上的讲话："希望青年们树立远大理想，坚持发奋学习，注重锤炼品德，不断开阔视野，勇于进取创新，始终艰苦奋斗。"

2003 年 7 月胡锦涛同志在同团中央新一届领导班子成员和团十五大部分代表座谈时对青年精英提出了"第一，要勤于学习；第二，要善于创造；第三，要甘于奉献"③ 的三点希望。

胡锦涛同志对青年大学生的"四个新一代""四点希望"。"四个新一代"，即 2005 年 5 月 4 日，中国共产主义青年团成立八十五周年纪念日，胡锦涛同志致信中国青年群英会：努力成为理想远大、信念坚定的新一代，品德高尚、意志顽强的新一代，视野开阔、知识丰富的新一代，开拓进取、艰苦创业的新一代④。2008 年 6 月 14 日胡锦涛同志在中南海怀仁堂同团中央新一届领导班子成员和团十六大部分代表座谈时发表重要讲话强调：希望青年坚定理想信念、勤奋刻苦学习、勇于艰苦创业、培养高尚品德。

可见对青年精英的希望及要求都是红专统一的新形势表述。这里

---

① 《毛泽东、邓小平、江泽民论青少年和青少年工作》，北京：中央文献出版社 2000 年版，第 265 页。

② 《江泽民论"三个代表"》，北京：中央文献出版社 2001 版，第 158 页。

③ 胡锦涛：《在同团中央新一届领导班子成员和团十五大部分代表座谈时的讲话》，《中国青年报》，2003 年 8 月 8 日。

④ 胡锦涛：《致中国青年群英会的信》，《人民日报》，2005 年 5 月 5 日。

的政治上的红，即愿意为祖国为人民做奉献；这里的业务上的专，即具有奉献社会与人民的知识与能力，在新形势下尤其是有创新的知识和能力。

3. 学生党建机制的逐步完善

青年马克思主义者的成长与党的建设尤其是学生党建有着直接的联系。中国共产党从建党之初就重视在高校学生中发展党员，使青年中的知识精英向政党精英转变。新中国成立后，仍然保持了这一传统。从 1949 年至 1965 年期间，全国高校在党的领导下培养了一批又一批具有坚定社会主义信念和为人民服务思想的青年知识分子，这些知识分子为新中国的建设和发展作出了不可磨灭的贡献。

1990 年 4 月，中国共产党召开了首次高校党建工作会议，各省、自治区、直辖市主管教育工作的党委副书记、组织部长、宣传部长、教委主任、高校工委书记，国务院有关部委教育司（局）长、部分高校党委书记等参加会议。会后，中共中央颁布了《关于加强高等学校党的建设的通知》，确立高等学校实行“党委领导下的校长负责制”，再次明确高校的领导机制。至此，中央每年举行一次高校党建会议，有一个专门的主题，从中央的层面专门针对解决当前高校党建的主要问题，部署高校今后一段时期党建工作。各省、各高校也按照这个模式召开高校党建工作会议，对会议精神加以落实。这就形成了一个三级党建会议制度的机制，使高校党建的目标任务很明确，提高了工作效率。

重视大学生党员发展工作。高校党委把大学生党员发展工作看做是增强政治意识、大局意识、创新意识、服务意识和民主集中制意识，紧紧围绕培养德智体美全面发展的社会主义建设者和接班人这个中心任务来认识，对优秀学生做到早播种、早选苗、早培养。大学生党员数量已由 2002 年的 16.8 万名增加到了 2006 年的 80.8 万名。截至 2006 年年底，学生党员的人数占在校学生总人数的 8%，与 1990 年的 1.16%相比，增长近 7 个百分点。2008 年后，大学生党员发展速度更快，大学生群体每年新增党员都在一百万以上，超过全国新增党员总数的三分之一。

在学生党员发展工作中，坚持和完善在大学生中发展党员工作的标准和程序，全面把握和坚持党员标准，严格在大学生中发展党员工作的程序，认真履行入党手续，积极推行发展党员“公示制”“公开答辩制”等制度，力争保证发展党员的质量。建立大学生入党积极分子队伍的动态管理机制，及时吸收表现突出的申请人作为入党积极分子。有计划有步骤地把基本素质好、入党积极性高的优秀团员、学生骨干吸收到大学生入党积极分子队伍中来。做好培养教育大学生入党积极分子的衔接工作，及时接转和审核高中阶段入党积极分子的有关材料，培养教育时间应连续计算，避免大学生入党积极分子的流失。

加强学生党支部建设。坚持把大学生党支部建在班上，学生党建走向自觉化、系统化。全国高校各级党组织正努力形成班级中“一年级有党员、二年级有党小组、三年级有党支部”的学生党建工作新格局，努力实现本科学生班级“低年级有党员、高年级有党支部”的目标。充分发挥学生党员的先锋模范和骨干带头作用，积极推动大学生党支部建在班上，把大学生党支部建设成为带动学生班级团结进步和开展思想政治教育的坚强堡垒。加强大学生党支部的自身建设，明确大学生党支部的主要职责，切实加强对在大学生中发展党员工作和大学生党支部建设的领导。

高校各级党委从全局和战略的高度，正在加深对青年马克思主义者培养与党建的关系认识，为青年马克思主义者培养提供坚强的思想、政治和组织保证。把这项工作摆上重要议事日程，切实加强领导。党委组织部门加强具体指导，提出切实可行的工作目标。党委教育工作部门要对这项工作做出具体部署，并认真组织实施。共青团组织主动配合，共同做好工作。广泛开展优秀大学生党支部和优秀大学生党员评选活动。支持、帮助和指导民办高校和中外合作办学高校在大学生中发展党员工作和大学生党支部建设，理顺党组织隶属关系，科学设置党的组织机构，充实党务工作干部力量，建立健全各项工作制度，保证工作质量。

近年来，高校学生党建加大了力度。2012 年闭幕的全国高校党建第二十次会议，提出加大在青年教师中发展党员的工作力度，优化高校党员队伍结构，以支持高校青年马克思主义者培养。2013 年 7 月，中共中央组织部、中共中央宣传部、中共教育部党组联合下发指导意见，进一步加强高校学生党员发展和教育管理服务工作。建立健全了新形势下大学生党员长期受教育、永葆先进性的长效工作机制，探索大学生党员管理的新办法。意见提出，严格标准，提高发展学生党员质量，强化党员发展工作责任追究制。意见要求，加强入党积极分子培养教育，构建多层次、多渠道的学生党员经常性学习教育体系。意见强调，健全管理机制，增强学生党员队伍活力。意见要求，完善服务机制，调动各种资源运用多种形式为学生党员的成长服务。让青年马克思主义者的思想入党与组织入党得到机制上的保障。

4. 辅导员队伍的专业化

应该有一支与青年大学生日常生活朝夕相处的工作队伍支持青年马克思主义者成长，这支队伍最早是“双肩挑”的辅导员队伍。

1952 年 10 月 28 日，教育部发布《关于在高等学校有重点的试行政治工作制度的指示》指出，在高校设立政治工作机构为政治辅导处，其任务为辅导学生政治学习和社会活动，组织推动教职员政治理论学习和社会实践活动，政治辅导员中应选择若干人兼任政治理论课的助教，以便逐渐培养成为政治课教员。1953 年，时任清华大学校长的蒋南翔同志率先提出在清华设立学生政治辅导员，即选拔思想政治觉悟高、业务素质好的高年级学生，“半脱产”式做大学生的思想政治工作。在清华大学实行“双肩挑”制度，就是一肩挑思想政治工作，一肩挑自身的业务学习。由学生兼职高校辅导员，是辅导员制度的新发展，是对高校思想政治工作的有力补充。此项制度很快在全国得以推广。

1961 年 9 月，中共中央政治局常委扩大会议通过了《教育部直属高等学校暂行工作条例（草案）》。它对高等学校思想政治教育的任务、内容、原则、方向等问题进行了明确规定。《条例》指出，为了加强思想政治工作，在一、二年级设政治辅导员或班主任。从专职的党政干部、政治理论课教师和其他青年教师中挑选有一定政治工作经验的人担任，同时逐步培养和配备一批专职政治辅导员。这是第一次在正式文件中提出，在高等学校设置专职政治辅导员。1964 年中共中央批准教育部党组《关于加强高等学校政治工作和建立政治工作机构试点问题的报告》，报告提出在高等教育部和直属高校设立政治部，确定北京大学、清华大学为高等学校建立政治部的试点学校，在二、三年级配齐班级政治工作干部，平均一百名学生至少配备一人，干部来源从高等学校毕业生中选留解决。1965 年出台的《关于政治辅导员工作条例》指出，政治辅导员的主要任务是辅导学生的政治学习，开展政治活动。1980 年颁发的《中共中央关于改进和加强高等学校思想政治工作的决定》提出了高校辅导员是从事学生思想政治教育的专职人员，是教师队伍的组成部分。

“双肩挑”式的学生辅导员制度在高校人才极度缺乏时是对高校思想政治工作的有力补充，但其自身的历史局限性随着时间的推移慢慢显现出来。首先，一肩挑学生的思想政治工作，一肩挑自身的业务学习。学生辅导员本身还是没有出过校门，未经过社会洗礼刚刚转换角色的教师，自身的实践能力、学生工作经验都明显不足，同时还要兼顾自身的业务学习，二者的时间、精力如何分配始终是个难题。“双肩挑”的要求是两手都要抓，两手都要硬，但他们首先要考虑以后再就业问题，即职业发展问题。辅导员毕竟只是其在大学期间完成的一份兼职，不是就业的最终目标，所以学生思想政治工作的质量难以保证。其次，现今社会分工细化，人才过剩，专职辅导员取代兼职辅导员势在必行。

时代的发展，对这支队伍的要求越来越高，要求这支队伍特别能战斗，还要能留得住。它应该是专业化、职业化的高水平的队伍。随着时代的发展和社会进步，各种新情况、新问题不断涌现。面对新形势、新变化，2000 年教育部下发《关于进一步加强高等学校学生思想政治工作队伍建设的若干意见》，肯定了高校辅导员的政治地位、主要任务等。2004 年中共中央国务院出台《关于进一步加强和改进大学生思想政治教育的意见》，特别指出要采取有力措施，着力建设一支高水平高校辅导员队伍。2005 年教育部出台《关于加强高等学校辅导员、班主任队伍建设的意见》，再次强调建设高水平辅导员队伍的重要性。

2006年7月，教育部颁布关于《普通高等学校辅导员队伍建设规定》的24号令，文件在如何推进高校辅导员专业化进程方面有了明确的要求和规定，特别提出高校辅导员实行行政职级和技术职务聘任相结合的职务职称序列，随后，又推出了《2006年—2010年普通高等学校辅导员培训计划》。这一系列文件，充分反映了党和国家改善大学生思想政治教育，提高辅导员管理水平和职业素质的决心，同时也表明了国家加强辅导员队伍建设，使辅导员走上职业化、专业化的政策导向。目前各高校正在按照辅导员专业化、职业化的要求，在辅导员队伍的准入制度、培训制度、激励制度、考核制度等方面进行探索，按照政治强、业务精、纪律严、作风正的要求，推行："高进、严管、精培、优出"的方针，使优秀人才进入这支队伍，留在这支队伍，使其集中精力加强和改进大学生思想政治教育及为培养青年马克思主义者服务。

第四章　青年马克思主义者培养工程机制建设的现状分析

青年马克思主义者培养工程事关中国特色社会主义事业后继有人；事关马克思主义中国化、大众化、民族化发展进程；事关中国共产党的建设与执政能力的提高。因此青年马克思主义者培养工程起步就得到各方面的支持与响应，各级团的组织义无反顾地把这一工程作为重要的工作进行策划及行动。就高校而言，反应也很积极，按照《“青年马克思主义者培养工程”实施纲要》的要求，针对大学生骨干和共青团干部这两个不同的群体采取不同的培养措施，并将学生社团干部、学生党员和入党积极分子、理论学习骨干及在学术科技、文化体育等方面成绩突出、要求进步、在青年中具有一定影响力的人才纳入培养体系，创造多种形式，借助自身已有的平台和阵地，推动“青马工程”在多个学生领域的开展。然而，由于培养机制顶层设计方面的问题，使青年马克思主义者培养工程难以深入推进，在一些高校，青年马克思主义者培养工程甚至出现诸多形式大于内容、迎合多于探索、造势高于务实、敷衍重于担当的现象。

一、调查问卷：青年接受马克思主义教育现状有喜有忧

2009 年 5 月，我们制作了三种青年马克思主义者培养工程实施两

年效果评价调查问卷，调查对象分别为：中学生、大学生中青年马克思主义者培养对象，从事青年马克思主义者培养的有关工作人员。调查地点分别在北京、上海、广州、厦门、杭州、长沙、武汉、合肥、芜湖。发放问卷 3 190 份，其中中学生 600 份，收回 598 份；大学生 2 100份，收回2 063份；有关工作人员 490 份，收回 412 份。问卷回答有效率 97.6%。调查问卷显示：

1. 青年接受马克思主义教育的真实态度

在中学生的问卷中，有这样的设计题目："青马工程" 缩写表示了它是一项：A. 经济工程；B. 生物工程；C. 青年马克思主义者培养工程；D. 社会工程。在大学生的问卷中，题目则是：对青年马克思主义者培养工程你觉得：A. 很有必要；B. 有必要；C. 就那么回事。通过这样的问卷反映青年对青年马克思主义者培养工程的知晓度。问卷显示：中学生 100%知晓 "青马工程" 缩写的含义，大学生 100%认为 "青马工程" 很有必要。如此之高的知晓度表明，青年马克思主义者培养工程已经产生了一定的社会影响。

从现实来看，青年大学生对于参加 "青马工程" 培训都是非常踊跃的，态度积极的，只是这其中究竟有多少个人功利的成分，他们对马克思主义以及接受马克思主义教育的真实态度又如何，这些作为培养者来说是不能不掌握的。从问卷反映的情况看，有喜有忧，喜大于忧。

在大学生问卷中有这样三道题，分别是：题 11，你觉得社会主义核心价值体系：A. 对于社会的多元化、多样化特别需要；B. 可以有也可以没有；C. 对于社会的多元化、多样化多此一举；D. 说不清楚。题 7，在现实生活中你对马克思主义及其中国化的理论成果：A. 有疑问，但没有人给予很好的解释；B. 有疑问，有人解释但不令人信服；C. 没有疑问。题 14. 你对中国特色社会主义道路：A. 充满自信，努力实践；B. 充满自信，仍需我辈完善；C. 自信不强，与西方仍有差距；D. 说不上来。结果是：题 11 填 A 的占 91%，表示青年拥护与肯定社会主义核心价值体系。题 7 只有 8%的学生表示没有疑问，对于马克思主义及其中国化的成果有疑问是好事，表示他们有接受马克思主义教育的需求。题 14 填 A 与 B 的多达 61.3%，表示大学生对党的改革开放路线、政策是支持的，总体是有信任度的。

在中学生问卷中，也有三道题设计，分别是：题 4，中学哲学课里的马克思主义唯物史观你觉得：A. 讲得有道理，以后上大学继续深入地学；B. 应付一下考试得了；C. 听得没劲。题 6，关于马克思的传记或马克思的著作，你：A. 偶尔读过；B. 不曾读过；C. 现在没有时间读；D. 马克思已经离我们很远了。题 13，假如上大学后，有青年马克思主义者的培养机会，你会：A. 努力争取；B. 看其他同学怎么做再确定我的态度；C. 老师要我学我就学；D. 不想凑热闹。结果是：题 4，填 A 的有 47%；题 6，填 A 的有 22%；题 13，填 A 的有 66%。这些数据反映在中学生随机群体中应该说是可喜的。

让人担忧的是：大学生问卷是在青年精英中进行的，尚且有一部分人不认可社会主义核心价值体系，仍然有许多青年对中国特色社会主义道路没有观点、没有态度，这实际上就是一种观点，一种态度。55%的大学生调查对象认同“中国改革开放取得的巨大成就”“与马克思主义没有关联或关联不大”。青年对马克思主义的当代作用认同度不高是青年马克思主义者培养的一个瓶颈问题，也是当前“青马工程”开展效果不让人看好的一个指标。

今天的中学生是明天的大学生，中学生问卷显示青年学习马克思主义的意愿不高，更多是一种应试。45%的中学生调查对象认可“马克思主义离我们确实很远了”这个说法，表示既尊敬马克思，又学习马克思的人只有 7.5%，而对“只有社会主义才能发展中国”的命题，表示完全赞成的只有 13%，更多的是说不清楚（48.3%）。

2. 培养工程的启动缺乏相应准备

由于团中央启动了“青马工程”，团的各级组织自然成了“青马工程”的组织实施者。团的工作系统工作效率很高，团中央、全国学联当年举办“中国大学生骨干培养学校”，对全国主要高校 200 名左右学生骨干进行为期一年的集中培训和跟踪培养。各省团委建立“三级培养格局”——省、校、院（系）三级大学生骨干培养学校培养的工作格局。然而由于团的资源有限，加上团的性质是围绕党的中心任务开展工作，这就使得各校的“青马工程”大多停留在一段时间不等的集中培训层面。在所走访的学校党委工作计划中，82%的学校党委计划没有涉及甚至没有提到“青马工程”。91%的党委组织部门工作计划没有提到如何配合“青马工程”。而76%的党委宣传部门的宣传要点没有提到“青马工程”。

对培养目标即培养成什么样的人以及怎样培养基本上不甚了了。关于培养目标，在大学生问卷与培养者问卷中我们均设计了这样的题：你觉得青年马克思主义者应该有人格上的要求吗：A. 人格上应该追求卓越；B. 人格上应该有要求；C. 不应该特别强调；D. 青年马克思主义者关键是政治上的要求。结果大学生与培养者分别有43%与62%选择了D，轻视了青年马克思主义者人格上的追求卓越的品质。在培养者的问卷中，高达79%的培养者对培养目标说不清楚。

在培养者的问卷中我们还设计了这样的题目：你校“青马工程”的开展，你认为不同的部门：A. 形成了合力；B. 看不出合力；C. 不可能形成真正的合力；D. 也没有人说要形成合力。结果填B与D的达到53%。你认为高校在争取社会力量支持“青马工程”方面：A. 可以有所作为；B. 这应该是政府所为；C. 学校管好自己的事即可；D. 没有社会支持我们也可以。结果填A的只有27%，表明高校尚未真正做好青年马克思主义者培养的思想准备与组织准备。

教育形式和内容缺乏针对性设计，教育准备也不足。在培养者问卷中，有这样一道题：针对培养对象的选择差异性，教育形式和内容：A. 有针对性设计；B. 针对性设计较少；C. 这方面考虑不够；D. 这方面缺乏经验。结果A的选择只有17%，而C与D的选择则达到61%。在培养对象的问卷中，认为培养活动有吸引力，感觉有意义的只占37%，更多的表示“就那么回事”。意味着团中央启动“青马工程”以来，尽管各高校对此非常重视，但是不少高校更多的是把实施“青马工程”当做是一项政治任务，而没有从党和国家长远发展和大学生健康成长的高度深刻认识到这项工程的重要性、长期性和艰巨性。一些领导干部为了跟上形势的需要，争取尽快以可喜成绩应付上级检查或向上级汇报，高校实施“青马工程”显得急功近利，片面强调工程的进展速度和培养的规模，“唱高调”和“摆花架”，违背实事求是的思想路线和人才培养规律，“拿来主义”和“形式主义”倾向严重。

在问及“青马工程”开展的最大不足之处时，41.7%的人认为是培养机制不健全，37.6%的人认为是形式化倾向严重，9.7%的人认为是重理论轻实践。在问及“你参加‘青马工程’的热情如何”时，51.4%的人觉得自己参加“青马工程”是忽“热”忽“冷”，32%的人觉得自己是前“热”后“冷”。高校培养青年马克思主义者是一场“持久战”，“青马工程”忽“热”忽“冷”，究其原因，是培养机制的缘故。不在思想上做好长期打算，不顾实际情况和大学生不同发展阶段的要求，只在表面上做文章，光靠一时的热情不可能取得良好的效果。

3. “表演秀”绝非个别现象

在大学生与培养者的问卷中，均设计了这样一题：经过“青马工程”的培训与培养，你觉得接受培养的学生生活方式：A. 有了较大的改变；B. 有所改变；C. 跟过去没有什么变化。通过生活方式的改变反映“青马工程”培训的效果，这样可能得到更加真实的数据。结果是大学生与培养者填 B 与 C 的合计分别是 93%，89%。这个数据是我们不愿看到的。究其原因：

“青马工程”本应是一场气势磅礴的“大合唱”，目前却成了各级培养单位的“独角戏”，而在高校又成了各级团委单方面的“表演秀”。从校外来看，高校没有与中学、家庭、社会等各界力量形成教育培养的强大合力。从校内来看，设置了专门机构领导和负责“青马工程”的高校为数不多，大部分高校“青马工程”缺少坚强有力的组织领导核心，各院系、各部门各自为政，协调配合的力度不够。在培养师资队伍上，现有的依靠力量——专职团学干部队伍、辅导员和班主任队伍、思想政治理论课教师队伍的整体素质有待加强和改善，而其他教职员工更多的是以“旁观者”的身份对待“青马工程”。在传播方式上，网络平台还没有得到很好的开发利用，还未充分调动大学生自己在“青马工程”中的积极性、主动性和创造性。此外，经费不足、实践基地有限等因素也影响着高校“青马工程”的长期开展。

综上所述，常态化青年马克思主义者培养的大幕刚刚拉开。高校实施“青马工程”以来，既取得了初步成效，也存在着不少问题。这些问题主要有：共青团组织有能力独立承担青年马克思主义者培养任务吗？当青年马克思主义者进入常态化的培养，相关的组织系统与教育力量做好了充分准备吗？什么样的优秀青年才有资格称为青年马克思主义者，我们的培养向何处去？当青年马克思主义者培养出来，社会如何使用他？等等。如果按目前的培养机制与培养模式恐怕青年马克思主义者培养活动很快就会沉寂下来，只剩下常态化的口号。把目前的培养机制与培养模式长效化是不可能的，因为它本身的效果也确实有限。

二、访谈结果：机制运行不畅

课题组用访谈的形式深入培养者与培养对象，近距离地接触他们，了解他们对“青马工程”的所感、所思。

1. 访谈培养对象

分别用了集体访谈与个人访谈两种形式。

集体访谈，我们对某大学18名青年马克思主义者培养对象进行了集体座谈。这些访谈对象的基本情况是：中共党员和预备党员15人，其他3人；学生干部14人，非学生干部4人；男生12人，女生6人。基于对受访者具体身份保密的原则，笔者将18名同学依次编码为201001—201018。我们希望从这份真实的访谈记录中感受当前高校“青马工程”存在的一些问题。

问题之一：“青马工程”培养对象选拔标准不明确，推荐环节不科学。

201002：“参加‘青马工程’之前我对它并不太了解，后来听辅导员在班委会议上说起此事，作为学习委员，我觉得自己应该带头响应，当时就向辅导员提出了申请，不久就得到了批准。”

201006：“我是社团的会长，大概因为学院对我的表现还比较认可，院团委书记把为数不多的一个名额给了我。”

201012：“我不是学生干部，当时也没有报名参加‘青马工程’。

辅导员在班会上宣布入选名单时竟然有我，我当时很惊喜，周围同学都说是因为我去年在全班综合测评中排名第二，学习成绩排名第一，我当选是合情合理的事情。反正大家求之不得，我就欣然接受了。"

201016："现在学校无论是选拔入党积极分子，还是挑选'青马工程'培养对象，我觉得很不公平、合理，一些表里不一、言行不一致，对马克思主义根本不感兴趣的同学被选进去了，而有些真正信仰马克思主义却因为不太善于自我表现的同学却被拒之门外。"

201017："我也发现周围同学对选拔标准有不少意见，推选过程不透明、不民主，一些人并非自愿，我认为学校应该坚持自愿报名与民主推选相结合。"

问题之二：理论学习的内容陈旧、形式单一、脱离实际、效果不佳。

201001："作为一名理科生，我非常希望学习到更多的马克思主义理论知识，但是培训时我觉得自己的理论需求没有得到满足，理论学习的内容很枯燥、陈旧，老师讲的很多东西以前课堂上都学过，没有多少新颖的知识提起我的兴趣。"

201004："上党课时一些老教授结合自身经历讲的东西给我留下的印象很深，他们言行中流露出来的对党和马克思主义的真切情感深深感染了我。遗憾的是，后来很少有其他老师能够像他们那样把马克思主义理论讲得那么生动、感人，不少老师只是从理论到理论，而没有联系实际讲理论。"

201011："培养期间，理论学习途径太单一了，除了集中上课、听报告和讲座就没有什么新花样，我认为理论学习形式应该多样化。"

高校思想政治理论课是对大学生进行马克思主义理论教育的主渠道，受访者普遍觉得主渠道发挥的作用有限，都非常反感课堂上老师单方面的理论灌输和说教。同时，他们还呼吁学校和学院应该多组织一些实践活动，指导他们把理论知识运用到实际生活中去。

问题之三：重视短期集训，忽视跟踪培养。

201006："集中培训时，自己的理论水平和能力素质还是有了很大提高，收获的东西不少，但是培养时间太短了，加起来也就半个月左右。

结束后我就再没有参加相应的活动了，以前学到的东西不少也忘了。”

201013：“学校给我们分配了专门的培养导师，培养期间跟导师的交流比较多，他给了我很多有益的指导和帮助。培训结束后，由于自己缺乏主动性，和导师的联系几乎中断了，现实中遇到问题和疑惑没有老师像以前那样给我指点迷津。”

201015：“刚参加‘青马工程’时，我的热情很高，做什么事情都很积极，觉得学院对我们特别重视，各项活动也比较多。后来就慢慢冷淡了，学院对我们也是不管不问，我们跟没有参加培训的同学又是一个样了。”

201018：“我觉得高校培养青年马克思主义者不能搞形式主义，应该把它当做一件大事常抓不懈。”

从访谈中，笔者发现他们对学校或学院重集中培养轻后续培养倍感失望，他们希望得到长期的教育与培养，而不是一时的“加料”和“催肥”。

问题之四：学员动力不足，自我教育有待加强。

201008：“我很想成为一名青年马克思主义者，做精神上的佼佼者，但是光靠远大的理想很难帮助我去应对沉重的学习、生活压力，在现实困难面前也许我会动摇。”

201012：“学习了很多关于马克思主义的东西，但是我觉得很难运用它们去分析和解决现实问题，甚至有时候会觉得学习马克思主义并没有多大作用，很想中途不学了。”

201013：“我始终认为马克思主义是很有用的，关键是我们自己不会用，自我教育的能力欠缺。”

201016：“现实生活中一些榜样人物和优秀党员干部（如沈浩）能够激励我不断向他们学习，可是这样的人毕竟不多，身边的同学绝大多数很普通，日常生活中没有具体的学习榜样，因此我很难用青年马克思主义者或优秀青年的标准不断去要求自己、激励自己、完善自己，更多的时候是随大流。”

问题之五：评价考核和监督管理机制不健全。

201005：“无论是学生党员还是‘青马工程’的学员都是有进无

出，说句实在话，我在成了一名中共党员和加入‘青马工程’后，自我要求比以前降低了不少。”

201007：“和我一起参加培训的同学，有些人很不自觉，一些活动都没参加，培训中途还翘课，对待学习任务也不当回事，可后来也没被发现受到什么处罚，和我们一样顺利拿到结业证书，到头来还取笑我们太乖了。”

201013：“我们结业的时候，几乎都是合格，大家认真不认真，学多学少好像是一个样。”

培养对象个案访谈。在青年学生群体中，有人已经初步具备了青年马克思主义者的部分特质和素养，很有潜力成长为一名坚定的青年马克思主义者，他们的成长经历和现实状况尤为值得我们关注。课题组精心挑选了两位这样的典型，通过QQ和面对面的交流，就他们个人的成长经历，人生理想，对马克思主义、青年马克思主义者和“青马工程”的认识，成长过程中的困难与疑惑等问题进行了深入访谈。在交谈中，我们也能从侧面看到高校“青马工程”存在的一些问题。

个案访谈对象一：男，中共党员，现为研二学生。该同学在大学期间一直担任班长，每年都获得学校最高奖学金，是学校的“十佳大学生”，毕业时被保送为重点大学的研究生。与其他同学相比，该同学对马克思主义有着特别浓厚的兴趣，在家境并不宽裕的条件下自费购买了很多马克思主义的经典著作加以研读，本科期间就在省级刊物上发表了几篇具有较高水平的学术论文。更为重要的是，他用自己的实际行动感染了身边很多同学，激发了他们理论学习的兴趣，是学习、宣传、运用马克思主义的优秀学生典范。在访谈中，他的话语无不透露出他对马克思主义发自内心的喜欢和认同。他认为当代青年有责任有义务去掌握、研究、宣传和发展马克思主义。当谈及高校实施“青马工程”存在的问题时，他认为最大的问题是高校还没有形成一套比较全面、系统、可行的大学生青年马克思主义者培训培养体系，很多工作没有突破以往学生党员、学生干部培养的传统模式。值得提及的是，该同学认为自己离一名真正的青年马克思主义者还有很大差距，对自己最终能否成为坚定的青年马克思主义者还缺乏足够的信心，而周围关心青年马克思主义者成长的氛围不浓厚，现在学校和外界给予自己的帮助又比较有限。这反映出高校青年马克思主义者培养工作不能松懈，与其他部门应该加强合作，切实做好青年马克思主义者成长早期、中期和后期的各项工作。

个案访谈对象二：男，中共党员，现为大三学生。该同学在高中阶段就加入了党组织，对马克思主义很早就产生了浓厚的兴趣。上大学以来，学习非常刻苦，更加注重提高自己的马克思主义素养。在与他的交流中，他心底的一些困惑值得我们反思。困惑一是自己的理论水平较高，但人际交往能力和实践动手能力比较欠缺，重视了理论学习而忽视了参加实践锻炼，觉得自己很难应对未来社会的挑战。困惑二是自己对马克思主义的热爱和信仰得不到周围人的理解，别人都觉得自己有点傻，有时感觉自己的思想观念和价值取向很不合群，不知是坚守自己的理想信念还是刻意改变自己融入大众。困惑三是自己有很多想法，很想用自己掌握的马克思主义理论为大家去干一些实事，而自己并没有受到重视，外界给予的机会和平台有限。从他的内心困惑中也反映了高校实施“青马工程”不能只重视理论学习，给学员发出错误信号，认为成长为青年马克思主义者就是系统掌握好马克思主义的理论知识，影响学员全面自由的发展。在重点培养骨干的同时应该增强“青马工程”的影响力，为大学生青年马克思主义者的成长创造良好的外部条件。

2. 访谈团委干部

课题组对一批团委干部进行了个别访谈，这其中包括团中央学少部专门负责“青马工程”的干部及国内著名高校的团委领导。在与这些团委干部交谈中，笔者感到团的干部太忙了，他们根本就坐不下来有完整的十分钟与“青马工程”的研究者交流一下这方面的经验与体会。他们似乎也没有这方面的要求与兴趣。他们有这方面的分工但没有这方面的编制，他们的人手很紧张，往往一个人要负责很多事。他们告诉笔者，这两年来团委每年工作计划都有“青马工程”培训的内容。校、院（系）两级都要主办青年马克思主义者培训。

团委干部访谈给笔者留下的印象是：这些专门负责青年马克思主

义者培养的工作人员，他们本身还做不到是青年马克思主义者的榜样。当笔者向他们请教什么是青年马克思主义者及怎样培养青年马克思主义者时，他们往往就会王顾左右而言他。他们的理想主义成分淡薄，现实功利主义成分浓厚。他们的培训计划基本上就是新生进校后的学生干部培训班，培训学生的服务意识与服务能力。他们解释他们的工作主要是为党的中心任务服务，很少有时间思考一些深层次的问题，关于系统培养他们认为这超出了他们的权力范围。

3. 访谈党委干部

课题组还个别访谈了若干所高校的党委书记与分管“青马工程”的校、院（系）两级党委副书记。笔者没有访谈党委组织部、宣传部的干部，笔者认为，书记们的态度、认识及水准就代表了党委职能干部的态度、认识及水准。这些访谈有的是通过电话，有的是直接面谈。党委书记们在电话中或面谈时都很客气，但不会超过三分钟，他们就会把课题组的访谈者支走，请他们去找分管学生工作的副书记。

党委干部访谈给笔者留下的印象是：党委干部对“青马工程”开展的意义都有较深刻的认识，只是没有把这件事做实的驱动力。每年的校、院（系）两级青年马克思主义者培训班他们是一定出席，有的讲话稿还是他们亲自草拟的，有的表示他们还会作专题报告，只是没有青年马克思主义者培养对象来和他们交流，他们对青年马克思主义者培养效果也不是非常了解。他们表示党委对“青马工程”没有专题会议制度。当他们得知课题组正在对“青马工程”进行机制建设研究时，他们说，这个很重要，现在缺乏的就是怎样培养青年马克思主义者，缺乏的是培养机制的保证。面对课题组提出的根据你的观察，高校校、院（系）二级团委书记是青年马克思主义者的比例大约是多少？他们的回答基本都是不太乐观。

三、数据统计：亟需机制创新

青年马克思主义者已经进入了常态化的培养阶段，在一个高度地以经济建设为中心的国度，以政绩来考核干部的工作体系，被视为党和国家的高端建设工程的“青马工程”常态化下状况如何？下面一系列数据表明了青年马克思主义者培养机制的常态化水平及问题。

1. 缺乏常态化培养的创新动力

培养机制的顶层设计少不了对基层一线的创新经验总结与提升，基层一线的创新动力又如何呢？

培养模式形式单一，只有“大学生骨干培养学校”这一种形式。“青马工程”启动以来，为了重点培养一批优秀大学生骨干，团中央和全国学联于2007年5月组建了“中国大学生骨干培养学校”，主要培养全国“211工程”学校学生会主席、研究生会主席，每年计划培养240人左右。各地、各高校参照“中国大学生骨干培养学校”模式，结合本地实际，纷纷成立了相应的学生骨干培养学校，全国、省级、高校三级培养格局已基本形成。浙江团省委的“新世纪人才学院”、湖北团省委的“荆楚英才学校”、重庆团市委的“红岩菁英学校”、安徽团省委的“江淮大学生菁英学校”等是各级学生骨干培养学校的典型代表。目前，团中央、全国学联先后举办了3期“中国大学生骨干培养学校”，培养大学生骨干677名。全国31个省（市、区）都启动了大学生骨干培养工作，超过8 000名学生骨干接受了省级培训，近50万名学生骨干接受了校级培训。从这些数据来看，大学生骨干培养工作得到了有关部门和高校的高度重视，初步形成了较为系统的分级培养格局，培养规模不断扩大，阶段性重点培养效果显著。但是，在一些地方和高校，大学生骨干培养工作是“说起来重要、做起来次要、忙起来不要”，形式主义和跟风现象突出，没有真正按照教育规律和人才培养规律把“大学生骨干培养学校”做实、办好，盲目增加培训学员的数量而忽视了学生骨干培养的质量，片面追求短期集中培养的效果而不太重视跟踪培养。此外，特色性不强、创新力度不够可以说是各级“大学生骨干培养学校”普遍存在的问题。在调查统计过程中，还有一种现象尤为值得注意，一些“大学生骨干培养学校”在实施“青马工程”的前几年开展了一系列的活动，可随着时间的推移，开展活动的频度、力度和效度大不如从前，影响力大幅下降，有的“大学生骨干培养学校”已经销声匿迹或者名存实亡了。

在经典原著学习方面，学习形式与学习方法都有待改进。“青马工程”首先是一项理论武装工程，广大青年真学、真懂马克思主义是真信、真用马克思主义的前提。加强理论学习，引导优秀青年认真研读马克思主义经典著作，是培养青年马克思主义者的必经之路。为了帮助青年掌握马克思主义的基本原理，一些地方和高校利用大学生骨干培养学校、共青团干部培训班、各级党校和团校、思想政治理论课课堂、理论学习型社团、学生会、网站等途径来加强马克思主义经典著作的学习。就学习的原著篇目来看，《青年在选择职业时的考虑》《关于费尔巴哈的提纲》《德意志意识形态》《共产党宣言》《资本论》《共青团的任务》《反对本本主义》《实践论》《矛盾论》《改造我们的学习》《为人民服务》《邓小平文选》《江泽民文选》和《科学发展观学习读本》等经典著作中的内容是采用比较多的。就学习的效果来看，通过专心致志地读经典，不少青年对马克思主义的认识更为全面、深刻，更能自觉地用科学理论武装自己。就学习的整体现状来看，目前青年一代学习马克思主义经典原著的氛围不太浓厚，很多青年学生不愿研读马克思主义经典著作，学习兴趣不高，没有形成读经典、用经典的习惯，而是通过一些普通读物和第二手资料去了解马克思主义。很多高校习惯运用一些加工的理论教材或资料对学生进行马克思主义理论教育，不能够很好地引导学生原原本本地读经典原著，掌握马克思主义的精髓。在学习过程中也存在不少问题，最为突出的就是学习方向和方法不当。不管是老师的理论教育还是学生的自我学习，更多的是为了传授或获取理论知识，为了讲经典而讲经典，为了学经典而学经典，而不是从马克思主义经典著作中寻找分析、解决问题的方法。因此，学习经典与运用经典相互分离，理论与实际不能有机统一起来。针对现实状况，我们应该大力营造学习马克思主义经典原著的氛围，引导广大青年从经典“大部头”中学会运用马克思主义的基本立场、观点、方法去分析和解决实际问题。

在培养对象建立档案方面，恰当的动态管理工作机制建设非常缓慢。为了全面掌握培养对象的个人情况，做到因材因需施教，加强跟踪培养和动态管理，建立健全青年马克思主义者培养档案尤为必要。

一些高校通过建立“人才信息库”“种子库”选拔、培养大学生骨干，如浙江大学依托“大学生素质拓展认证体系”的技术平台，建立了集记录和考核功能于一体的优秀大学生骨干电子信息档案，目前已有近700名培养对象入库。复旦大学建立“人才工程”预备队，逐级培养一批学生骨干，最后把他们推荐到学校学工干部或党政管理干部队伍中去。据不完全统计，复旦大学已有100多名“人才工程”预备队队员在培养期满后走向了学校的工作岗位。这些学校的经验值得我们学习和借鉴。目前，很多团委和高校虽然给培养对象建立了一些档案，但是问题不少，主要表现在：一是档案信息不完备、不系统，大多数只是由几张表格承载着个人信息。二是档案缺乏个性化的信息，学生的诸多信息大同小异，使得培养者不能根据培养对象的特点分门别类地加以指导。三是档案在建立后“建设”力度不够，不注重信息的更新，有很多反馈意见不能及时归档。四是没有建成覆盖面广、流动性强、利用程度高的电子档案网络，各级别的文本档案发挥的作用有限。

2. 缺乏工作机制保证

在经费保障方面既缺乏专项资金保证，社会及其他资金筹措渠道也不畅。“青马工程”的深入实施离不开资金支持和物质保障，然而目前对“青马工程”的资金投入非常有限，各级政府和团组织普遍没有为“青马工程”配置专门经费，导致工程建设的软件和硬件设施相对落后，从源头上制约了各项工作的进展。据我们调查了解，“青马工程”培养对象参加省级及以上层次的培训，都是自筹经费，集中培训的各项费用一般在2 000元—5 000元不等，数目虽然不大，但对学员本人及其所在的单位或学校却是一笔不小的开支。除了集中教育和阶段培训的支出，社会实践活动、课题研究、教材资料编写、阵地建设等方面都需要资金，培养单位往往因为经费紧张而无法开展一些必要的工作。此外，有些投入“青马工程”的资金被挪作他用，更是使工程建设捉襟见肘。解决经费困难的问题，一方面各级团组织应积极争取政府财政支持，各级政府应该加大对“青马工程”的投入力度，设立专门经费用于不同级别的教育培养工作，同时加强经费管理，保证资金用到实处。另一方面，应该积极拓宽资金筹集渠道，大力挖掘社会资源，争取个人或企业集团的支持和帮助。浙江团省委在这方面的做法值得借鉴。浙江团省委积极依托社会，经过几年的运作，初步形成了一个有广泛社会支持和相对稳定资金保障的青年马克思主义者培养局面。如杭州思美广告有限公司每年拿出一定的经费支持大学生骨干培养学校办学，宁波新海电子有限公司设立了“新海奖学金”用于奖励表现突出的大学生骨干，在社会力量的支持下，很大程度上解决了青年马克思主义者培养工作的经费短缺问题。

在阵地保障方面老的阵地需要拓展，新的阵地需要建设。目前实施“青马工程”的主要阵地集中在以下几个方面：

一是课堂教育阵地缺乏高水平教师与教材。包括各级党校和团校、大学生骨干培养学校和优秀共青团干部培训班、思想政治理论课课堂以及各类专题讲座、学术报告，这是普遍采用的培养阵地。

在师资保障方面没有形成稳定的高质量的师资队伍。青年马克思主义者的茁壮成长离不开导师的指导和影响，很多地方和高校广泛吸纳党政官员、专家学者、优秀教师、企业精英、社会名流、青年楷模等各界人士组成开放式的“青马工程”导师团，为教育培养工作提供强有力的师资保障。团北京市委建立的“首都大学生新世纪英才学校”从首都16所高校聘请专业教师承担教学任务，并从党政机关、企事业单位和科研院所聘请了30名导师，平均每名导师每期指导3—5名学员。浙江团省委的“新世纪人才学院”实施“优师导教”培养模式，每期聘任20位知名人士（如原浙江大学校长潘云鹤、中国工程院院士宫先仪、中国正泰集团董事长南存辉等）担任学员导师。重庆师范大学面向全校聘请大学生骨干培养导师，根据其课时量、学生评议系数认定教学量，并给予相应课时费。团绍兴市委积极整合社会力量，聘请一批校外导师力量，对每年意向志愿服务时间在10课时以上的导师，专门颁发绍兴市“青年马克思主义者培养工程”志愿导师聘书，并在绍兴市志愿者服务网站上做好服务记录。各高校充分利用马列主义相关理论研究的专家教授、专职学工干部、思想政治理论课教师、院系辅导员和班主任、学校“关工委”老同志等各种师资力量，帮助大学生骨干解决成长过程中的思想和实际问题。总体来看，一支支政治强、业务精、作风正、结构合理、优势互补、配合协调的导师队伍在“青马工程”中发挥了人生导师的作用。

但是在师资保障方面，有三个突出问题有待改善。一是教师的工作积极性问题。青年马克思主义者教育工作需要教师投入大量的精力和心血，如果他们的付出长期得不到肯定和回报，势必会挫伤他们的工作热情。各级政府和学校应该采取有效的激励措施，对从事青年马克思主义者教育工作的教师给予适当的精神鼓励和物质奖励。二是教师的教育方式问题。各位导师要与学生建立平等、亲密、和谐的师生关系，既“授之以鱼”又“授之以渔”，通过与学生的“心灵对话”和“思想碰撞”，因势利导，因材施教。三是全员育人问题。在高校，不少教职员工对“青马工程”不理睬、不支持、不关心，没有形成全员育人的氛围。“青马工程”涉及层面广，任务艰巨，仅仅依靠一部分师资力量是难以取得良好效果的，需要各级党政领导高度重视、专家学者悉心指导、普通教师全力支持，挖掘和整合多种师资力量，建立起全员参与、齐抓共管、密切配合的培养格局。

在教材保障方面缺少不同层次有吸引力的普及文本。好的教材是提升教学和培养质量的重要保证。为了给青年马克思主义者培养工作提供教材参考，团中央组织有关专家学者、高校青年教师编写了《大学生骨干理论学习读本》和《大学生骨干领导力提升读本》。团湖北省委整合省内高校力量，编辑出版了《大学生骨干培养理论辅导读本》，深入分析了当前我国政治、经济、文化和社会建设中的10个理论热点问题。团辽宁省委联合省委宣传部，组织省内有关专家学者撰写了《红色文化》系列丛书，作为大学生骨干培养补充教材。浙江理工大学校团委为了进一步规范学生干部培养体系，总结教学经验，组织十余位专职团干部倾心编著了《迈向成功——高校学生干部培养》。有关学生干部工作和培养的专门教材并不多见，刘明瑛主编的《高校学生干部工作研究》、石国亮主编的《高校学生干部培训教程》以及李水弟主编的《做一个青年马克思主义者》算是弥补了这一领域的空白。至今为止，各地培养青年马克思主义者的课程和教材良莠不齐，全国没有统一的、比较有权威的培养教材，针对青年马克思主义者个性特点、成长需求、培养规律、教育管理方式的专门教材少之又少。改变这种状况，迫切需要我们加强相关的理论研究，深刻总结各地各高校的经验教训，组织专家力量编写切合“青马工程”需要的教材资料。

二是学生理论社团阵地有待管理、有待引导。学生理论社团因其志愿的一致性、组织的灵活性、朋辈教育的平等性、信息交流的互助性，成为高校培养大学生青年马克思主义者的重要阵地。如浙江省团委以培育发展学生理论社团为手段，依靠社团引导大学生学习科学理论，加强思想交流。目前，浙江省高校共有各种理论学习社团和学习小组近 3 500 个，会员 10 万余人。安徽师范大学“中国特色社会主义理论体系研究会”作为全国性的先进学生社团，旨在帮助广大学生认真学习党的理论创新成果，坚定跟党走中国特色社会主义道路的理想信念，已经成为学校深入实施“青马工程”的重要载体。

三是网络阵地开发尚缺力度。网络已经与当代青年的学习、工作、生活息息相关，网络平台成为了培养青年马克思主义者的新阵地。各级部门和学校顺势而为，抢占马克思主义教育网络阵地制高点，唱响网络马克思主义教育主旋律。比如，“中国大学生骨干培养学校”在非集中培养阶段采取“开课不授课”的形式，依托网上课堂，推荐有关社会观察文章、专家讲座、案例分析、精品课程等供学员日常学习。浙江省“新世纪人才学院”创建省内第一个思想政治教育专题网站——“红色家园”，并开通了网上党校。很多高校，如浙江大学、安徽师范大学等在校园网上开设“青年马克思主义者培养工程”专栏，依托专门力量，努力使该专栏成为学生骨干互动式学习、交流、工作的平台。哈尔滨理工大学构建了网上网下互动的青年马克思主义者培养工作体系，建立一批像中国特色社会主义理论体系学习网和大学生读书网、青年人生网等红色网站，打造学生网上学习的新阵地。据统计，该校的红色网站目前添加的文章已达 5 000 余篇，图片 4 000 余幅，网站的访问量已近 400 万人次。大学生读书网日访问量 2 000 余人次，点击量已近 110 万人次。此外，QQ 群、BBS、博客以及微博日益在青年马克思主义者培养方面发挥着不可替代的作用。

四是实践基地建设停留在一般水平。青年马克思主义者不可能在温室中培养出来，需要在社会实践中“受教育、长才干、做贡献”，为此需要实践基地提供锻炼平台。培养单位高度重视实践育人环节，积极开拓社会实践基地。浙江省各级骨干培养学校先后与174家单位共建实践基地，组织学员利用假期深入到基层生产一线参加锻炼。团天津市委与天津港集团公司合作建立了大学生社会实践基地，为学生骨干搭建实践锻炼的平台。浙江大学同湖州市政府合作，每年选派一定数量的优秀团干部到湖州基层农村定期挂职。综观“青马工程”的阵地建设，我们认为应该创新传统阵地的教育培养方式，使党校、团校和骨干培养学校的课堂教学贴近学生、贴近生活、贴近时代，更富有针对性和感染力。对于网络阵地，应该加强红色网站建设、净化网络环境、更新网站信息，训练网络马克思主义教育的专门人才。对于实践基地，在积极开拓新基地的同时，应该充分挖掘和利用校内或周围的资源，为更多的培养对象提供实践锻炼的舞台。

3. **缺乏常态化关注热情**

一方面是媒体关注度热情衰退。我们正在进入媒体时代，媒体既影响我们的物质消费，也影响我们的精神消费。媒体尤其对青年人影响更大。2007年与2008年由于各种媒体的高调介入，在校大学生的优秀分子以能够进入“大学生骨干培养学校”学习为荣，形成了一个青年马克思主义者培养的良好氛围。而2009年以后，媒体关注热情开始衰退。笔者对媒体关注进行了粗略的对比，如果把2007年的“青马工程”媒体关注度视为1，则2008年、2009年、2010年、2011年的媒体关注度分别为0.9、0.5、0.2、0.1。笔者2011年登录了部分2007年或2008年高校建成的“青马工程”网站或主页，发现了这些网站或主页的网络资料更新越来越慢，到2010年后就几乎没有更新了。

另一方面是媒体理论供给支持力度不够。努力培养和造就一大批青年马克思主义者是一项事关党和国家长远发展的战略任务，伴随“青马工程”的实施，专家学者开始深入研究青年马克思主义者的培养问题。理论界关于这个问题的研究现状如何呢？我们对有关“青马工程”的学术论文进行了统计。笔者于2011年6月22日登录中国知网（CNKI），以“青年马克思主义者”为题名，时间范围选定为1989年—

2011年，匹配方式选择精确，在各类文献数据库中共检索出相关论文155篇。具体检索情况如下：1989—1990年（2篇）、1991—1995年（1篇）、1996—2000年（23篇）、2001—2005年（12篇）、2006年（2篇）、2007年（6篇）、2008年（39篇）、2009年（35篇）、2010年（26篇）、2011年（9篇）。

就统计情况来看，从20世纪80年代中后期开始，学术界围绕青年马克思主义者问题开展了不少研究，在一些方面已经取得了比较丰富的研究成果。2007年团中央启动“青马工程”以来，以“青年马克思主义者”为题的论文数量明显增加，相关课题研究也不断涌现。青年马克思主义者的内涵与特征，培养青年马克思主义者的意义，培养青年马克思主义者的途径、措施和机制，实施“青马工程”与推进马克思主义中国化、大众化等方面是目前理论界重点研究的内容。从表面上看，有关“青年马克思主义者”和“青马工程”的研究成果丰硕，但目前的研究在关键问题上并没有取得实质性和建设性的成果，研究的层次、领域、视角不能与“青马工程”这项庞大的系统工程相匹配，理论供给严重不足。梳理和思考已有的研究成果，笔者认为现有的研究存在三大不足：一是研究的系统性不够、论证不深。很多人只是围绕培养的某个环节、阶段、层级展开探讨，缺乏研究的整体意识，大多研究还停留在感性认识和经验总结的层面，泛泛而论，针对性和可操作性不强。二是研究缺乏持续性的理论跟进，研究者多带有即时性的研究偏好，或止步于一时舆论之需，使得理论研究落后于实际工作的需要。三是研究方法单一，纯粹的学理探究方法“一统天下”，实证研究成果实属罕见。因此，理论界应该继续加强和完善青年马克思主义者培养研究，弥补现有研究的不足，根据现实需要不断创新研究内容、方向和方法，为“青马工程”的深入实施源源不断地提供强有力的理论支撑。①

调查问卷、访谈结果、数据统计三大分析工具的资料表明：青年马克思主义者培养工程已经在全国普遍推行，并已有了相应的成果。

① 以上资料参见中国共青团网，http：//www. ccyl. org. cn.

但是当它进入常态化培养阶段，显示了其思想准备不足、理论供给不足、资源保障不足，核心依然是机制设计不足，因此目前的培养效果不容乐观是显而易见的。说思想准备不足主要是指高校的党委书记们对青年马克思主义者的培养的重要意义的认识还没有到位，他们对高校学生党建与高校青年马克思主义者培养的关系不甚了了。说理论供给不足主要是指青年马克思主义者的成长与培养规律依然停留在感性层面，在第一线的实践工作者得不到理论的支持。说资源保障不足主要是指党的执政资源投入到青年马克思主义者培养层面还不自觉，教师与活动经费缺口很大。说机制设计不足主要是指青年马克思主义者培养缺乏机制创新，让青年马克思主义者培养工程这样重大的工程由共青团系统独立承担，共青团系统必然是心有余而力不足。共青团系统虽然干劲大、热情高、思想新、点子多，但是他们人手少、工作重，对于青年马克思主义者这样的专注的精细的培养，他们无论是从技术还是精力投入都无法达到相应的要求。特别是青年马克思主义者培养中有一个使用的环节，没有使用就没有培养，（现在的培养都还没有考虑到使用，或者准确地说，培养与使用的环节还没有衔接）这也是共青团系统难以作为的。因此，青年马克思主义者培养必须明确由中国共产党直接领导，亲自实施，在顶层设计上加大创新力度，调动一切可以调动的资源，保证培养与使用的机制一体化，在具体的常态化运行中，得到媒体与社会的持续关注，使青年马克思主义者培养工程真正成为党与中国特色社会主义事业发展的基础工程、核心工程。

第五章　青年马克思主义者培养机制顶层设计的两大因素

对于青年马克思主义者培养机制而言，培养什么样的人及以什么样的方式去培养依然是培养机制中重大的理论问题与实践前提。现实中的青年马克思主义者培养机制中培养目标的模糊化与培养模式的单一化，影响了常态化下青年马克思主义者的机制运作，影响了培养质量与培养效率。这就是现实中为什么高校党委大都知道青年马克思主义者培养很重要，而却没有认真去做这项工作，因为他们很多人不知道怎么做。培养工程应从顶层设计的角度厘清培养目标，并为一线工作的同志提供更多易于操作的、有效的培养模式。

一、青年马克思主义者的培养目标

对一个培养过程而言，首要的是确立培养目标。青年马克思主义者培养工程是一个庞大的复杂工程，但培养目标并不复杂，这就是根据青年马克思主义者的理论特质、实践特质、人格特质及时代特质，把青年中的优秀分子培养成中国特色社会主义事业的自觉建设者。

1. 仅仅培养青年优秀分子的目标是不够的

仔细阅读2007年5月共青团中央颁布的《“青年马克思主义者培养工程”实施纲要》发现，《纲要》作为“青马工程”实施的权威性文件，没有明确提出青年马克思主义者的培养目标。有这么一段话可以视为培养目标界定："培养青年马克思主义者就是在广大青年中着力培养造就一大批用马克思主义中国化的最新成果武装的马克思主义者，使他们坚定跟党走中国特色社会主义道路的理想信念。"显然，这一界定过于空泛，不易操作。为此，《纲要》提出重点培养对象是大学生骨干、共青团干部和青年知识分子，并明确提出这三类培养对象的具体培养工作目标。大学生骨干培养工作目标：帮助大学生骨干学习和掌握党的理论创新成果，了解国情，认识社会，提高思想政治素质，坚定理想信念。共青团干部培养工作目标：用马克思主义中国化的最新成果武装团干部，帮助团干部了解国家发展形势，培养大局意识，提高在经济社会发展过程中应对复杂问题的能力，增强贯彻党的路线、方针、政策的自觉性和坚定性。青年知识分子培养工作目标：加强党史、革命史和改革开放教育，引导青年知识分子了解国家发展历程，学习马克思主义中国化的最新成果，自觉走与实践结合、与人民群众结合的道路。这三类重点培养对象培养的工作目标显然不是使优秀青年成为青年马克思主义者，只是使优秀青年更加优秀。笔者阅读过数所京城名牌大学的青年马克思主义者培养方案，发现他们除了打的牌子是培养青年马克思主义者，内容都是培养学生干部的领导力。也就是说他们培养的只是有领导力的青年人，而不是有马克思主义信仰的青年人。这些都是在国内影响巨大的大学，他们应该最知上面的声音，为什么在他们的培养方案里，领导力内容很实，马克思主义内容很虚，这里面的原因很多，而培养目标的设计缺陷是其中的一个重要原因。

2. 中国当代马克思主义者一定是中国特色社会主义事业的建设者

马克思主义之所以有生命力，就是它总是与各国的革命与建设的实践联系在一起。毛泽东多次阐明了这个观点。"没有抽象的马克思主义，只有具体的马克思主义。所谓具体的马克思主义，就是通过民族形式的马克思主义，就是把马克思主义应用到中国具体环境的具体斗争中去，而不是抽象地应用它。成为伟大中华民族之一部分而与这个民族血肉相连的共产党员，离开中国特点来谈马克思主义，只是抽象的空洞的马克思主义。因此，马克思主义的中国化，使之在其每一表现中带着中国的特性，即是说，按照中国的特点去应用它，成为全党亟待了解并亟须解决的问题。”① 因此，中国的马克思主义者必须围绕着中国特点来学习马克思主义、实践马克思主义。

运用马克思主义解决中国的问题，就必须与中国的具体实际相结合，实现马克思主义的中国化。如果说，中国马克思主义者在血的教训中总结出农村包围城市，武装夺取政权，找到马克思主义与中国实际的结合点和正确的实现方式的新民主主义革命的胜利道路，那么现在他们也找到了马克思主义与中国实际的结合点和正确的实现方式的社会主义建设的胜利道路——中国特色社会主义道路。如何建设社会主义社会，马克思主义没有提供现成的答案。中国特色社会主义道路，是我们党在长期社会主义建设实践中，历经艰辛探索而逐步开辟出来的，是实现国家繁荣富强和人民幸福安康的唯一正确道路。在探索这条道路时，形成了中国特色社会主义理论体系，它凝结了几代中国共产党人带领人民不懈探索实践的智慧和心血，是马克思主义中国化的最新成果，是全国各族人民团结奋斗的共同思想基础。中国特色社会主义制度，是当代中国发展进步的根本制度保障，集中体现了中国特色社会主义的特点和优势。

中国特色社会主义道路、中国特色社会主义理论体系、中国特色社会主义制度共同构成了中国马克思主义者与中国共产党人的伟大事业。这一事业已经取得了令世界瞩目的伟大成就，这是党和人民必须倍加珍惜、长期坚持的。然而，中国特色社会主义道路仍需拓展，中国特色社会主义理论体系仍需丰富，中国特色社会主义制度仍需完善。中国共产党作为马克思主义理论指导的党，在世情、国情、党情发生深刻变化的新形势下，面临着许多前所未有的新情况、新问题、新挑战，面对着执政考验、改革开放考验、市场经济考验、外部环境考验，存在着精神懈怠的危险、能力不足的危险、脱离群众的危险、消极腐败的危险。我国经济社会发展中不平衡、不协调、不可持续问题突出，制约科学发展的体制机制障碍躲不开、绕不过。这就使得中国特色社会主义事业仍然是艰巨而伟大的事业。实现这一伟大事业是中国当代

① 《中共中央文件选集》（第11册），北京：中共中央党校出版社1991年版，第658-659页。

马克思主义者的义不容辞的历史使命。他们必须接受挑战，经受考验，不懈怠，不放弃，并着力培养青年马克思主义者，使中国特色社会主义事业后继有人，从而前赴后继取得事业的最终胜利。

3. 把青年马克思主义者培养成中国特色社会主义事业的自觉建设者

为什么把中国特色社会主义事业的自觉建设者作为青年马克思主义者的培养目标，而不是其他目标？

青年马克思主义者的成长过程是一个从马克思主义学习者到马克思主义信仰者的过程。这一过程离不开实践，离不开中国特色社会主义事业的实践。一方面，中国当代马克思主义者一定是中国特色社会主义事业的建设者，在中国，不搞中国特色社会主义事业肯定不是马克思主义者。另一方面，青年马克思主义者的理论特质、实践特质、人格特质与时代特质决定了他们只能是也一定是中国特色社会主义事业的自觉建设者。我们对青年马克思主义者有许多要求，比如：青年马克思主义者是具有国际视野的现代公民；是具有在大是大非面前头脑清醒的党的事业接班人；是具有理论思维，学习、判别、运用马克思主义的马克思主义信仰者。对青年马克思主义者而言，他们当下具体的、切实的、非执行不可的使命就是引领潮流、把握方向，把中国特色社会主义事业推向前进。

有人疑问，我国的教育方针把青年培养成社会主义事业的合格建设者与可靠接班人，这与青年马克思主义者培养目标是否重合了？我们的回答是既有重合也有区别。普通青年的培养目标与青年马克思主义者的培养目标都是成为中国特色社会主义事业的建设者。这是主流意识形态所要求的，每一个青年都必须做到。但青年马克思主义者无疑要求更高，他被要求做一个自觉的实践者。

在这个培养目标里有三个关键词：中国特色社会主义事业、自觉、建设者。即青年马克思主义者要把实现中国特色社会主义看做是自己的理想、自己的事业，把个人的事业与人民的事业、党的事业联系在一起。要去做一个义无反顾的实践者而不是旁观者、批评者。另外就是“自觉”这个词，非常关键，要在中国特色社会主义事业的实践中时时处处都做到自觉，也非常不容易。也就是说，今后，各高校青年马克思主义者培养方案，要围绕这三个关键词来设计，其中，领导力的培养应该服务于这三个关键词。

这个培养目标贯穿于青年马克思主义者培养的全过程，而在不同的阶段，这个培养目标则有不同的表达形式与具体要求。如果我们把青年马克思主义者培养大致分成初级、中级、高级三个阶段，培养目标依次递进。在青年马克思主义者培养的初级阶段（这个阶段培养对象可能在高中或大学一年级学习），培养目标为：走近马克思，学习马克思，做一个爱国主义者。青年马克思主义者培养的中级阶段（这个阶段培养对象可能在大学一、二、三年级学习），培养目标为：学习马克思，实践马克思，做一个中国特色社会主义的建设者。青年马克思主义者培养的高级阶段（这个阶段培养对象可能在大学四年级挂职锻炼或已经进入社会），培养目标为：信仰马克思，发展马克思，把中国特色社会主义事业推向前进。

为了达到这样的培养目标，我们需要青年马克思主义者对中国特色社会主义理论高度的理论认同自觉。自觉的建设者与其他建设者的区别在于他有理论的指导。理论上的成熟是政治上坚实的基础，理论上的与时俱进是行动上锐意进取的前提。青年马克思主义者坚信马克思主义是颠扑不破的科学真理，坚信马克思主义必须随着实践发展而不断丰富和发展，从来不把马克思主义看成是空洞、僵硬、刻板的教条。他们深知马克思主义，理论源泉是实践，发展依据是实践，检验标准也是实践。世界上的事情都是干出来的，不干，半点马克思主义也没有。为此，要让青年马克思主义者培养对象深刻认识到：在中国干马克思主义就是干中国特色社会主义。青年马克思主义者在干中国特色社会主义过程中学习马克思主义、判别马克思主义、运用马克思主义、创新马克思主义。

为了达到这样的培养目标，我们需要青年马克思主义者对中国特色社会主义道路的高度的价值自觉。这种价值自觉决定了青年马克思主义者在当前大是大非面前头脑清醒，与党保持一致。正如胡锦涛同志所说的："敌对势力同我们争夺下一代的斗争依然十分尖锐复杂。他们通过各种途径和手段向我国大学生传播西方资产阶级的政治观点、价值观念、生活方式，企图用潜移默化的方式使年轻一代全盘接受西方的价值观念和政治制度，最终达到他们推翻中国共产党领导和我国社会主义制度的政治目的。”只有中国特色社会主义理论体系而没有别的理论体系能够发展中国，只有中国特色社会主义道路而没有别的道路能够富强中国，只有中国特色社会主义事业而没有别的事业能够使自己的事业与国家的事业、人民的事业完美地结合。无论外部环境如何变化，无论社会思潮如何复杂，当代大学生都要始终坚持把中国特色社会主义理论体系作为将来报效祖国、服务人民、成就事业的强大思想武器，牢固树立跟党走中国特色社会主义道路的坚定信念，把社会主义核心价值体系作为自己的自觉追求。

为了达到这样的培养目标，我们需要青年马克思主义者具有行为自觉与人格高尚。青年马克思主义者应当把自己的命运与中国的发展联系起来。青年马克思主义者在当前时期虽然没有生与死的考验，但要经受政治的考验、事业的考验、名利的考验、生活的考验。在政治风浪、困难挫折和各种诱惑的考验面前头脑清醒。为此，要加强对青年马克思主义者培养对象的价值观、权力观、财富观的教育，使他们在纷纭复杂的社会现实面前做到政治上分清主流支流、真理谬误，生活上淡泊心态、看轻个人得失，对中国特色社会主义事业不动摇、不放弃，始终保持着忠诚与热情。他们要时刻准备着为了国家的利益、人民的利益的需要，牺牲自己的利益，奉献自己的青春。

这种价值自觉在当下表现为一种改革自觉。中国特色社会主义事业最鲜明的特征是改革开放。改革开放是党在新的历史条件下领导人民进行的新的伟大革命，是决定当代中国命运的关键抉择，是坚持和发展中国特色社会主义、实现中华民族伟大复兴的必由之路。只有改革开放才能发展中国、发展社会主义、发展马克思主义。青年马克思主义者对中华民族复兴与中国人民自由幸福高度的时代责任感与时代使命感，就是积极参与到当前的各项深入改革的实践中去。

这场深入改革注定了他们要有国际视野。中国特色社会主义事业实践需要造就庞大的青年马克思主义者的专门人才的队伍，使之分别掌管国家中的各项事务，使百业兴旺，实现民富国强。现在的社会形态发生了很大变化：组织结构扁平化，打破身份界限；社会舆论多样化，打破话语垄断；经济活动国际化，打破时空障碍。网络让信息变得更加快捷。当中国加入世界贸易组织，意味着中国公民要有宽广的国际视野，要在世界的舞台上学会竞争，要把自己的成就和追求放在国际的参照系下。为此，要教育青年马克思主义者培养对象作为中国特色社会主义事业的自觉的实践者学会与世界打交道。这种交道是立足于本地区、本部门、本岗位的实际工作，以我为主，在与世界的比较中坚持自我优势的选择及逆势的避让。

青年马克思主义者对中国的时代责任感与时代使命感既表现在他们的责任与态度上，也表现在他们服务社会、改造社会的能力上，从而愿意为中国特色社会主义事业做事，做大事，也能做成事。现在许多高校在培养青年马克思主义者方面特别强调于此，这是必要的。“如果有一个人说自己是共产主义者，同时又认为自己根本不需要知道其他任何事物，那他就根本不能成为共产主义者。”① 当然，青年马克思主义者不应是醉心于读书论道、玩弄章句或者清谈性命天理、纸上谈兵、不着人事、远离实际的无用书生，而是社会需要的“全知全能”的通才，或专精一艺的专才，或治国经邦的帅才。这种能力又绝不能只是孤立的做事的能力，青年马克思主义者的培养具有很强的意识形态性，培养者应该熟记蔡元培先生的一段话：教育是帮助被教育的人，给他们发展自己的能力，完成他的人格，于人类文化上能尽一分子的责任，不是把被教育的人，造成一种特别器具，给抱有他种目的的人去应用的。教育是唤醒被教育者对社会、对他人、对自己的责任，唤醒他们服务于社会的力量。那种以能力为中心的青年马克思主义者培养模式，借口各个领域中的事务繁多，人的精力有限，能力在什么情况下都有用，培养出来的人可能就是一个特别的器具，给抱有他种目的的人去应用罢了。为此，构建其科学、合理的智能结构，引导和帮助其成为具有坚定的马克思主义信仰、强烈的爱国主义精神、扎实的科学理论功底、全面的能力素质、开放的世界眼光以及良好的示范带

① 《列宁全集》第31卷，北京：人民出版社1985年版，第254页。

动作用的“信仰坚定、素质全面、模范表率、堪当重任”的青年马克思主义者和中国特色社会主义事业的接班人。

为了达到这样的培养目标，我们需要青年马克思主义者为自己提出口号：为中国特色社会主义事业建功立业奋斗终生。这并不意味着要他们把自己看成是这个世界的救星，使他们认为做一番努力世界就立刻改变。其实事情并非如此简单。建功立业奋斗终生只是表明一种心态，一种努力，表明他们对社会与未来的责任，只是着手去改变，谋取改变，在每个人的努力中世界才会慢慢地变好。建功立业奋斗终生也是一面旗帜，在这面旗帜下同志们集合，在这面旗帜下他们将克服各种困难，克服来自自身的各种弱点——缺乏对中国的深切责任感，缺乏对马克思主义的深厚把握，缺乏对中国的历史与现实的深入认识，缺乏党内生活及艰苦意志的深刻磨砺。这是一面永远激励自己的旗帜。

韦伯在慕尼黑大学做“政治作为一种志业”的演讲中呼吁德国青年，心智成熟和政治成熟，倡导“心志伦理和责任伦理的互补相成”。他在演讲结束时有段动情呼吁在近百年后的今天读来仍令人为之动容：“政治，是一种并施热情和判断力，去出劲而缓慢地穿透硬木板的工作。说来不错，一切历史经验也证明了，若非再接再厉地追求在这世界上不可能的事，可能的事也无法达成。但要做到这一点，一个人必须是一个领袖，同时除了是领袖之外，更必须是平常意义下所谓的英雄。即使这两者都称不上的人，也仍然必须强迫自己的心肠坚韧，使自己能泰然面对一切希望的破灭；这一点，在此刻就必须做到——不然的话，连在今天有可能的事，他都没有机会去完成。谁有自信，能够面对这个从本身观点来看，愚蠢、庸俗到了不值得自己献身的地步的世界，而仍屹立不溃，谁能面对这个局面而说：‘即使如此，没关系！’（dennoch），谁才有以政治为志业的‘使命与召唤’。”①

青年马克思主义者的教育是一种难度很大的教育，它既涉及特定的内容与形式，更需要相应的方法与实践，只有受过恰当的马克思主

① 韦伯：《政治作为一种志业》，载《韦伯作品集　学术与政治》，钱永祥等译，桂林：广西师范大学出版社，2004年版，第273-274页。

义教育才会成为青年马克思主义者。青年马克思主义者的教育同时还要谨防把培养对象造成为少数人服务的一种特别的器具，心智被神圣化、迷信化的伪知识所遮蔽。这是青年马克思主义者培养中要特别注意的。

二、青年马克思主义者的培养模式

解决了培养什么样的人问题后，如何培养人或者说以什么样的方式去培养人就成了培养问题的关键，培养模式是培养工程顶层设计的又一重要因素。“模式是指用直观而具体的方式来表现事物实体的方法，它常常以简明的图式把事物的发展过程以及发展过程中所涉及的各种关系、变化原则呈现出来。”① 青年马克思主义者培养需要多种培养模式与丰富的培养教育活动相适应。每种培养模式要与培养目标相吻合、与开放的培养机制相联系、与青年的心理接受特点相一致、与教育环境和教育手段相匹配。做到结果有效、形式新颖、方法与途径可操作。

1. “大学生骨干培养学校”培养模式的历史、意义与局限

培养模式是培养内容、手段、方法、途径等一系列的某种固化的行之有效的培养组合方式。《纲要》把大学生骨干培养学校作为青年马克思主义者的培养模式，并在全国、省（自治区、直辖市）、高校校级、高校二级学院设立四个级别的大学生骨干培养学校。

自2007年5月各级“大学生骨干培养学校”开办以来，50余万大学生接受了培训。经过近5年的办学实践，“大学生骨干培养学校”的培养目标、培养格局、培养原则、培养方式、课程设置等问题进一步明确，理论学习+社会实践+社会观察+红色教育+能力训练+交流研讨的教学方式逐步固化，培养对象通过集中一段时间的学习研讨，对马克思主义原理、党的创新理论、重要战略思想、重大政策以及社会思潮、社会热点问题的认识水准有了普遍的提高，从而创造了新时期批

① 陈龙：《现代大众传播学》，苏州：苏州大学出版社1997年版，第71页。

量的系统的培养青年马克思主义者的成功经验。事实证明，大学生骨干培养学校是青年马克思主义者培养有效的重要载体与模式。

“大学生骨干培养学校”的培养模式早期可以追溯到延安“战时青年短期训练班”。1937年9月下旬，中共中央青年工作部部长、西北青救会主任冯文彬与陕西省委的负责同志在泾阳县云阳镇举办战时青年短期的训练班。训练一批西安事变前后青年运动中涌现出的积极分子，使之在马列主义基本理论和抗战军事、政治知识等方面得到提高，反映很好。毛泽东在得知情况后，以政治家的战略目光充分肯定了“战时青年短期训练班”的创办与作法，并称赞说，你们办得好，还要大办。我们的革命需要知识分子，我们要取得抗战胜利，需要大批知识分子，将来建设新中国，更需要千百万知识青年，没有知识分子参加，革命就不能成功。青训班应该是来多少收多少，来者不拒嘛！

在毛泽东的直接支持下，“战时青年短期训练班”从第三期起，即从训练陕西青年积极分子转向训练全国广大爱国青年，学员由开学时300人左右到临结业时总数超过500人。从第四期起，青训班进入了大规模发展时期。青训班敞开大门，充分利用西安是国共合作的统一战线区域，能够广泛接触各地各类要求抗战的青年这一地理优势，大批接收想去延安的爱国青年，第四、五、六期，学员均在千人以上。

1938年4月29日，中共中央讨论了青年工作，根据抗战形势需要更多的青年干部这一实际，决定进一步扩大青训班规模。当时中央青委书记陈云指出，青训班不只是对青年进行战时军事、政治常识和抗战本领训练的学校，还应该是“青年运动的大本营”，是“基地”，要担负起“向全国撒种子”的重任，以推动全国的青年运动。为此，中央青委和西北青救会的机关也由延安搬到了安吴堡，从领导到一般工作人员，全身心地投入到这一伟大而神圣的事业中。这个时期的青训班，不但班名去掉“短期”二字，而且逐渐形成了自己的一套教学计划、教学大纲、各种教材、教学形式，等等。

近期则有各级党校团校的青年干部培训班，让那些有培养前途的青年干部分期分批脱离工作岗位，集中时间专心致志在培训学校进行理论学习与实践能力提高。大多数培训学员在培训结束时都由衷地认为，集中系统的培训对自己有效果。

然而，它不是青年马克思主义者培养的唯一载体，也不应是唯一的教学模式。现在有些党团工作者与理论教育工作者和青年大学生，把“大学生骨干培养学校”与“青年马克思主义者培养工程”对应，认为参加“大学生骨干培养学校”的就是青年马克思主义者培养对象，不参加“大学生骨干培养学校”就不是青年马克思主义者培养对象。由于“大学生骨干培养学校”培养人数有限，这样就把大批青年大学生排除在青年马克思主义者培养对象之外。更重要的是“大学生骨干培养学校”这种短期集中式的批量培养模式本身存在着缺陷，这儿不论它的对象选拔等具体细节方面问题，它在当前背景下，几乎不可能完成培养目标。仅教学模式而言，它仍然是一种外在的型塑模式，在这种模式下，被动受训多，主动学习少，外部“雕塑”痕迹明显，内心“修炼”程度不高，更重要的是这种模式往往与培养对象日常生活相脱节，而且这种培训对培训的组织者、授课教师要求很高。这种模式也容易产生认识误区，使培养部门单一化。有的共青团干部感慨：“青马工程”本应是一场气势磅礴的“大合唱”，目前却成了各级培养单位的“独角戏”，而在高校又成了各级团委单方面的“表演秀”。

2. 创新培养模式的要求

培养模式是实现培养目标的重要手段，是教学教育过程中培养方法体现的基本样式。只有创新培养模式才能与时代的特点、青年的特点及其丰富的培养教育活动相适应，才能实现培养目标赋予的任务。其模式创新应有如下的要求：

第一，培养模式应具有创新特点。创新培养模式，应将多种培养模式与丰富的培养教育活动及要求相适应。青年马克思主义者培养不是今天做，明天不做，而是贯穿党的整个执政时期。一批青年马克思主义者培养出来接着培养下一批，这一批青年马克思主义者培养与上一批青年马克思主义者培养虽然有些形式仍可借鉴，但肯定会有所区别。就同一批或同一个青年马克思主义者培养而言，青年马克思主义者是一个长期的、复杂的、品质逐步纯正的、情感逐步接近工农的、信仰逐步坚定的自我成长过程，也是一个需要社会支持、环境配合、各种力量协调的教育培养过程。青年马克思主义者成长的长期性、复杂性需要多种培养模式进行匹配。当代青年尤其是90后的青年对中国特色社会主义事业都有一定的感性认识，都在分享中国特色社会主义事业带来的成果，但是要他们成为中国特色社会主义事业的自觉实践者，信念执著、品德优良、知识丰富、本领过硬，却不计功名，不计报酬，扛着大旗走在中国特色社会主义事业的前列，他们很难做到，他们与这一目标有很大距离。市场经济在他们身上留下的痕迹中，消极因素可能要多于积极因素。对他们的培养应该从中学阶段就要着手进行，这种培养的时间跨度可能要5-6年，甚至更长。在这样一个跨度里，短期的集中培训模式肯定难以奏效，即使取得了一定效果也难以维持。

创新培养模式应有明确的目的性，即模式的创新是服务于培养活动，形式是为内容服务的，不是为形式而形式，为创新而创新。如果形式脱离了、伤害了内容，就必须更换这种形式。比如有的高校组织青年马克思主义者培养对象去井冈山，本应该是体验“挑粮小道”的艰辛及官兵平等的关系，却成了游山玩水拍照娱乐的场所，形式是新了，但教育意义却没了，让青年人感到，做一个共产党员、青年马克思主义者真舒服。所以决不能为了创新形式而形式。在创新培养模式中还有这种情况，即设计的目的与实际发生的结果不一致，如青年马克思主义者培养利用网络资源，结果有的青年马克思主义者培养对象受到负面影响，要不要让青年马克思主义者培养对象就远离网络？显然这样的形式不能取消，因为这种错误不是设计造成的。

创新培养模式要给青年马克思主义者培养带来效益。这种效益有三层含义，一是有效果；二是比别的培养模式所带来的效益大（同样的时间、同样的资源下的比较）；三是具有可持续的效果。（现在有的培养教育活动效果不可持续，有的甚至是反效果的，即前述教育抵触后面的教育）这种效益主要来自于科学的方法与协调的手段，因为只有科学的方法与协调的手段才能避免模式内部的损耗。选择培养模式要进行比较，要有效益分析。

第二，培养模式具有开放性特点，这是培养机制开放特性所决定的，封闭育人培养不出青年马克思主义者。改革开放前有一句话："相信毛主席要相信到迷信的程度，服从毛主席要服从到盲从的程度。"如果用这样的心态与培养模式培养青年马克思主义者肯定不行。教育是"开放的""发展的"过程，马克思主义教育不应该是封闭式的，不能禁锢人的思想。马克思主义接受是理性的实践路线，青年马克思主义者培养需要开放的环境、开放的思想、开放的交流方式。封闭环境中形成的马克思主义信仰没有任何意义。这是因为：

人们有信仰的需求。信仰是人的生存智慧，信仰是人们的高级精神需要，信仰也是人们的生活方式。人是精神的主体。能够进行自我认知和反思的有限性的人无法不去追求愿望、理想的纯美和无限的时空，可是生命的有限、能力的掣肘又限制了愿望的实现，有限与无限的矛盾困惑便成为人们无法回避的带有根本性的大问题，于是就需要借助信仰缓解和克服这一困顿，确切地说是信仰实现了对上述问题的精神性超越，进而给人的精神世界即人的灵魂安排了寓所。

人们也有对马克思主义、社会主义信仰的需求。因为马克思对剥削的反对，对公平正义的追求，对幸福的渴望，对未来社会制度设计的合理，是人类社会志士仁人所梦寐以求的。马克思主义最有说服力地论证了这一理想实现的必然性和可能性，在面对种种不公甚至丑恶的现实面前，他以对人类命运的真切关怀，使信仰马克思主义的人能够得到心理补偿和安慰，赋予苦难以积极的解读，既减轻了苦难自身给身体带来的痛苦，又使人磨炼出积极应对和克服苦难的坚定意志，给人以存在的力量与创造的勇气。

然而有马克思主义信仰的需要与信仰马克思主义还不是一回事。因为对马克思主义信仰不仅依托着情感的支撑，更重要的是建立在理性思辨科学的基础上。马克思主义信仰也必须接受理性的怀疑、批判和审查。对于每一个信仰者来说，确立和承诺信仰的行为过程不应是非理性或超理性的。一个人信仰什么，可能信仰什么，以及以怎样的方式去确立或放弃自己的某种信仰，都必定经过反复思考、选择并最终决定的。换句话说，个体的信仰行为本身是有选择有判断的。拒绝盲从和盲信，在理解基础上信仰，信仰才能坚定。这样的信仰才能给人带来真正的幸福和力量。马克思的共产主义学说既包含着对人类现实生活的观照，又包含着对人类理想世界的追求。它解决了人类思维意识领域一直存在着理性和信仰的矛盾。马克思主义在有限中找到无限，在暂时中把握永恒，从相对中寻求绝对，从而使科学信仰不断在科学认识中受到检验、证实和丰富，又使科学认识在科学信仰的指导下不断深入和不断地转化为实践。然而要把马克思主义的知识体系转化为信仰体系乃至行动体系，却是需要人们具有广博的知识和对社会的责任及其对社会两个最大的群体——工农的阶级感情才能达到的。这就意味着丰富的现实生活是青年马克思主义者学习的最好课堂，广泛的各种形式的交流是他们学习的最好形式。这种交流既有师生共同学习、双向交流，也有不同类别骨干之间的交流以及不同层次青年马克思主义者之间的交流，增进彼此之间的深度认同与共识，让青年们相互学习、相互帮助，以他人为镜，发现自己的缺点与不足，认清自己与一名合格的青年马克思主义者的差距是什么，自己应该从哪些方面加以弥补与完善，始终保持清醒的头脑和积极进取的姿态。

第三，培养模式适应时代要求及青年特点，具有现实的活力。培养模式深入青年，了解青年，服务青年，必须适合青年的特点，具有青年的风格，采用青年喜闻乐见的形式。青年是时代的骄子，对时代最为敏感，青年喜欢时尚而不喜欢古板。因此，青年马克思主义者的培养要在新形式中，在愉快的氛围下学习马克思主义，宣传马克思主义，实践马克思主义。如采用：专题报告、学术讲座、知识竞赛、学习论坛、理论研讨、读书报告、政策宣传、演讲辩论、图片展览、文艺汇演等形式。大学生“社会生存训练”是近年来兴起的一种全新的大学生骨干教育培训手段。它以指导大学生获得直接的社会体验、团队经验、实践性智力和就业经历为目标，以学生参与社会就业和教育交往为中介，是一种生存体验、文化交流、服务学习、感恩教育并重的学生主体性活动项目和方式。这种形式其实也是可以用来培养青年马克思主义者的。

第四，培养模式简单易行，便于操作。大学生骨干培训班的培养模式为什么多少年来一直使用，就是这种模式简单易行，便于操作。

中国浦东干部学院所探索的“三位一体”教学模式即是如此。“三位一体”教学模式的基本思路是：针对干部教育培训的现实需要，创新教学形式，拓展教学资源，并围绕特定的教学主题，将相互联系的多种教学形式和教学资源有机地整合起来，形成教学合力。它们统一于“问题”，即围绕党和政府在领导经济社会改革发展过程中遇到的重点、难点、热点问题，将专题讲座、现场教学、互动研讨这三种基本的教学方式有机整合在一起，让学员共同研究、认识和分析问题。因此，创新的培养模式不能繁琐。

3. **青年马克思主义者的培养模式设计**

遵循以上理念，笔者根据自己的工作探索了下列模式：

第一，学校、社会深度合作模式。这种模式是旨在形成以学校为主，社会紧密配合、学校与社会共同承担培育任务的培养青年马克思主义者的共同体。学校显然是指承担全面启动青年马克思主义者培养任务的高校。社会主要指承担高校暑期社会实践与挂职锻炼的培养基地，也包括培养基地所在地的媒体部门。

只依靠学校是培养不出青年马克思主义者的。青年马克思主义者对社会的责任感，青年马克思主义者对工农的情感及其改造社会的能力需要他们深入地走进社会、走近工农。学校必须有意识地寻求社会的支持，社会必须自觉地配合学校做好这项工作。目前的青年马克思主义者培养，学校与社会合作模式是一个浅表合作模式，社会只是被动地在完成学校所安排的任务。可以这样说，没有社会的积极性，学校的积极性也无法持久。由此可见，社会的功能、作用、积极性还有待进一步发挥与调动。

暑期社会实践是学校、社会合作模式的一个很好的载体。但在浅表合作模式下很难发挥这一载体作用。一方面，学校对青年马克思主义者培养对象在暑期社会实践中没有特别的方案设计，没有特别的要求。青年马克思主义者培养对象暑期社会实践与其他学生一样，时间过短、强度不够、深度不够、广度也不够。即劳动汗水不多、体力强度不大，对思想的震撼不够；走马观花，与工农接触不深，情感联系不深；主题视野限制，一般暑期社会实践在学校就确立了一个主题，因此，导致实践广度也被限制。另一方面，对社会而言，由于与学校缺乏约定，缺乏共同谋划，让青年马克思主义者培养对象品尝的往往是冷漠的感觉。

挂职锻炼的形式是让青年马克思主义者培养对象到基层单位担任某个职务锻炼一段时间。这种模式的要旨是让培养对象经风雨、见世面、长能力。作为一种培养模式，它应该为培养对象提供不同类型的锻炼岗位，锻炼时间要保证足够的刺激强度。它是自然的而不是模拟的情景，但它不排斥设计与总结，因为设计与总结更能使经验具有普遍性。作为一种培养模式，它不是一种与理论学习割裂的实践模式，而是与理论研讨有机联系的模式，现在大学生挂职锻炼强调了大学生的专业知识的对接，而忽视了马克思主义理论知识的运用，这对于青年马克思主义者培养是不利的。

学校、社会只有深度合作、深度设计、深度联系，产生了培养效果为双方所共享，抓住合作中共同利益的兴奋点，学校与社会的培养积极性才会持久，培养工作才能持续下去。学校作为培养青年马克思主义者深度合作模式的牵头单位，要对深度合作的计划、目标、途径、方法及手段进行设计，要明确各自的职责与边界。学校在制订培养计划时要征求社会有关部门及单位的意见，计划执行时，要保证联系的渠道畅通，保持经常性的交流互动。学校要主动邀请社会人士到学校谈发展，讲问题，让培养对象准确地感知社会现实。作为共同体，学校与社会要经常在一起总结每一期培养的经验与教训，作为下一期的借鉴。作为共同体，学校有责任把自己的培养产品推荐给社会，并且对自己的产品进行跟踪，而社会也有责任对这个产品在使用中继续培养，从而由于人才的培养与使用使学校与社会成为一个利益的共同体。社会要根据培养的需要确立若干培养基地专供培养青年马克思主义者使用，让青年马克思主义者培养对象的暑期社会实践活动与挂职锻炼基地化。基地要有专门的工作班子、工作程序，专门的工作岗位，对应青年马克思主义者培养对象的学习与实践，为青年马克思主义者培养对象提供较长的暑期社会实践活动的时间及满足相应的要求。在过程中提供考核，活动告一段落后，组织培养对象进行总结提升，并认真听取培养对象对基地的意见，改进自己的工作。地方媒体也因为与学校及基地有深度联系，也有了深度宣传与报道。

国家应有专门的经费用于基地建设。高校也应有相应的措施使社会实践活动与挂职锻炼基地在支持青年马克思主义者培养活动中得以发展，达到双赢效果。

第二，分级指导晋级培养传、帮、带模式。这种模式是对青年马克思主义者进行分级培养以老带新。分初级普遍培养阶段、中级重点培养阶段、高级精英培养阶段三个阶段，层层推进，步步跟踪，形成“有梯度、有进度、老带新”的长期培养模式。事实表明：只有让更多的青年参与到青年马克思主义者培养活动中，只有进行差别化的培养，青年马克思主义者培养才具有现实的活力。

初级阶段原则上在高中与大学一年级进行，是对所有报名参加“青马工程”的学生经过初步审核、推选后，把他们当中的众多优秀分子纳入到培养计划，确立数量较大的基础人选，对他们加强基础理论知识、基本思想政治素质等内容的培训。这一阶段主要是让更多的学生从感情上接近马克思，从理论上了解马克思。培训方案由学校总体设计，具体任务主要由校、院二级业余团校承担。

中级阶段是对前阶段考核优秀者进行重点培养，这一阶段主要是以感受责任、提升认知、信念为主的思想引领。它以学习马克思、信仰马克思为主题，遵循“由浅入深，由易而难，由小而大，由内而外”的认知规律，通过体验、观察、对话、课题研讨等形式，引领青年马克思主义者培养对象的思想逐步成熟。这一阶段的关键是为青年马克思主义者培养对象提供导师。以课题学习为例，为青年马克思主义者培养对象设计若干课题，为每个课题配1—3名导师，培养对象跟着课题走。即导师不固定，课题固定。对每个培养对象而言，既有固定课题，也有自选课题，对于每个培养对象有规定的课题任务。这种模式的要旨是培养对象在术业有专攻的导师指导下学习研究马克思主义。培养对象带着研究课题进行社会实践，深入人民群众生产、生活第一线，通过调查、考察、访谈、实验等方法，掌握丰富的第一手资料，独立思考研究，撰写调研报告，并以答辩的形式结题。各位课题导师通过课题指导与自己的“弟子”经常进行“心灵对话”，全面把握培养对象的思想动态和实际表现，及时“传道、授业、解惑”，在长期的“亲密接触”中因势利导，因材施教。着力加强共产主义理想信念、马克思主义核心理论、方法的教育与引导，注重实践能力的锻炼和综合素质的提升。中级阶段的培养任务由校、院二级党校及学校的大学生骨干培训班担任。

高级阶段是对通过层层考核、院系强力推荐、表现特别突出的“精英分子”进行专门培养，按照未来各行各业的领袖、骨干、模范等角色标准加以分类培养。这一阶段一般是大三、大四及以上年级的学生。培养的主题是服务社会、增长才干的实践引领。这一阶段由学校青年马克思主义者培养领导机构承担培养任务。每个阶段培训的内容、时间、目标不尽相同，考核标准逐次提高，只有通过前一阶段的考核才允许晋级下一培养阶段。通过三阶段的有序推进，克服短期突击培训的不足，把特别优秀的大学生骨干一步步培养成为青年马克思主义者。

这种模式的基本理念是宽进严出，利用相当多的大学生希望参加青年马克思主义者的培养学习愿望，做大青年马克思主义者培养的底部，使更多的青年大学生走近马克思，这对真正的青年马克思主义者成长有利。因此，在初级阶段，只要青年愿意参加青年马克思主义者培养学习，就可以吸收为初级班学员。而能不能成为中级班与高级班学员，则要经过比较严格的晋级程序。每次晋级既要有前级学习的表现及成绩，还要有相应的考核及本人自荐与组织推荐等程序。

不同阶段的优秀学员在完成本阶段的学习任务之后，就可以成为比他低的阶段或同级的助教。由于跟同阶段的学员身份相同、年龄相近，对学习任务熟悉，学习态度良好，学员助教自然就成了本阶段的学习骨干，工作的示范。他们所起的效用往往是老师达不到的，事实证明，在青年马克思主义者培养的各个阶段设置学生助教，不仅可以解决教师人手不足的问题，而且给每个学员树立了一面学习的旗帜。传，即传学习心得，传思想情感，传工作作风；帮，即帮助总结经验，帮助开展活动，帮助日常管理；带，即带头示范，带头遵守纪律，带动大家共同成长。在学生助教的传、帮、带下，学员的学习效果会更佳。不仅如此，学生助教在助教的过程中综合素质也得到提高，真可谓一举三得。

第三，价值澄清问题引导理论宣讲模式。这一模式的要旨是让青年马克思主义者培养对象生活实践在马克思主义价值系统内，有意识地设置问题，让他们用马克思主义价值体系去分析研究解决问题，并把所取得的思想成果用理论宣讲的方式向社会汇报。当一个人总是主动地赋予外部世界马克思主义意义解释，马克思主义也就成为他生命的精神支柱。对马克思主义信仰不仅依托情感的支撑，更重要的是建立在理性思辨科学的基础上。“真正的马克思主义者都是在同各种非马克思主义、反马克思主义思想观点的较量与斗争中成长成熟起来的。要成为青年马克思主义者，就必须进一步增强政治敏锐性和政治鉴别力，能够明确辨别马克思主义与其他社会思潮的根本差异，从政治上分清主流与支流，从思想上澄清真理与谬误，在大是大非面前始终保持清醒和坚定。”①

青年马克思主义者的理论素养提高依然是青年马克思主义者培养的难点，解决的办法是：培养他们的理论兴趣与热情。因此，青年马克思主义者培养中价值澄清问题引导非常必要。改革开放以来，国门洞开，各种思想学说如过江之鲫。国学热、儒学热、传统思潮杂然陈列，新自由主义、新保守主义、民主社会主义、民族主义纷至沓来。大学生看待世界的眼光、对待政治生活的态度、审美标准、价值标准、个人理想等都发生了深刻变化，思想活动的独立性、选择性、多样性、差异性日益增强，社会思想空前活跃，更加务实，更加重视自身价值的实现。同时，享乐主义、拜金主义、反主流意识、抛弃传统价值观念等消极思想也有所抬头。这就是青年马克思主义者所生活时代的思想背景，马克思主义信仰是理性的科学的信仰。如果说中国早期的青年马克思主义者经过理性的选择，选择了马克思主义，“我们在当时接

① 王兆国：《努力为党的事业培养一批又一批坚定的青年马克思主义者》，《求是》，2011 年第 2 期。

受马克思主义并不是随便接受的，而是经过了研究、考虑和无政府主义者辩论之后，认为它确实是真理，确能救中国，才确定接受的。”①那么当代青年选择马克思主义则更是如此。当我们给青年马克思主义者建立一个马克思主义的意义系统，我们还必须显示它与其他意义系统的联系。

当代青年选择马克思主义有三个问题是必须回答且必须引导的。一是什么是马克思主义？二是马克思主义对当代中国的发展能不能成为指导思想？三是马克思主义对个人的发展有没有用？对什么是马克思主义在有些青年看来是熟知，但熟知不等于真知。对什么是马克思主义的引导要注重为人民服务的政治立场的引导；马克思主义对当代中国的发展能不能成为指导思想在青年那里还是有疑问的，为此要注重引导青年从马克思主义中国化的理论成果指导中国的现实去认识马克思主义的时代性；在有些青年看来马克思主义只关心社会的发展，不关心个人的发展，马克思主义对个人的发展没有用，这是一种误解。马克思主义一直关注个人的发展，只是他认为个人的发展与完美离不开社会与他人。

精选学习中的问题，这些问题是生活中人们习以为常的有道德意义的事件，或青少年价值关系中的“热点”问题。问题符合与接近学生的认知水平和学习能力，既不让问题过深、过大、过于笼统，使学生望而却步，也不宜使问题过于简单，让学生没有深入思考的空间。问题也与经典原著的学习具有相关性与适切性。通过设置这些问题，加深基本原理的创造性运用和中国式拓展，感受马克思主义本身的意义弹性和内在张力，体会马克思主义的思想理论边界，学会马克思主义的分析问题、解决问题的方法。

价值澄清问题引导教学培养模式早就有之。在古希腊时有苏格拉底的“产婆术”教学法。在孔子时有“启发式”教学法。毛泽东在延安给“抗大”“鲁艺”等学校讲课时，采用的研究式教学法，他喜欢把讲稿发给学员，和学员一起讨论问题，引导学员运用马克思主义的立

① 中央文献研究室二部：《刘少奇自述》，北京：解放军文艺出版社 1996 年版，第 15 页。

场、观点和方法来分析、研究中国革命的实际问题。由领导人或教员来解答根本性和共同性的问题，由学员自己写学习心得体会和总结学习经验，并对某些问题提出自己系统的看法。张闻天在延安马列学院教学过程中开创了一种“照相式”的教学法，即每星期定时跟学员见面，就一周所学的各门功课对学员进行综合提问，再针对学员们的回答进行点评，指出哪里答得对，还有哪些不足，哪里答错了，错在哪里。

价值澄清一是价值比较。有比较才能有鉴别。在急剧变化的社会转型时期，社会上存在的多元价值观不可避免地对青年马克思主义者培养对象产生这样或那样的影响，使他们出现了价值观混乱、冲突、心理失衡等现象。这种现象一直伴随着他们，回避是没有用的。大学生是最富有创造精神和超越意识，极具可塑性的青年群体，他们处于人生发展的关键期。每当他们澄清了一个价值问题，他们的马克思主义信仰就向前迈进了一步。

价值比较不同于事实比较，它难于事实比较，又是以事实比较为基础的。马克思主义是不怕比较的。马克思主义中国化、时代化、大众化在中国取得了巨大的成就是有目共睹的。当今社会各种形态的主义，自认为在马克思那里学到了一些方法，（他们一般都承认他们的思想与马克思有某种渊源）充实了自己的主义就超越了马克思主义，其实不然，马克思主义的整体性所显示的科学性、先进性是超越不了的。当今社会各种形态的主义与马克思主义一比较就会显示出思想上、精神上的差距。

二是价值批判。人类美好的理想产生于对丑恶现实的批判。没有消极丑恶的现实，也就不会有积极美好的理想。在马克思那里，价值批判优先于价值建构。马克思说：“我们不想教条式地预料未来，而只是希望在批判旧世界中发现新世界。”① 马克思主义始终反对提出关于未来社会的一劳永逸的现成方案。他们只赞成为未来的理想社会制定原则，至于细节则应留待历史去填补。恩格斯说：“关于未来社会组织

① 《马克思恩格斯全集》第1卷，北京：人民出版社1965年版，第416页。

方面的详细情况的预定看法吗？您在我们这里连它们的影子也找不到。当我们把生产资料转交整个社会手里时，我们就心满意足了。”① 青年马克思主义者培养对象要学习马克思的方法论，把马克思主义在发展过程中，在某个时期因为历史需要而附属于马克思名下，进行清理与批判，分清哪些是马克思的思想，哪些不是马克思的思想，哪些是对马克思的思想的继承与发展，哪些是对马克思思想的歪曲与误区。而把对现实的价值建构放在实践的环节中，根据实践的需要去建构。

为了价值比较与价值批判的进行，在方法上可能要进行一些价值模拟。

苏联青年问题专家科恩曾指出：“青年期最有价值的心理成果就是发现了自己的内部世界及价值，对于青年来说，这种发现与哥白尼当时的革命同等重要。”这一时期他们开始在生活中全方位地面临如何处理个体与社会的关系问题，重新思考个体和社会（他人）的价值。那就从根本上背离了马克思主义的本性，就会弄出许多非马克思主义甚至反马克思主义的精神杂草来。

理论宣讲的形式是让青年马克思主义者培养对象组织成马克思主义理论或中国特色社会主义理论体系或创先争优先进人物宣讲团，向社会汇报自己的学习成果。让培养对象自己定宣讲题、自己写宣讲稿、自己找宣讲对象、自己寻找宣讲场所。这种模式的要旨是自己教育自己。因为宣讲的特定要求，每次宣讲的准备过程与宣讲过程就是一次教育过程。当宣讲主题确立，搜集宣讲材料时，培养对象就开始了自觉的理论阅读与课题研究；当宣讲稿一次次修改提炼，培养对象对马克思主义理论或中国特色社会主义理论体系的认识也在逐步加深；当他们找宣讲对象、找宣讲场所一次次碰壁与尴尬，培养对象也就加深了对中国国情的认识，加强了他们服务社会的意志；当他们在宣讲对象面前激情陈述自己观点时，他们的政治立场、政治态度也悄然形成。

第四，成长小组团队研修模式。这一模式是让青年马克思主义者培养对象组织成若干个成长型小组，通过研修，小组成员间互动促进

① 《马克思恩格斯全集》第22卷，北京：人民出版社1965年版，第628-629页。

更好更快地成长。青年马克思主义者共同成长既具有培养效率，也符合培养规律。它是依据群体动力学原理，将相似经历、相似经验、相似背景，以及面临相似困境的青年马克思主义者培养对象，为了共同学习马克思主义的共同目标组织在一起，注重发挥同伴群体效用，寻求同伴资源。

培养活动主要依托小组开展。通过精心组织与指导小组开展读书活动，实践活动，团队研修，互相启发，互相激励，促进小组每个成员在政治、思想、人格、情感等方面的共同成长。小组成员以 7—9 人为宜。小组成员以实现培养目标为共同追求，而知识背景、个性特征等以互补为好。布朗芬布伦纳的研究证明，美国学龄青年与同辈群体交往的时间是他们与父母交往时间的两倍以上。而 M・米德认为，在现代社会同辈群体的影响甚至达到了改变传统的文化传递方式的地步，这说明了同伴关系的重要性。同伴交往较多的青少年大多表现出外倾、人缘好、心地善良、乐于助人等积极个性。虚拟世界的兴起扩大了青少年的交往范围，维果斯基坚信儿童的发展发生在其最近发展区内，成人或能力较强的同伴对儿童的发展起着重要的促进作用，在维果斯基对最近发展区的解释中，为学习者提供帮助的人有两类：成人或能力较强的同伴。后来的研究显示能力较强的合作者对复杂水平推理的言语表述与儿童的认知发展密切相关，当能力较强的合作者引导支持能力较弱的合作者承担更多的责任并以适当方式渐渐减弱支持时，儿童最有可能掌握高水平的思维并能独立使用，也即团队合作与研修是一个双赢及多赢的效果，是一个共同成长的形式。

青年马克思主义者培养对象主要任务是学习。“全体青年的任务，尤其是共产主义青年团及其他一切组织的任务，可以用一句话来表达：就是要学习”①。

成长小组的学习以自学为主。要让青年马克思主义者培养对象养成独立阅读的习惯。张闻天认为：学习马列主义，必须自己下一番功夫。“因为马列主义是人类有史以来最高发展了的科学，光是到大课堂

① 《列宁全集》第 39 卷，北京：人民出版社 1986 年版，第 299 页。

上、讲演会上、研究会上去随便听听，自己不去研究，是很少用处的。听讲、参加研究会只是为了启发自己的研究，而不就等于研究。”自学为主是符合一定教学原理的，正如古人所云，“授人以鱼，不如授人以渔”。马克思主义理论本身内容十分广泛，内在逻辑性很强，听别人讲即使听了二三年，“他们始终只能是在马列主义的大门外东张西望的流浪儿”。向他人学习是必要的，但学习效果远远比不上自学来得深刻、系统。当然，提倡以自学为主的原则并不等于在教学中让学生放任自流，而是将其与教师的指导相结合。“自习为主的原则，无论低级和高级学校都是适用的，但低级的班应更多取得教员的帮助。”①

成长小组是一个学习研修小组。在自学为主的基础上发挥学习研修小组的优势。小组学习的优势在于互相启发、互相监督、互相激励。小组读书报告会每周一次或每两周一次，让一个同学做中心发言，其他同学补充，或答疑讨论。或由指导教师规定读书篇目，或由同学相互推荐读书篇目，规定读书进度，这就使经典原著学习制度化，并且有相应的成效。

成长小组是一个实践活动研修小组。成长小组作为实践活动的实体，由于培养对象基本上是学生中的优秀分子，根据群体动力学原理，每个成员在活动中展示自己的欲望强烈，因此也提供了相互学习的机会。在成长小组开展的实践活动中，他人是自己的参照系，只有接受他人，发挥自己的优势才能在小组中得到肯定。

成长小组是一个互动对话小组。它是培养对象与培养者之间、培养对象之间、培养对象与培养环境之间通过沙龙或论坛的形式互动对话。互动是对话的前提，只有互动，对话才有深度与质量。只有互动，对话才是平等。对话是互动的实现，对话才能实现互动的意义。要提供对话载体、对话机会、对话机制。要培养对话兴趣，提高对话水平。要使对话常态化，深入化。有多种对话的方式可以选择，面对面的、网络的、书面的、一对一的、一对多的，等等。

它包括指导培养对象与培养者互动对话：通过这样的互动对话，

① 《张闻天文集》第3卷，北京：中共党史出版社1994年版，第146页。

一方面让理论与知识的传播者、讲授者及接受者互通信息，传播者、讲授者通过这样的交流知道接受者的接受心理、接受水平，从而调整自己的讲授路径提高传播质量。接受者通过这样的交流，知道了传播者、讲授者的立意，主题切入的设计，从而拓宽了接受，达到了理解性的接受。另一方面，在互动对话中，双方角色转换，高高在上的传播者、讲授者成了课堂教学的实践者，培养对象即学员则由知识的被动接受者变成了教学评价者，可以自由地对老师课堂教学发表意见。师生互动对话的形式有师生座谈会等。

培养对象之间的互动对话是以组织的形式在公开的场合，选择共同关心的话题，培养对象相互交流，彼此启发，发现自身长短，释放思维能量。其形式主要有小组交流会、小组研讨会、组际辩论会等。每次学习会议指定一名主发言人，培养对象轮流担任主发言人。主发言人发言完毕，其余人进行评点，并至少提出一条与别人不同的修改建议。如果是辩论会，则轮流担任双方辩手，其余的则为评论一方。

培养对象与培养环境之间的互动对话应该旗帜鲜明地告诉青少年，“不仅要做自己认为应当做的事，而且要做自己虽不太愿意但社会要求做的正当的事”。人与人是平等的对话与交流的主体。人们可以直接地“观察”和“模仿”他人行为模式，并由此获得知识技能和行为习惯。在对话与交流的过程中，价值观才能得到真正的碰撞和升华。这种学习，就是社会学习。

历史上毛泽东同志的新民学会就是这一小组模式的范例。毛泽东、蔡和森等人，不愿庸庸碌碌虚度一生，希望能为社会为国家有所作为，负有“根本改造大任”，以新民学会为团体，切磋学术，砥砺品行。他们的学习方法是：“自己看书、自己思索”和“共同讨论、共同研究”。新民学会这些会员日后大抵都有所作为，相当一部分人都成为马克思主义者。

第五，生活养成卓越目标模式。由于青年的本质乃是自我实践的产物，青年的生活方式是青年的自我生产方式。因此对青年马克思主义者的培养要着重引领、形塑其生活方式。这种模式的要旨是让青年马克思主义者培养对象通过良好的生活方式养成以形成卓越人格为目标的马克思主义者的思维方式、学习方式、消费方式、实践方式。

思维方式的养成。通过马克思主义原著的研读，小论文的撰写等，养成青年马克思主义者创造性思维。创造性思维既是对逻辑思维和辩证思维的娴熟和灵活的运用，又是一种突破常规的思维方式。创造性思维要注重引导学生不仅要有知识还要善思善疑。对马克思主义不拘泥于既定论断，培养学生追求真理、敢于探索的精神。以科学发展观的理论与实践教育青年马克思主义者培养对象养成系统思维，从整体性的角度去思考问题及解决问题。

学习方式的养成。学习要成为青年马克思主义者培养对象的最基本习惯及最大的人生乐趣，在任何环境下不可一日不读书。但读书不是为了充斥门面，为了拉大旗吓唬人。青年马克思主义者在马克思主义中国化、大众化、时代化的伟大实践中，要养成科学的学习方式，确立优良的学风。坚持把理论与实践相结合，单靠背诵马克思主义一般原理和照搬外国经验，显然是不行的。要丰富与发展马克思主义就必须把马克思主义与中国实际相结合，形成丰富的实践经验，并对这些实践经验进行总结和概括，使之上升为科学的理论。在问题中学习是掌握科学理论的有效方法。调研实际问题，创设问题情境，带着社会焦点问题和高校学生自身存在的问题进行学习和研究，在问题中分析，在问题中反思，逐步形成科学的学习方法。

消费方式的养成。健康的消费方式对大学生是一种追求，也是一种境界。青年马克思主义者培养对象要养成简单、朴素的消费方式。做人做事高标准、生活消费低标准。经得起不良因素的诱惑，坚持艰苦奋斗，反对享乐主义。

社会实践方式的养成。自觉地走与工农相结合的道路，摆正自己在社会中的地位，从小事做起、从自我做起、从身边做起，通过国情考察、科技服务、扶贫支教等社会实践形式来观察和研究社会问题，通过对社会问题的关注加深自己对许多抽象理论的理解，从而增强发现、分析、解决问题的能力，提高自身理论联系实际的能力。

要特别强调艰苦意志的养成。针对青年马克思主义者在实践中自身的惰性和意志力的不坚定导致实践计划不能按时完成的状况，要特别注意培养崇高的情感、磨砺坚强的意志。古人云：故天将降大任于斯人也，必先苦其心志，劳其筋骨，饿其体肤，空乏其身，行拂乱其所为，所以动心忍性，曾益其所不能。所谓吃得苦中苦，方为人上人。我们不是要青年马克思主义者做人上人，但体验苦难，养成坚韧的品格是青年马克思主义者完成历史使命所必需的功课。

青年马克思主义者培养要看我们介入他们生活世界的深度与影响力。在具体的养成方式上，通过学习养成、体验养成、管理养成、示范养成等养成方式达到养成效果。把个人的“养”与环境的“育”结合起来。根据涂又光教授的“泡菜”理论，泡菜水的味道，决定泡出来的白菜、萝卜的味道。一个学校的校园文化决定其学生的精神风貌和性格特征。用无处不在、无时不有的优良的校园文化启迪人的思想、陶冶人的情操、约束人的行为、激励人的斗志、净化人的心灵，在潜移默化中影响学生的思想观念、价值取向、理想信念和行为方式。

把个人的“养”与教师的“教”“指导”与“交流沟通”联系起来。强调青年的自我养成，并不是否定教师的教育作用、否定知识的传授。青年马克思主义者培养对象在“养成什么”“怎样养成”以及在养成过程中需要指导教师悉心指导，学生的日常生活与其个人的衣食住行息息相关，同时它又是不完美的，是有着平庸性、直接性的自在世界，其良好生活方式在这样一个需要批判和改造的生活世界形成，需要在教中养，养中教，边教边养，在生命的交流中传授知识，在知识的指导下养成行为方式。生活本身虽然不完美，但教师有责任指导青年马克思主义者培养对象去认识完美，追求完美。

把个人的“养”与榜样的学习相结合。用创先争优的正面的身边的典型形象，榜样的示范作用，有效地催生和启发培养对象的内在动力，从而形成强烈的行为心理指向并不断地巩固和形成良好的行为习惯。通过树立典型形象调动了培养对象的内部需求，渴望自己成为榜样而严格要求自己。通过养理成习，即养成优良的政治品质并不断提升青年马克思主义者对象的价值理性。理，即政治价值理念，是符合一定社会主流、能推动社会进步和鼓舞人民团结奋斗的政治观念；习，即行为习惯，是青年马克思主义者在社会实践中反复练习而巩固的符合社会政治信仰主流和自我价值理念发展的行为方式。通过日常教育中的素质拓展，使青年马克思主义者培养对象在素质拓展中养成良好的生活方式，在良好的生活方式下进一步拓展素质。

第六，虚拟资源共享与政治实践历练模式。这种模式是把网络引进青年马克思主义者培养过程中，构建区域专门网络体系，发挥社会的优质教育资源与网络的优势作用，把青年马克思主义者培养对象的虚拟教育资源学习、虚拟人际互动、虚拟政治实践历练有机结合，使青年马克思主义者的培养具有时代性特征。资料表明，截至 2009 年 6 月，我国互联网普及率达到 25.5%，网民总数达到 3.38 亿，30 岁以下网民比率为 63.7%。[①] 因此，现在不是讨论青年马克思主义者培养要不要利用网络平台的问题，而是怎样利用网络平台的问题，怎样把青年一代重要的生活方式的载体变为教育的载体，从充分认识以互联网为代表的新兴媒体的社会影响力到充分利用互联网为代表的新兴媒体的社会影响力，为青年马克思主义者培养对象提供了范围更广的网络资源平台、网络交往平台，让青年马克思主义者培养对象经过网络社会政治信息的交流与熏陶，经过虚拟的政治实践的历练，得以健康成长。虚拟资源的共建与共享应该是当前青年马克思主义者培养特别关注的问题。

虚拟教育资源学习。网上开通中国特色社会主义理论学习网。提供学习资源阅读书目，发布学习动态、学习要求，教员在网上讲授课程，学员在网上提交作业，通过技术设计掌握阅读动态，设立“学习体会”“生活信条”“理想风帆”等栏目，进行师生交流，公布考核指标，展示优秀作业。传统的学习环境，由于受到时间和空间的限制，很大程度上制约了学生自然信息量的摄取，教师几乎成了除课本外的唯一信息来源。而互联网则让更多的人在最短的时间和最具有灵活性的环境下获得知识和学习。各校的网络资源可以相互连接，资源共享。此地创造的经验很快也在彼地得到推广。网上爱国主义影片展播，以及一些超链接内容，如网上纪念馆，主要是链接孙中山纪念馆、毛泽

① 中国互联网络信息中心（CNNIC）：第 24 次中国互联网络发展状况统计报告，http：//www. cnnic. cn/uploadfiles/doc/2009/7/16/125040. doc1.

东纪念馆、周恩来纪念馆、邓小平纪念馆、鸦片战争纪念馆、辛亥革命纪念馆、五四运动纪念馆、八一南昌起义纪念馆等，则用师生们喜闻乐见的方式使其接受爱国主义教育。

虚拟人际互动。网站为青年学生打造了网内网外学习和交流的新阵地。学生与学生之间、学生与指导老师之间、学校与学校之间可以在“网上论坛”互相讨论学习体会，也可以就社会当下发生的某一事件发表自己的看法，提出自己的观点与建议。网上讨论有其特有的优势：讨论时可以隐去真实的姓名，也就摆脱了“随大流”的状态，有利于敞开思想、讲真话，因此能够及时发现学生的思想动态，解决真实的思想问题。开设“你说我说大家说”栏目，“我讲自己事我说身边事”等专版。不仅师生互动，还可以设立家长参与栏目，让家长也为青年马克思主义者培养献计献策。网站也为批量约请在理论与实践方面有造诣的专家参与虚拟人际互动提供可能。这些专家将作为青年马克思主义者培养的校外指导教师以虚拟的方式答疑指导。

虚拟政治实践历练。青年马克思主义者培养对象可以有一个个性化的网络身份：论坛版主。在网络这个无边无际平行延伸的世界里，每个人都可以就当前社会热点、焦点问题发表评论，任何一个网结都能够生产、发布信息，所有网结生产、发布的信息都能够以非线性方式流入网络之中。这是一个纷杂的充满着喧哗与骚动的思想集市、政治卖场，其实也为青年马克思主义者提供了一个虚拟的政治实践平台，青年马克思主义者培养对象可以借助这个平台历练自己，政治方向是否清晰；政治立场是否坚定；政治意识是否敏感；政治水平是否够格。对青年马克思主义者培养对象来说，接受他人对自己的马克思主义观点说教与灌输与自己向他人说教与灌输马克思主义观点是完全不同的，这种把自己放在与马克思同一战线的做法意义是巨大的，这种做法也只有网络才有可能。青年马克思主义者培养对象的虚拟政治实践历练为他们的思想武装上一道坚实的“防火墙”。

上述模式的共同特征是：培养对象的主体性得以显示，而培养者的主体性也得以显示，前者得到更多的机会，学习与思考，展示自己；后者则通过各种形式的引领，实现了自己的培养目的。

第六章　青年马克思主义者培养中的接受心理机制

马克思在《德意志意识形态》中反复强调："符合现实生活的考察方法则是从现实的、有生命的个人本身出发"，"现实的个人"不是"处在某种虚幻的离群索居和固定不变状态中的人，而是处在现实的、可以通过经验观察到、在一定条件下进行的发展过程中的人"。[①] 意味着每个人都在与环境的互动中成为特定的具体的人，而不是抽象的"经济人"；意味着任何研究都要从现实的个人出发。

青年马克思主义者是有理性的青年人。青年马克思主义者接受的心理机制是青年马克思主义者培养教育活动中必须面对的。它与青年马克思主义者培养机制层次不同，作用各异，但是两者相互联系，相互制约。由于接受是培养教育的落脚点，是具有关键性和决定性的环节。不被接受的教育内容就如同不被接受的作品僵化在书架上一样。因此，有必要首先对思想政治教育接受心理机制的一般特征、个性要素及作用机理进行分析。

一、思想政治教育接受心理机制的一般特征

接受是主客体之间的相互关系，是教育者施教与教育对象自主选

① 《马克思恩格斯选集》第1卷，北京：人民出版社1995年版，第73页。

择的过程。接受一个观念、一个学说是复杂的心理现象。接受者有相应的接受心理机制负责对外界传播的信息接收、反映、择取、理解、解释、整合、内化以及外化。青年马克思主义者的接受心理机制是指接受主体对马克思主义作为接受内容，从心理上对其产生肯定、喜爱，并在实践中作为行为指导的过程与机理。这种接受机理与其他信息内容的接受机理既有共同的特征，也有专属的接受心理特征。青年马克思主义者接受心理机制的共性特征展示了外来信息是如何进入接受主体森严的壁垒，被接纳乃至建构为自己的观点的过程。

1. 接受过程中多因素的矛盾运动

接受是人类社会生活中最常见、最普通的社会现象与心理认识过程，标志着人作为主体对客体的认同、承认和接纳的态度。从字面上来看，接受含有主动积极、自觉自愿的意味。接受不单纯是同意传播者或影响者的观点和看法，也表现出某种行为倾向，也有某种情感、意志的表达。因此，接受机制的要素分析可以看做是认识、情感、意志、行为这四大要素不断地均衡发展和相互适应以及知行转化、循环往复、螺旋式上升的内在矛盾运动过程。其中知是基础和先导；情是催化剂和推动力；意是必然体现；行是外在表现和最终结果。诸要素相互联系、相互渗透、相互制约。

由于知、情、意、行等因素具有相对独立性和渗透性，加上社会环境影响的复杂性和接受主体的个性心理特征的差异性，因此，接受机制可以多端口进入。即对青年马克思主义者的教育不可能每次都拘泥于知、情、信、意、行的固定顺序，机械地以“知”为始，以“行”为终。接受活动有时可能是以“情”为开端，有时也可能是以“意”或“行”为开端。

接受要素的矛盾运动受到多因素影响。最明显地受到社会的影响。报纸、电视、广播、政府机构、网络、家人、同学、朋友，都是接受过程中的社会影响源。社会心理学认为：人们头脑中的活动（心理接受过程），主要是由头脑以外的因素所决定的。特别重要的因素有：其他人在说什么做什么，以及具体情境的特点，情境会通过个体过去习得的经验引发特定的解释和行为模式，即人们的接受与他所处的情境有某种函数关系。青年马克思主义者培养对象是在一个广大的社会影响源中接受教育者的影响的。如果对此没有一个清醒的认识，要想取得良好的接受效果是不可能的。

接受要素的矛盾运动也受到接受主体的前理解的影响。接受主体在接受教育的正式影响以前，并不是一块白板，他们已经或多或少地接受了各种来自家庭、学校、社会的影响，形成了一定的认知方式、思维习惯、价值观念，成为他们接受价值观教育的心理背景，即接受心理的“前在性”。柯尔伯格曾说过，儿童是“道德哲学家”，他们有自己的关于价值问题的思考方式，能自发形成他们的道德观念和有组织的思维方式。大学生们走过了近二十多年的人生里程，他们的这种心理背景成为接受活动中对接受客体进行评价、筛选的一种参照系，直接影响到他们的接受态度，制约着接受的效果。

接受要素的矛盾运动还受到所传递的教育信息的刺激强度、频率、覆盖度的影响。接受主体对刺激强度高的信息容易产生接受注意，对刺激强度低的、偶然性的信息容易忽视，有时需经反复刺激才能引起接受者的注意和反映。因此我们必须对刺激强度、频率、覆盖度加以关注并予以设计。

2. 以精神需要为核心的接受动力的产生与驱动

接受反映了接受主体的积极参与，接受心理机制中核心部分是接受动力。接受动力可能有多种表现形式，但实质都是某种需要。需要是指生命物体为了维持生存和发展，必须与外部世界进行物质、能量、信息交换旨在达到满足而产生的一种摄取状态。需要为接受主体的接受行为提供着原始的内在动力。在马克思看来，在现实世界中，个人有许多需要。“任何人如果不同时为了自己的某种需要和为了这种需要的器官而做事，他就什么也不能做。”① 在谈到人的需要时，马克思还指出，“需要是人类心理结构中最根本的东西，是人类个体和整个人类发展的原动力”②。

---

① 《马克思恩格斯全集》（第42卷），北京：人民出版社1979年版，第129页。

② 《马克思恩格斯选集》（第2卷），北京：人民出版社1995年版，第91页。

为接受心理机制提供接受动力的是人的精神需要。精神需要是人的基本需要之一，当一个人感到精神贫乏，并渴望精神充实时，就会产生精神需要。接受主体在强烈的精神需要的驱使下就会积极、主动地去接受精神产品，接受精神教育。由于接受者生长环境、受教育程度、认知水平的差异，导致了需要层次上的差异和不平衡，不同接受主体在不同历史时期不同的时间内，精神需要及其需求强度是不同的。

需要的不同和差异，使人在接收过程中表现出明显的选择性。只有那些符合教育对象精神需要的接受内容才会被教育对象接受。也就是说，接受主体是根据自己的需要，对接受内容进行选择性接受的。它表现为：接受者的注意和反映有一定的指向性，对契合自己需要的外来信息产生较为集中的注意，对不契合者则反应冷淡，甚至产生反感而拒绝接受。注意是接受主体接受活动的起点，确定对教育信息中每个成分（一句话、一种观点或一个事实）的取舍态度及容纳、排斥信息量的过程。接受主体筛选信息有不同的判断标准，他们可能以自身内储的文化知识和经验习惯为参照作出事实判断，也可能以自身价值观和利害关系以及对价值观教育、教育者的情感倾向为参照作出价值判断，还可能涉及接受者的一些非理性的因素，如兴趣、好奇心、潜意识、本能的欲望，等等。根据这些判断，接受主体对接受客体表现出不同的应对状态：认可的、满意的、偏爱的，或者是冷淡的、拒斥的、逆反的，等等。

如果说，需要决定了接受内容选择的方向性，那么，需求的强度则决定了接受动力的大小与强弱。需求的强度与接受动力成正相关关系。通常情况下，外来信息接受的保持与记忆是由接受主体的需求的强度所决定的，即接受主体只有相应的接受精神需要，而没有足够的需求强度，接受动力很难保证接受任务的完成。以往的研究对这种需求强度关注不够。其实选择首先是根据需求强度为自己的观念接受进行价值定位。接受主体对进入视野的各种信息进行比较，分析它们的真理性，权衡它们的利弊，在选择的过程中，接受主体一方面挑选那些与自己的信念和固有的观念相一致的信息，回避那些与自己固有观念相悖或不感兴趣的信息。而在一致的信息中又选择那些当下需求强度最大最迫切的信息。在选择中他可能有偏爱某种观念的现象，这种偏爱其实也是接受主体对该类信息需求强度大的缘故。

需要可能是自发产生的，也可能是培养产生或在满足已有需要的基础上，产生了新的需要。“一旦满足了某一范围的需要，又会游离出、创造出新的需要”，这是“人类自然发展的规律。”①

从某种意义上说，教育就是对人的需要的合理满足，抑制人的不合理需要，同时创造出教育者所乐见的新的需要。

满足人的合理需要。接受主体有多种需要，教育者的信息满足了接受主体的某方面的合理需要，因而被接受主体接受。接受主体有的需要是不合理的，所谓的不合理是指，这种需要的满足可能会对接受主体产生危害，或对他人产生危害。如贪图安逸的享受需要，教育必须抑制这种需要。(严格意义上说，教育是与管理共同抑制人的不合理需要，因为在抑制层面，教育的影响小得多，如批判享乐主义，它与个人的本性不一致，得不到个人的支持，需要借助管理的力量。) 需要具有变化发展性。人的需要是不断变化发展的，其变化发展性取决于人的本质的变化发展性。教育者所创造出来的需要，有的就属于这种原来的需要的发展，有的则是一种新的需要。刘少奇在《论共产党员的修养》中指出：“人们的本身，人们的社会关系、社会组织形式以及人们的思想意识等，都是在社会的人们和自然界的长年斗争中不断地改造和进步的。”需要的满足强化接受行为，通过思想政治教育不断满足人的合理的精神需要，从而对人们的接受行为产生正强化作用。在教育界有句名言：教是为了不教，即通过教育所创造出来的需要，引领着教育对象自己教育自己。

3. 以选择与建构为基本特征的心理过程

一个教育信息的接受是接受者在已有的价值观念基础上，出于自身的内在需要，在接受环境特别是在教育者影响下，对价值观教育所传递的信息进行反映与择取、整合与内化、外化与践行并做出反馈与

① 《马克思恩格斯选集》第4卷，北京：人民出版社1995年版，第262页。

调节的连续、完整和能动的自我建构过程。在这个内化整合与外化践行的接受过程中接受主体的选择及对意义的自我建构一直伴随。

建构主义学习论认为，学习不是个体被动地接受信息刺激，而是主动地建构意义过程，是根据自己的经验背景，对外部信息进行主动选择、加工和处理，从而获得自己的意义。外部信息本身没有意义，意义是学习者通过新旧知识经验间反复的、双向的相互作用过程而建构成的。显然建构主义的观点有所偏颇，外部信息本身是有意义的，学习者或接受者建构的新意义与外部信息意义绝非没有关系，学习者或接受者建构的新意义是在外部信息意义基础上产生的，只是接受过程中接受主体的自主选择与自我建构是客观存在的。

接受主体的选择与建构从接受活动的接受准备就开始了。它表现为一种选择期待与创造欲望。在一般人看来，在这种前接受活动环节里，教育者通过种种信号，向接受主体开放其施教趋向的有关信息，向接受主体做接受指向调整的暗示，唤醒接受主体的以往记忆并使之处于准备状态，从而催发接受主体的接受期待心理。接受主体在前接受活动中的思想和心理状态，直接影响思想政治教育的接受质量。中国古代的教育活动，历来十分重视受教育者良好接受准备状态的营建，努力诱发或唤起受教育者的求知欲望和求知诚心。孔子曰："不愤不启，不悱不发"，意思是说，在施教时，接受主体在学习与生活中出现"愤""悱"的心理状态，从而产生质疑、问难、求解的欲望，才是最佳的施教时机。

这是否意味着接受主体的接受准备是由教育者完成的，这显然不符合内因是变化的根本，外因是变化的条件原理。佛教对受教者要求先要"入定"，道家对受教者要求"澄心凝神"，都是要求受教者应该澄清心境、神志专一，在虚静中去成见、成势，这样才能冷静而客观地对待接受客体。受教者"入定""澄心凝神"，是任何人也取代不了的。以下的接受状态是接受主体根据自己的接受需要在前接受活动环节需要选择的：接受开放态，表现为热切的接受期望并转化为接受主动；接受抵制态，表现为接受戒备，自我设防，心理闭锁；接受静态，又表现为以下两种：超越自我，保持距离，静心以待；或空洞麻木，心理淡漠。不同的接受心态对应不同的接受期待与创造欲望。

接受主体的选择与建构在接受活动的内化环节表现最为明显。内化是接受主体通过反复多次直接的和间接的实践活动，对建构过程中形成的思想观点进行检验，使之最终形成相对稳定的、能指导主体社会行为的自我意识的积淀过程。接受主体的感官系统（主要是大脑皮层的感觉、视觉、听觉、触觉功能和反射整合机制）将接受信息所包含的语义、概念、观点、景象等接收后，大脑即进行复制和再现，在主体意识中形成与之相关或对应的形象和概念。显然，复制和再现的信息与接收的信息不完全一样，接受者对外来的各种思想文化信息不会也不可能照单全收，而是要对诸多的思想信息进行选择。选择是接受主体运用一定的思维方式和思维方法，依据主观的或客观的评价标准，对进入认识领域的接收信息进行事实判断和价值判断，判明哪些是真、善、美，哪些是假、恶、丑。将信息分为自己需要的与不需要的，以及当下需要的与以后需要的。

这种需要与否表现在心理过程即是意识指向某物。这个对象可以是实际存在的某人，也可以是想象的某事，或者是某种概念的观念。这种指向使得接受主体的头脑并不是在给一堆干巴巴的感觉经验“增添”上某种意义，而是意向性使他们产生意义。在获得意义的同时，接受主体以他自身有意义的方式来解释这个意义。接受主体与传播者、教育者所传递的信息接触后，进入直接接受活动心理状态，对接受客体作好恶的情感判断、是非的认知判断、利害的价值判断，经过真理性权衡，功利性权衡，进而做出“受、拒”选择的决断过程。通过筛选和判断，淘汰接受主体认为不需要的或假、恶、丑的。而对需要的真、善、美信息，其接受内容与接受者原有思想结构中的观念体系势必指向一致，接受主体运用大脑对进入认识场的信息进行容纳、整理、融合，进而纳为自身的价值观念。

接受主体在接受活动的内化环节中的选择与创造在实践中的表现是：为什么有的人看了伟人的书，并没有接受伟人的思想及受到伟人的熏陶；有人看了平庸的书，他也并没有平庸与沉沦下去。接受主体在内化环节中的选择与创造，把自己看到、听到的各种知识，经过选择与创造，形成自己的知识结构，化成自己的思想、智慧、灵魂。这个过程谁也代替不了。在现实教育中，不少教师总是力图代替学生内化，自认为“我讲了，学生就接受了”，“我不讲，学生就不懂”，忽视学生的接受主体地位，做了很多教师不该做，做不了的事。

接受主体的选择与创造同样表现在外化践行环节。马克思主义认为，全部社会生活在本质上是实践。任何接受活动不仅是一个认知领域的问题，更是一个生活实践的问题。实践走向是接受活动的一个根本属性。接受主体是出于自己的需要来对接受信息进行择取的，而这些需要与接受主体的社会生活实践不无关系。接受主体获得的一切思想观点和价值观念终将投放到社会实践中去进行检验才能使之深化，接受主体的接受不可能仅仅停留在理解认同的认知水平上，内化的最终结果也必须是由能动的主体意识转化为自觉的社会行为，这是接受主体的必然发展趋势。

在外化践行环节的内容上，如果说内化是对接受内容进行选择性注意、选择性理解、选择性接受，那么外化践行则是一种选择性实践。在接受过程中有这样的现象，教育对象迫于教育者的地位和权力的制约致使教育对象的接受行为变为“应付”的行为。这种应付的行为不是接受对象的本意，仅仅是为了避免惩罚才做出的。他们的外化践行在思想和心理上并没有真正地接受其中的道理，他们只是“迫于势”而没有“达于理”，如果外部的权威性、惩罚性压力消失则其行为马上终止。这种“口服心不服”或“心服口不服”所导致的选择性实践是一种假象的选择性实践。只有自愿的选择性实践，才能使外化践行持续下去。

在外化践行环节的形式上，还需要一个反馈调节的阶段。认同过程结束后，主体还要对整个过程的效果进行反馈检验，以便进入下一次的价值认同活动，效果如何，是否达到了预期目的，接受过程中存在什么问题，都需要而且必须从接受者那里得到说明和体现。接受者反馈回来的信息作为最基本和最可靠的参照体系，对传播者开展下一轮价值观教育工作无疑具有重要的借鉴意义。一方面，通过收集和分析反馈信息，有利于传播者调整接受目标，完善接受客体，改进教育方法，提升价值观教育的效果；另一方面，接受者对自己在思想和行为上的表现进行自我评价和认识，这是一种没有外力参与的内反馈。通过自我反馈，接受者可以重新审视自身的接受需要和已经建构的观念体系。

二、青年马克思主义者培养中的接受特殊心理机制

青年马克思主义者是青年中的精英群体，其内化与外化的自我控制心理机制受马克思主义世界观、方法论，马克思主义政治立场及马克思主义理论品质影响，它是一种明确的角色责任承担心理机制，是以确立马克思主义信仰为核心的一种情感成熟的整体性接受心理机制，经历着三大环节：适应环节、质疑与学习环节、信仰建构环节，其接受心理机制诸要素作用机理表现以适应为前提，以渴望与疑惑、自由思考、整合理解为标志，在改造世界中诸要素得到强化。

1. 以确立马克思主义信仰为核心的整体性心理接受

青年马克思主义者接受马克思主义的过程实质就是确立马克思主义信仰的过程。他对马克思主义的接受是以确立马克思主义信仰为核心的整体性心理接受。它不只是接受马克思主义的个别论断，而是接受马克思主义的整个理论体系；它不只是接受马克思主义的一种关于理性的纯思辨性学说，一个有关科学社会主义的知识体系，而是把马克思主义视为自己的信仰，用自己的毕生行为去努力践行这一学说。因此，它是思想接受与心理接受的协调；情感接受与理性接受的同步；心理接受与行为接受的一致。

马克思主义被接受有以下几个层次：部分观点与词句被接受，这是最容易达到的一个层次。任何一个接触马克思主义并且希望认知社会的人，都不能不承认马克思主义的某些观点的合理性。这一点即使那些要终结马克思主义的人也不否认，他们也经常引用马克思的观点佐证自己的思想。

愿景被接受，共产党员被要求达到这个层次。它实质上是马克思关于社会发展的结论的观点被接受。由于共产主义需要多少代人的共

同奋斗，因此愿景的接受可能会受到现实的种种干扰，在强大的现实利益面前，曾经的愿景接受往往被现实的直接需要所遮蔽。

世界观与方法论被接受。马克思主义是一个具有内在统一性的完整的科学理论体系，马克思主义被接受是体系化的整体性接受。接受马克思主义世界观与方法论并在实际生活中运用，是真正意义上的接受马克思主义。达到这个层次的接受可以称作是马克思主义者，在这个层面上接受的是少数人。青年马克思主义者的接受即是在这个层面上的接受。

这种接受与宗教接受不同，宗教接受走的是情感路线，对宗教的信仰可以通过情感认同，产生价值共鸣而被接受。一个信仰宗教的人可以不需要理性、不需要知道宗教的教义与体系，但对马克思主义接受信仰不行。马克思主义不仅是人类信仰的一种，而且是迄今为止的人类历史上最伟大、最富有活力和最有广阔前景的信仰，它是关于人类的现实与未来的一般学说，是一种规律性的科学认识，它适应于无产阶级和人类解放的需要而产生。它是对人类现实世界的研究成果，通过正确的抽象和科学的升华，从而形成关于未来世界根本观点和根本看法的科学体系。没有行上思维，没有行上接受，怎么可能做到对世界关系的全面的总体性把握，也就谈不上对马克思主义的信仰。

这种接受与一般的知识学说接受不同，理论学说接受走的是功利主义理性路线。一个人对学说的接受不一定要接受整个体系，某一个学说也许有某个环节或论证步骤对接受主体有用，具有某种功利，接受主体就会很满意去接受这个学说，对接受主体而言，他也不要求去实践这个体系，他完全可以不从情感去考虑这个学说。接受马克思主义则不然，它是一种整体性的接受。马克思主义要情感共鸣，表现出情感认同倾向。它是在经验体验中，身心感受到某种快乐，需要得到某种满足。这既为行上接受提供了良好的心态，也为行上接受储备了能量。早期的马克思主义者吴玉章曾说：“社会主义书籍中所描绘的人人平等，消灭贫富的远大理想，大大鼓舞了我，使我联想起孙中山先生倡导的三民主义和中国古代世界大同的学说。所有这些东西，在我脑子里交织成一幅未来社会的美丽远景。”①

马克思主义接受走的是实践路线。马克思主义理论是以实践为核心的理论，马克思主义接受也是在实践中的接受。这种实践路线是把实践中的体验作为接受的基础，实践中的需要作为接受的前提，以实践所产生的社会责任感作为情感的依托，实践中的学习与学习中的实践是接受的主要途径。刘少奇曾经指出：“有人说，马克思列宁主义创始人那样伟大的天才革命家的思想和品质，是学习不到的，要把自己的思想和品质提高到马克思列宁主义创始人的思想和品质那样的高度，也是不可能的。他们把马克思列宁主义创始人看成是天生的神秘的人物。这种说法和看法对不对呢？我想是不对的。”② 实践是马克思主义者千锤百炼成长的熔炉。邓小平曾经这样评价列宁：“列宁之所以是一个真正的伟大的马克思主义者，就在于他不是从书本里，而是从实际逻辑、哲学思想、共产主义理想上找到革命道路，在一个落后的国家干成了十月社会主义革命。”

如列宁所说：“不通过感觉，我们就不能知道事物的任何形式，也不能知道运动的任何形式。”知觉总是以感觉为基础，它所反映的是接受对象个别属性之间的互相联系，是建立在个别属性内在联系基础上的事物的完整映像。爱因斯坦在总结自己的科学探索时说道：“纯粹的逻辑思维不能给我们任何关于经验世界的知识，一切关于实在的知识，都是从经验开始，又终结于经验。”③ 经验是形而下的感性认识。心理接受也是从经验开始，“终结于经验”也即形而上，形成对接受内容的全面性与整体性的认识。这就是我们为什么要求青年马克思主义者培养对象要走近马克思，要到社会实践中去，也就是要他们了解马克思，体验社会生活。

我们也要让青年马克思主义者培养对象感受接受马克思主义的必要。早期青年马克思主义者是在阶级斗争中，感受到“马克思主义可

① 社科院近代史研究所：《五四运动回忆录上册》，北京：中国社会科学出版社 1979 年版，第 54 页。

② 刘少奇：《论共产党员的修养》，北京：人民出版社 1997 年版，第 11-12 页。

③ 《爱因斯坦文集》第 1 卷，北京：商务印书馆 1979 年版，第 313 页。

以总领中国问题”，“马克思主义比其他主义管用”。今天的青年马克思主义者培养对象在社会主义建设中，要指导他们感受“马克思主义在我们身边”，“马克思主义中国化是中华民族复兴的唯一选择”。有人认为，马克思主义接受是反人性的，因为马克思主义是站在社会的层面，思考的是社会的需要而不是个人的需要，这是一种对马克思主义的误读。马克思既然认为“需要是人类心理结构中最根本的东西”，他怎么可能不考虑人的现实利益与现实需要，只是马克思考虑的现实人的真实的、持久的利益与需要，是人的更为根本的利益与需要，他的辩证法正是维护人根本的利益与需要的有力工具。他的科学社会主义学说，也是一个对社会有责任感的现实需要。

我们要强化青年马克思主义者培养对象的社会责任感，这种社会责任感是他热爱工农，把一生投入到为工农服务，改变工农生存状态实践的动力。青年的精英意识与青年马克思主义者的工农意识是矛盾的。没有工农意识就没有马克思主义者意识。这也是中国共产党一直强调青年与工农结合，到工农中去的原因。

对马克思主义的最终接受是在实践的层面。对马克思主义的接受也是以实践为核心的心理接受。马克思主义认识论是以实践为基础的能动的反映论，它科学揭示了认识的本质和认识发展过程的一般规律。根据马克思主义认识论原理，即认识从实践中来，又回到实践中去。人们在改造物质世界的实践过程中，产生了作为认识成果的精神，又以这种认识成果去指导人们的实践，从而进一步去改造客观世界。马克思主义信仰的接受也是如此：在实践的需要中开始，在改造世界的实践过程中逐步完成。它作为一种科学认识，每日每时都从现实世界中汲取营养，从而不断地作出认识和总结，不断在科学认识中受到检验、证实和丰富，又使科学认识在科学信仰的指导下不断深入和不断地转化为实践。

这就是说对马克思主义的接受不只是把马克思主义当做一个正确理论体系，把它等同于一般的学术流派进行单纯的学术研究和讨论并予以膜拜，而是以改造世界有用性为旨归，把它作为改造世界的利器或武器去追求和身体力行，即在理论上认可马克思主义固然重要，但在行动上把马克思主义、共产主义作为信仰付诸实践更为重要。

2. 接受的心理机制诸要素作用机理

第一，马克思主义的接受环节是被如何启动的？它是从适应环节开始的。接受心理机制一般有四大要素：价值观要素、情感要素、能力要素与行为要素。接受首先由接受需要发动，接受需要即接受动力，是由价值观控制的。接受人在选择信息时，会本能地注意到那些符合于自己的定势和信念的思想、见解，很少接触那些和他们相信的东西不一致的信息。这里价值观是他们选择的第一把关人。一个接受过程启动后，要受到接受态度与接受能力的影响，人们的信息的选择与新信息的建构又与他们的主观态度与客观能力有关，接受信息的质量与数量与接受者的主观愿望及接受能力相匹配。而当接受的信息外化为行为时，没有不表现在行动和实践上的接受，接受者的行为方式将再次影响接受信息的走向。

马克思主义接受是层次最高的接受、整体性的接受、形下与形上思维的统一的接受，是以实践为核心的心理接受，因此马克思主义接受心理机制四大要素表现得都很充分，思想接受与心理接受之间的不协调，心理接受与行为接受之间的冲突，情感接受与理性接受的不同步的现象表现得不明显。

对马克思主义的接受心理诸要素作用机理是以适应为起点。适者生存不仅仅是生物的生存法则，也是思想观念的生存法则。对马克思主义的心理接受是接受主体的积极建构，而接受者的接受要素对接受信息以适应为起点。接受者在接受马克思主义之前，他的文化水平与能力水平是一定的，他有体现价值观的“前见”与“前理解”，他有自己的情感立场，有已经习惯了的行为方式。马克思主义是外来的思想体系、信仰系统，有鲜明的政治立场与阶级视野。马克思主义对青年接受者而言，不仅有文化的差异，还有时代的差异与年龄的差异。接受者的接受要素与接受信息之间的不适应是必然的。为此，一方面要对马克思主义传播中国化、大众化、民族化，使接受信息与接受者的接受要素之间和谐。另一方面，接受者对接受信息有良好的接受心态，持一种理论信任态度。

马克思主义中国化、大众化、民族化就是把马克思主义理论用简单质朴的语言讲清楚、用青年喜闻乐见的方式说明白。有意识地规避艰涩的语言、抽象的学理、烦琐的引证、空洞的说教，抓住接受者最切身的、最迫切的、最易感动的事实，抒发与接受者相同的情感体验。在传播与教育过程中认真分析接受者的群体差异，理性选择不同的言说方式对传播与教育内容进行重新编码，将马克思主义与接受者的心理实际需要结合起来，使马克思主义理论作为一种解决社会实际问题的思想武器被接受者所接受，实现外来文化内容与接受者已有观念、知识、见解的完美结合，实现其形式和内容的中国化、大众化、民族化，适应接受者的接受要素。

接受者的接受心态对理论接受影响也很大。邵夏教授在《论理论信任的验前评价》一文中有这样的观点："理论信任是人们对理论可信性认可的一种心理状态。理论的可信性（或可接受性）本身体现着理论可行性对人们主观评价的影响，而理论可行性的关键在于经验证据的支持。即理论获得了一定程度的确证。也正是由于这一关键因素，理论才具有可信性，进而使人们产生理论信任。""真理的成立和传播，主要靠的是社会的信任。质言之，不是因为你有真理，所以大家就信任你，而是因为大家信任你，所以你说的是真理。""理论信任与理论的可行性、理论的可信性是分不开的。理论可行性的关键在于经验证据的支持，即理论获得了一定程度的确证。也正是由于这一关键要素，理论才具有可信性，进而使人们产生理论信任。但是，由于确证逻辑本身的局限性，对理论的确认程度不能在归纳主义的证实（或概率意义上的证实）的意义上去理解。因为除了现象论规律以外，我们通常是不能轻易地说一个理论被证实或在多大程度上被证实的。理论所假定的不可观察的基本实体和过程归根结底只是一些猜测。""理论的确证与理论的信任有密切关系，但不能说理论的确证是理论信任的充分条件。已获得一定确证度的理论，并不必然引起人们对该理论的信任或信任度的提高。应该承认，理论信任含有先验的约定成分。事实上，科学共同体或科学家个人常常在理论检验之前就可能开始信任该理论了。这种验前信任常常用理论的普适性和逻辑简单性、理论的协调性和一致性以及理论预言的新颖性和精确度等来加以评价。”①

问题是：青年马克思主义者接受马克思主义的精神需要是怎么产生的？与青年马克思主义者敬畏马克思主义有关。早期的青年马克思主义者李大钊、毛泽东是在忧国忧民拯救国家的精神需要下选择马克思主义的，他们那时对马克思主义没有敬畏，是在不同主义的比较中的选择接受。而当下的青年马克思主义者是生活在以马克思主义为主流意识形态的国家，从小他们就开始耳濡目染马克思主义放之四海而皆准，前辈精英们言必称马克思主义，并且取得于国于民的如此丰功伟绩，这都使他们对马克思主义的敬畏与日俱增。当下的青年马克思主义者为了强国富民和中华民族复兴，敬畏马克思主义、适应马克思主义、选择马克思主义。

青年马克思主义者接受马克思主义的良好接受心态有一个时间节点。我们强调应在高中阶段奠定青年接受马克思主义教育的心理基础，避免中学生乃至大学生对马克思主义接受的第一印象消极。至少应在大学一年级结束前，形成对马克思主义的接受适应。因为这之后的青年人生观、价值观基本确立，要改变他的“前见”“前理解”已经非常困难。当外界有很大压力时，接受主体会从功利的角度进行适当的变通，当压力取消时，他又恢复到“前见”“前理解”的状态。

第二，质疑与学习是接受的重要环节，适应是接受的前提。青年马克思主义者不是在个人功利的前提下去选择马克思主义，而是从一种明确的社会功利的角度，是社会角色责任承担为着国家的复兴人民的幸福，以对马克思主义的渴望与疑惑的矛盾心态开始接受的。这既是集体主义的思维方式，又是个人的独立理性思考，不会因为信仰的成分而匍匐在权威之下不敢对马克思主义经典作家的每句话、每个表达方式表示半点质疑，是在马克思主义整体脉络清楚下的理性接受。

对马克思主义的接受是在马克思主义信仰的旗帜下接受要素的整合。一方面是用马克思主义的思想体系、信仰系统，政治立场与阶级视野，改造接受者的“前见”与“前理解”，情感立场，习惯了的行为

---

①　邵夏：《论理论信任的验前评价》，《社会科学家》，2007年第5期。

方式；另一方面接受者提高自己接受水平，使接受要素符合对马克思主义接受的要求。前者是把“我”的体系整合进马克思主义信仰体系，后者是因为“我”的体系进入新体系后，接受要素之间出现了新的不平衡，是“新我”体系的自我整合。

由于对马克思主义的接受过程是一个长期的复杂的过程，所以其整合过程也是一个极其复杂的长期过程。要全面地描述整个整合过程相当困难，在此只能用情感的整合，能力的整合分别简要说明“我”的体系被整合与“新我”体系自我整合是如何发生的。

青年马克思主义者接受马克思主义的过程是一个以自我为中心的情感逐步走向以社会为中心，与工农情感相一致的过程。情感无处不在，它以一种弥散的方式对接受主体是否接受及接受的程度产生重要影响。情感对接受活动的信息接收、信息选择所发挥的过滤作用和对接受活动发挥着激发或抑制作用。马克思说：“激情、热情是人强烈追求自己对象的本质力量。”① 马克思主义虽然是来自西方的理论，但它的批判性、革命性和实践性正好满足了19世纪末20世纪初中国人民渴望改变中国社会的理论需要。早期青年马克思主义者爱国的激情与之一拍即合。当今的青年马克思主义者接受马克思主义也是如此。他们与马克思主义牵手的起因也只是马克思主义契合了他们此时此刻的现实需求，包括情感需求。当马克思主义在接受过程中，接受主体会不由自主地受到马克思主义信仰体系情感导向：一种与工农一道改造不合理世界的新的情感产生。它可能来源于改造社会的实践；可能来源于与工农相濡以沫的情感交流；可能来源于对马克思主义整个理论体系的折服。这种在接受活动中产生的新情感，对后续的信息择取、信息理解产生重要作用。接受主体会有意无意受到这种情感的驱使，从而使接受主体的注意力指向能满足接受主体情感需要的信息，回避或忽略与接受主体情感需要相悖的信息，或者对这些相悖的信息作出与主体情感需要相一致的理解。这里要说明的是，它只是一种情感导向，有的人不按这种导向去做，那么，他只能是马克思主义的同路人，最

① 《马克思恩格斯全集》第42卷，北京：人民出版社1957年版，第169页。

终成不了马克思主义者。

在“新我”体系的自我整合中，能力要素起着重要作用。接受主体需要对接受思想进行反思。这种反思往往要放在更大的思维领域，进行冷静分析，反复咀嚼，仔细掂量，做出新的接受解读与接受认定。反思可以提升思想接受的准确性与足量性。这之后接受主体用社会生活对已接受思想进行检验，并对已接受思想进行新的甄别、修正、调整与扩展，并要对接受客体进行价值评估。反思、甄别、评估都需要能力保证。青年马克思主义者是一个在马克思主义指导下“新我”取代“旧我”，“大我”取代“小我”的成长过程。青年马克思主义者的能力要素在某种程度上决定着“新我”与“大我”的质量。由于马克思主义是深邃的理论体系，接受马克思主义需要相当的知识与能力，才能保证接受主体顺利有效地完成接受活动。这里的接受能力包括认知能力、内化能力和操作（实践）能力。认知能力是人认识客观事物，获得知识的最基本、最主要的能力，它是感知力、记忆力、注意力、思维力的综合表现。认知能力的强弱和认知特点的差异直接影响接受活动的进行。内化能力则是指接受者从内心深处相信并接受信息的影响，完成新思想建构的能力。操作（实践）能力是思想应用于现实、改造现实的能力。青年马克思主义者需要相应的能力与之匹配。为此列宁要求希望成为青年马克思主义者的青年要学习、学习、再学习。毛泽东等中国的马克思主义者也多次强调青年要学习各种知识，提升自己的能力。

青年马克思主义者对马克思主义接受是理性的接受，因此他的接受过程与接受方式必然表现出质疑与反复。一个突出又自然的问题横亘在他们面前：处于资本主义发展早期，社会主义尚未起步所创立的思想体系能否指导资本主义处于发展成熟期与社会主义改革建设时期的博弈？青年马克思主义者虽然敬畏马克思主义，但这并不影响他们活跃的思想。青年时期是生理和心理显著变化的时期，经历着由自律到自觉、由依赖到独立、由幼稚到成熟的成长过程。质疑与反复是他们接受马克思主义的必然环节。古人说，小疑学习小进步，大疑学习大进步。这个结论同样适用青年马克思主义者接受马克思主义过程。

青年马克思主义者对马克思主义的质疑不断地出现，他们的质疑不是每一次都得到解释，但如果他们的主要质疑没有得到解决或者质疑越积越多，这就意味着青年马克思主义者在质疑与反复这一关没有过去，他没有得到社会及他人的支持，他自己也没有想通，他的追求马克思主义之路从此宣告结束。而那些主要质疑得到解决、其他质疑也在逐步消化的青年马克思主义者，他们对马克思主义整体性接受就会向前迈进。

第三，马克思主义的信仰建构的环节是如何启动的？信仰环节的启动意味着是对马克思主义完全意义上真正的接受了。马克思主义接受的心理机制诸要素作用机理核心是在实践中强化。没有实践与实践的强化，马克思主义是不可能从理论传授进入信仰建构的环节的。根据“自我意象”及强化原理，当青年马克思主义者开始接受马克思主义，并以马克思主义者为“自我意象”时，他的马克思主义意识，心理接受机制诸要素就得以强化，尤其是他把马克思主义理论付诸实践并在实践中得以证实及取得成功，他会有一种成就感并希望继续下一次的实践。

“自我意象”是我属于哪种人的自我观念，它是根据我与他人的多次比较，根据自己过去的成功或失败的直接体验，积淀而成的我们对自身的认知和评价。一旦某种与自身有关的思想或信念进入这副肖像，它就会变成我们不容置疑的真实，我们很少去怀疑其可靠性，只会根据它去活动，就像它的确是真实的一样。人的潜意识就像是一个电脑系统，而“自我意象”就是电脑程序，根据“自我意象”的惯性原理，它会重复过去的意象。

在操作性条件反射中，当做出一个有效的反应之后出现了一个期待的结果，则这个反应就会得到加强。当所期待的结果再次出现而没有相应的反应时，人们已然将反应与所期待的结果之间赋予因果关系，这是一次被强化。当一个青年在别人眼中或在自己眼中是一个马克思主义者了，虽然他这时还不是，至少不严格是，但这时他会按照马克思主义的要求去做。他的“自我意象”是一个马克思主义者。做的本身对他成为马克思主义者是有现实意义的。如果他每次的实践活动都能给他积极的信息，让他感受到喜悦、自尊、快感与卓越，他就会产生继续这样的实践活动的强烈的欲望，全神贯注在他想要的结果上，使他与马克思主义越来越接近，越来越亲切，然后你会发现这一切是如此自然。

这个实践既包括对客观世界的改造，也包括对主观世界的改造，还包括青年马克思主义者不断与错误思想意识进行斗争的实践。批评错误的思想是接近正确思想的一种途径。青年马克思主义者做马克思和恩格斯的好学生，把马克思、列宁等人的言行、事业和品质，作为学习的楷模。马克思、列宁、毛泽东等人都是擅长批评的，马克思主义本身也不怕批评，马克思主义如果能够被批评倒，说明马克思主义不是真理。当下，有各种批评马克思主义的错误思想存在。在改革初期，为了顺利推进社会主义的市场经济，党提出了不争论的意识形态策略，随着中国特色社会主义理论体系的建立，我们党对如何用马克思主义指导中国现实认识更加成熟，这就为青年马克思主义者批评各种非马克思主义的错误思想提供了可能。青年马克思主义者对民主社会主义、普世价值观的分析批评实践，对他们在更高的层面上认识中国特色社会主义并自觉为其奋斗是有意义的。

三、青年马克思主义者个性心理诸要素的默化与养成

马克思、恩格斯在他们的“新世界观的第一次系统而具体的阐发”的《德意志意识形态》著作中说道：“人们用以生产自己必需的生活资料的方式，首先取决于他们得到的现成的和需要再生产的生活资料本身的特性。这种生产方式不仅应当从它是个人肉体存在的再生产这方面来加以考察，它在更大程度上是这些个人的一定的活动方式，表现他们生活的一定形式，他们的一定的生活方式。个人怎样表现自己的生活，他们自己也就怎样，因此，他们是什么样的，这同他们的生产是一致的——既和他们生产什么一致，又和他们怎样生产一致。”①

① 《马克思、恩格斯选集》第1卷，北京：人民出版社1995版，第67-68页。

1. 马克思主义信仰是在敬畏的心理引导下走向信仰

敬畏是人类对待事物的一种因敬而畏的情感体验与心理状态。并不是所有的敬都会产生畏，敬畏的“敬”特指恭敬、敬重、彬彬有礼，是达到相当程度的崇敬，“畏”是指惧怕、畏怯、战战兢兢。敬畏就是指以一种既敬重又害怕的心态，对一切内心崇尚的事物心存敬重，不敢逾越相应的界限。敬畏的畏是自我的戒惧而不是对外物的恐惧。对外物的恐惧是恐惧者的极度的惊悚、惶恐、震撼、惧怕，在对象面前显得束手无策、无能为力，主观能动性几乎完全被消解。敬畏是敬畏者始终处在“清醒”而又“戒惧”的状态，运用“专一”的理性思索工夫而表现的一种心理状态。

任何一种信仰都有敬畏的体验与心理状态。因为有敬，信仰者才对所信的学说及主张坚定不移地相信。因为有畏，信仰者才不能不身体力行去践行，唯有此他才不会受到良心的折磨。这是他内心的秩序，行为的内驱力。因为敬畏，信仰者往往不自觉地产生忧患意识，这是一种具有危机感和责任感的复合的情感方式。对信仰者来说他不可能有敬无畏，也不可能有畏无敬，更不可能无敬无畏。马克思主义信仰也需要这种敬畏心理。

现实中人们往往只是对某些带有强制性的制度规则、法律等具有敬畏感，或对自己心中的某些宗教信仰具有敬畏之心。而对于社会发展之规律、道德生成与发展的规则，以及自己人格等方面的要求，由于其自身本质上不具有强制性、约束性和惩罚性，人们在思想意识上往往缺少崇敬与畏怯之心。这是普通人的敬畏法则，是先畏后敬，是因为畏而不得不敬，不敢不敬，不敬他们的利益与生命就会受到惩罚。对精英人物而言，他们不是因为某种外界强制因为害怕惩罚而敬畏，他们是在责任的驱使下，植根于本性和人的内心深处，进而使社会中的个体成员在面对道德法则时产生一种畏怯之心和面对社会生活中形成的道德规范和伦理标准而建立的“人心秩序”：头顶的星空和心中的道德法则。青年马克思主义者是因为内心里敬畏的是马克思主义的社会发展之道而自我约束、自我强制的敬畏。

青年马克思主义者对马克思主义的接受既不是外部力量强加的强

制性接受，也不是由于内部的无知而导致的愚昧的接受。对马克思主义信仰完全是个人的自由，社会没有对马克思主义信仰的强制，也没有对不信仰马克思主义的惩罚。青年马克思主义者对马克思主义的敬畏是先敬后畏。他们敬马克思主义不是因为个人的来世，个人为了升天堂，个人的利益得失。他们敬马克思主义，并不是因为马克思主义是中国的国家意识形态，而是因为马克思主义的社会发展之道的科学性、合理性。马克思主义根据社会的基本矛盾，总结了资本主义必然灭亡，社会主义必然胜利的社会基本规律。这两个“必然”指出了人类面对不满意的现实，不必虚拟不存在的来世、天堂，不是靠念经求佛普度众生，而是通过人民群众的觉醒，通过社会主义的革命与建设走向共同富裕。

是马克思主义指出人民群众是历史的创造者，是社会发展的主人。人类的一切文明，包括物质文明、制度文明与精神文明，无不是人民所创造。就我国而言，敬畏君王意识已经统治了五千多年，而人民政权的建立才60多年。要把颠倒了的历史观，在人们心目中重新颠倒过来，需假以时日。但作为马克思主义信仰者敬畏人民意识毫不含糊。在权力观上，必须明确“权力是人民给的”，敬畏人民并谨慎使用权力。真正做到“权为民所用，情为民所系，利为民所谋”。青年马克思主义者对马克思主义之畏，畏的是真理的光辉，畏的是内心的法则，畏的是完成不了历史及时代赋予自己的使命。这种形下与形上思维的统一标志着青年马克思主义者对马克思主义的接受是情感成熟的理性接受。而不是那种盲目的受人忽悠的情绪性接受。信仰教育不同于一般的知识技能教育，它是一种理想教育。理想教育与现实生活有着内在的不一致性。信仰教育若与现实严重脱节，则会使人们产生敬而远之的情绪；但是如果信仰教育不是一种理想教育，不以提升和培养塑造人为目的，那只能被取消。因而信仰对现实与理想的相互关照极为密切，只有在相互关照中，通过意志与热情的凸现才能将这一过程完成。保持马克思主义信仰的神圣性与现实性之间的必要张力与平衡，是坚定马克思主义信仰的根本与灵魂。信仰作为一个矛盾统一体，具有神圣性、超越性和抽象性以及自然性、社会性和现实性的特点。信仰动摇的一个重要原因，正是人们主观地、实用地割裂了这个矛盾统一体。从而造成了思想接受与心理接受之间的不协调，心理接受与行为接受之间的冲突，情感接受与理性接受的不同步。

2. 马克思主义的可接受路径与青年马克思主义者的接受历程

在当下的青年精英那里，不乏这种现象，他们关注社会的进步与发展，但对社会重大问题的判断存在片面性；追求个人的人生理想，但对社会共同理想缺乏兴趣性；崇尚先进，认同社会的基本道德规范，但缺乏知行合一的自觉性；注重自我价值的实现，但过于功利，追求实用性；积极进取，健康向上，但缺乏坚韧性。

人的正确思想哪里来，是从实践中来。适合于接受马克思主义的接受心理机制的价值观要素、情感要素、能力要素与行为要素哪里来，来自于教育与训练，更来自于默化与养成。在默化与养成中，形成了马克思主义的立场、情感与方法。默化是一种在外界影响下的不知不觉的思想持续演变，情感的逐步调整。养成是既包括正确行为、良好习惯的训练，又包括思维习惯和道德品质的培养。默化与养成是受教育者看不到居高临下的权威式的训导，更没有意识到自己处于被教育者的地位。由于教育的目的和内容隐藏在各种活动中，教育者没有给受教育者以任何明确的、直接的外部强加意图，受教育者则完全处于一种自愿、自主地选择和参与教育活动的活动状态。

青年马克思主义者的默化与养成源于马克思主义的默化机理。这种默化首先被引起注意。课堂教学也要引起接受者注意。马克思主义还要加大课外被注意的渠道。马克思主义必须用民族化的、通俗易懂的、喜闻乐见的语言形式通过传媒表现出来引起接受者关注。它既包括报纸、书籍、杂志和广播电视等传统传媒，也包括互联网及手机等传播速度快、互动性强的现代传媒；既包括严肃的理论读物，也包括文化的通俗读物作为拓展的认知方式，使马克思主义在大众中得到普及。默化的过程是一个使用的过程。马克思主义的默化是马克思主义在使用中价值得以认可的过程。马克思主义不是不管用，而是有些青年不愿用马克思主义与不会用马克思主义，其中，后者更多。教育者的任务就是帮助青少年学会运用马克思主义，学会在日常生活世界自觉运用马克思主义解决生活中问题，使马克思主义的理论魅力转化为对青年的现实吸引力，以及将青年的马克思主义理论素养转化为实践“三个代表”重要思想和科学发展观的能力。

一个青年马克思主义者成长的过程往往经历了：走近马克思、学习马克思、实践马克思、信仰马克思这几个阶段。在这里，走近马克思是默化养成的起点，信仰马克思是默化养成的终点。走近马克思是要在情感与心态上接近马克思，因为马克思在时空上确实与当代青年有些距离，可能还需要借助外界力量拉近青年与马克思的距离。只要青年真正走近了马克思，相信马克思会有特有的魅力吸引青年的。学习马克思、实践马克思，是默化养成的主要内容。其实，学习与实践是不可分离的，在学习中实践，在实践中学习。默化养成不是不要外界的力量，而是外界的力量始终处于幕后。

一个青年马克思主义者成为马克思主义者后他可能自己还在想：我什么时候成为马克思主义者了？默化与养成体现了接受马克思主义内化和外化的过程。马克思主义的立场、情感与方法的默化显示了青年马克思主义者素质形成过程中渐变与突变、渐悟与顿悟的统一。马克思主义的立场、情感与方法的养成显示了青年马克思主义者作为接受主体在社会实践中不断用自己内化的思想观点、价值观念指导自己的行为，不断坚定内心的信仰并养成相应的思维习惯、学习习惯、行为习惯。就培养者而言，要为培养对象提供恰当的生活方式与生存环境，提供有价值的外界影响，其他的则交给培养对象自我的默化与养成实践过程。

青年马克思主义者默化与养成有自身的特点：自觉性、主动性与复杂性。默化养成要遵循这些特点。

青年马克思主义者默化养成马克思主义的立场、情感与方法是主体自觉的行为。法国的雅各宾派曾经如此训练青少年的生活方式：“所有的孩子都从父亲身边领走，交由国家免费教育。男孩从5岁到11岁，女孩从5岁到12岁，穿同样的衣服，受同样的教育；饮食菜谱有严格规定，禁绝酒和肉类；他们必须割掉与家庭的联系，形成新的人种”。“一种强有力的、吃苦耐劳的、严守秩序的和训练有素的新的人种将被制造出来，一道密不透风的高墙把他们与那些产生于我们的祖辈的偏见之中的一切有缺陷的东西分隔开来。”① 这种默化养成的青年只能是雅各宾派专政的工具，而不是真正的战士。青年马克思主义者从高中或大学进入青年马克思主义者培养序列，他有清晰的自我意识，但离默化养成马克思主义的立场、情感与方法是主体自觉的行为还有相当的距离，培养者的任务是帮助其认知并确立这个自觉性。

青年马克思主义者默化养成马克思主义的立场、情感与方法的自觉行为是以行动的主动性为标志的。它是从“要我做一个青年马克思主义者”到“我要做一个青年马克思主义者”的跨越。于是主体的“期待视野”发生了变化，对主体的要求也发生了变化。主体的每一次主动的行为都再次强化了对马克思主义的立场、情感与方法的认知，而原有的内化图式随着每一次的新的内化完成都会作出相应的修改，新的信息很快被主体内化到自己的价值观结构中去，他已经有了新的价值观模式。他开始把自己和组织视为一体，表现出个体对于组织在归属感、自豪感和忠诚度等方面流露出的情感归依。

青年马克思主义者默化与养成的关键是：到工农群众中去。工农群众是创造世界的主人，是马克思主义依托的阶级力量。青年马克思主义者学习马克思主义、发展马克思主义，运用马克思主义改造世界都脱离不了工农群众。青年马克思主义者读了一些马克思主义的书，在同工农群众的接近中，才会与工农群众有共同的语言：有爱国主义方面的共同语言、社会主义制度方面的共同语言，有共产主义世界观方面的共同语言。而当青年马克思主义者以通俗的形式介绍马克思主义给工农群众，在马克思主义大众化，马克思主义与工农群众结合的过程中，马克思主义的立场、情感与方法已经深深地默化到青年马克思主义者的思想中去，外化成他的自觉行为，成为他的思维习惯、行为习惯了。没有工农群众的启迪和教育，没有与工农群众共同的改造客观世界的强化行为，青年马克思主义者对马克思主义的学习与理解是苍白的；青年马克思主义者对马克思主义的接受是虚无的；青年马

① 转引自刘云杉：《“人类灵魂工程师”考辨》，《北京大学教育评论》，2006 年第 1 期。

克思主义者对马克思主义的信仰更是没有任何意义的。

当前青年马克思主义者默化养成马克思主义的立场、情感与方法难度更大。中国早期青年马克思主义者对马克思主义的敬畏心理及其对马克思主义的信仰是在各种救国方案比较中，是在腥风血雨、你死我活的阶级斗争博弈中形成的。激烈的阶级斗争一方面使参与者暂时放弃了对自我利益的考虑，另一方面也因为马克思主义的阶级性让他的信仰者感到亲近。而和平环境市场经济的触角几乎无处不在，自我利益的遮蔽消解了人们的社会责任意识。青年马克思主义者默化养成马克思主义的立场、情感与方法的行为要受到多种因素的干扰，特别是主体内心世界浮躁心态的干扰。财富、权力、爱情等随时都可能改变青年马克思主义者默化养成马克思主义的立场、情感与方法的正确轨道，青年精英中的“精致利己主义者”，面对体制的缺陷弱点，不是去改革与改造，而是适应与利用，为了个人利益而丧失底线的坚守，这些人可能在社会中左右逢源，在一次次人生竞争中往往胜出，他们的“成功”对青年马克思主义者既有诱惑更有杀伤力，考验着青年马克思主义者的信仰。为此，青年马克思主义者的培养者们，必须适时抓住青年马克思主义者周围的关键事件为案例，对他们进行引导以及批评与自我批评的教育，清晰敬、畏的边界，减少浮躁心态的干扰。同时我们还要提早青年马克思主义者默化养成的时间，其最佳开始时间宜在高中阶段。实践证明，默化养成的时间越早，抗市场干扰效果越好。

第七章　工作机制视角下的培养者各方的分工、协调、统筹与联动

任何对现实条件下青年马克思主义者常态化培养的复杂性与困难性估计不足都是对党和人民的事业不负责任。毫无疑问，高校在青年马克思主义者培养中有着独特的优势。高校思想政治理论课、党校、团校、社团组织、辅导员都承担着青年马克思主义者的培养教育工作，社会与各级政府也有相应的支持与培养任务。从青年马克思主义者培养的工作机制层面，这些机构与要素有各自的分工以及相互的配合取得合力，从而保证培养机制的协调、统筹与联动。要用专业化的培养水准去要求每一个培养环节，避免培养中的短板现象。从而在喧嚣的社会环境下，让青年马克思主义者培养取得常态化的资源支持，保持常态化的培养水准，用高质量的培养水平使青年马克思主义者一批批健康成长并得到社会的承认与发挥效能。

一、思想政治理论课：夯实马克思主义信仰的理论基石

根据科尔伯格道德认知发展阶段理论，大学生认知进入最高水平阶段——理性思维阶段。这就表明，大学生需要学习理论用来指导现实。思想政治理论课教育教学的重心在理论思维层面帮助青年马克思主义者培养对象学习马克思主义及马克思主义中国化理论成果，树立马克思主义信仰。思想政治理论课的开设是社会主义大学的本质体现，

课程设计的主旨就是马克思主义在青年中广泛传播，它担负着马克思主义理论教育的使命。

1. 培养坚定的青年马克思主义者是思想政治理论课义不容辞的教学任务

在党的十六届六中全会上，胡锦涛同志指出，“要从赢得青年、赢得未来的高度，抓好大学生的理论学习，深入推进马克思主义中国化的最新成果进教材、进课堂、进头脑工作，让青年知识分子了解和相信党的理论，在广大青年中培养一大批坚定的马克思主义者。”

这段话至少有三层意思。一是赢得青年，首先要赢得青年精英。赢得青年与青年精英，必须要有阵地与渠道。高校第一课堂是思想政治教育的主阵地，思想政治理论课是对青年大学生进行政治理论学习的主渠道，也是培养大批青年马克思主义者的重要阵地与重要渠道。共产党执政提供了课堂的物质条件，就要利用好这一条件，让马克思主义进课堂，进青年学生的头脑。二是大学生的理论学习是大学生成为坚定的马克思主义者的必备条件。坚定的马克思主义者没有马克思主义的理论素养、理论思维能力，没有马克思主义的世界观与方法论是不可能的。三是思想政治理论课必须把在广大青年中培养一大批坚定的马克思主义者作为自己义不容辞的任务。这里既有数量要求，又有质量要求。数量要求是“一大批”而不是少数人；质量要求则是“坚定的马克思主义者”，不是“三心二意”“似是而非”的马克思主义者。

高校思想政治理论课的设计与定位涵盖了对青年马克思主义者培养的要求。思想政治理论课是对马克思主义思想体系进行全面解读、全面学习而设计的公共必修课。其中马克思主义基本原理概论课程是经典马克思主义理论体系的展现，它要为青年马克思主义者提供马克思主义分析问题、解决问题的理论框架。思想道德修养与法律基础课程，是为青年马克思主义者培养对象适应大学生活，形成科学、崇高具有正义感、责任感的人生观、价值观、道德观、法治观服务的，而这一切又正需要马克思主义的世界观、方法论指导。毛泽东思想和中国特色社会主义理论体系课程是思想政治理论课5门必修课程的核心课程，它向青年马克思主义者全面介绍中国化马克思主义两大理论成果——毛泽东思想和中国特色社会主义理论体系，是怎样在中国社会主义革命和建设实践中既坚持、继承又发展、创新马克思主义基本理论体系的。它要青年马克思主义者培养对象接受这样的主流意识形态：当代中国马克思主义与当代中国社会的政治、经济、文化制度安排和战略抉择是内在相关、有机统一的，是对当代中国人民大众积极开展社会主义革命和建设经验的高度总结与理性升华。这两大理论成果是我们国家的宝贵财富。中国近现代史纲要课程，则是帮助青年马克思主义者培养对象了解国史、国情，深刻领会历史和人民是怎样选择了马克思主义，选择了中国共产党，选择了社会主义道路。形势与政策课程是针对纷繁复杂的每周或每月大学生感受到的国内外形势，运用马克思主义立场、观点、方法分析设计的课程。它们各自承担着不尽相同的思想政治教育的具体内容，共同构成了一个马克思主义思想体系与应用体系的有机整体。

思想政治理论课提供了青年马克思主义者系统地学习马克思主义理论的主渠道、主阵地。马克思主义理论的系统学习是青年马克思主义者此时此刻各种学习当中最重要的学习之一。马克思主义作为整体性的接受，它需要系统学习的环节。刘少奇认为“中国党有一极大的弱点，这个弱点，就是党在思想上的准备、理论上的修养是不够的，是比较幼稚的。”为此，“一个共产党员如果不努力学习马克思列宁主义的理论和方法，如果不用马克思列宁主义指导自己的思想和行动，他要在一切革命斗争中坚持无产阶级的立场，体现无产阶级的思想意识，这也是不可能的。”① 这种理论修养的不够，主要的是理论的系统修养不够，只掌握马克思主义的“只言片语”，到了真用马克思主义的时候，心里没底，发怵。显然，青年马克思主义者系统的理论学习将整体地改善党的理论修养不够的状况，使党的事业更健康地发展。

当然，思想政治理论课不是仅仅针对青年马克思主义者培养对象学习马克思主义理论的需要而设置的，所有青年大学生都需要学习马

① 刘少奇：《刘少奇论党的建设》，北京：中央文献出版社1991年版，第273页。

克思主义。对大学生进行思想政治教育必须坚持普遍教育和骨干教育相结合的方式。既要力争最大的教育覆盖面，更要在此基础上遵循分层分类的原则，集中资源和力量做好骨干教育工作，发挥骨干的榜样示范作用，带动更多的青年成长。这里的骨干就是青年马克思主义者的培养对象。面对着大众文化的遮蔽、后现代思潮的干扰以及信息时代思想政治理论课教师失去知识权威的挑战，通过青年马克思主义者培养对象的真学、真懂、真信、真用，示范更多的青年走近马克思、认识马克思、相信马克思。

当前是思想政治理论课教学的好时机。一方面马克思主义在中国的实践运动取得了令人瞩目的成绩，这是没有人怀疑的，它为马克思主义教育提供了生动的教材；另一方面，作为思想政治理论课支撑的马克思主义理论研究和建设工程也取得了巨大进展，学科建设与教师队伍建设都得到高度重视，让思想政治理论课为学生真心喜爱，使学生终身受益已经成为许多教师的追求，它为马克思主义教育提供了教师资源。

这里面也有不和谐音符：一方面，改革在攻坚阶段，社会的公正公平还难以保证，腐败现象不断滋生；另一方面，在思想政治理论课教师中，还有少数教师不信仰马克思主义，认为马克思主义离我们中国现实太远，青年离马克思主义太远。在他们看来，这两个“太远”意味着思想政治理论课培养青年马克思主义者的任务是不可能完成的，试图要我们放弃培养青年马克思主义者的任务。对于前者，思想政治理论课不能回避，要给青年马克思主义者培养对象一个合理的解释理由，更重要的是让他们感到对社会的责任。对于后者，则是提醒教师一定要坚定马克思主义信仰，改进教学方法。因为，这两个“太远”与事实不符。中国特色社会主义理论体系及其他马克思主义中国化的一系列成果表明，马克思主义与中国现实很近，之所以让人感觉远是因为马克思主义教育方法不当，正是因为部分思想政治理论课教学离我们中国现实太远，导致了青年离马克思主义太远。如果让青年走近马克思，让马克思主义成为他们生活的哲学，思想的武器，他们就不会在思想上疏远马克思。要通过思想政治理论课的教学，既让青年马克思主义者培养对象成长，也要让那些不信仰马克思主义的教师得到成长。

因此，高校思想政治理论课应该有意识地把自己看做是“青马工程”工作机制的一部分。而在“青马工程”实际运行中，“青马工程”的组织者往往忽视了思想政治理论课的参与，高校思想政治理论课的教学管理机构与教师也把自己游离于“青马工程”之外。这种现象必须得到改变。

2. “大道理”是夯实马克思主义信仰的理论基石

要通过思想政治理论课的教学与实践，讲清楚马克思主义的“大道理”，让青年马克思主义者培养对象自觉学习马克思主义理论。“大道理”在很多人眼中是个贬义词，属于大而无用，其实，它是一个中性词。马克思主义“大道理”博大精深，内容丰富，充满了人生智慧。虽然总体上中国共产党的马克思主义理论修养水平有待提高，但是中国共产党人在90多年的革命与建设实践中，坚持把马克思主义普遍真理与中国实际结合，在马克思主义中国化中创造了一系列的理论成果，继承和发展了马克思主义。思想政治理论课首先要把经典马克思主义理论体系与中国化的马克思主义理论体系之间的一脉相承关系及其内在统一的理论基石，从逻辑结构与原理层级上讲清楚，以便从世界观和方法论的高度彰显马克思主义与时俱进、开拓创新的理论品质。要引导青年马克思主义者集中精力学习马克思主义中国化的理论成果，并且去马克思主义原著中寻找理论渊源。

其次，讲清楚马克思主义的“大道理”在中国发挥的作用，感受它是现代中国发展当之无愧的指导思想。思想政治理论课要以中国自身的革命与建设实践为背景，理论解释中国为什么选择马克思主义、选择社会主义、选择中国共产党。数百年的历史进程，千万个志士仁人的思考与选择，教材与教学精彩地总结与展示了这一历史选择进程，不仅仅讲清楚选择的结果，而且讲清楚选择的依据，这对青年马克思主义者成长至关重要。早期青年马克思主义者是在各种救国理论中选择马克思主义，今天的青年马克思主义者，也必然是在各种国富民强理论中选择马克思主义。“中国近现代史纲要”“毛泽东思想和中国特色社会主义理论体系”等课程的学习，既改变了青年马克思主义者培养对象缺乏对中国的历史与现实的深入认识以及缺乏党内生活及艰苦意志的深刻磨砺的状况，又深化了他们对马克思主义理论的学习兴趣，可谓一举两得。

再次，讲清楚“大道理”怎么管日常生活的“小道理”，讲出其理论魅力。思想政治理论课要改变现实中有“实践中行得通，理论上说不通；理论上说得通，实践中行不通”的悖逆现象，用大道理去统管小道理。任何悖逆现象都有其合理因素。现实中理论与实践的分离不是思想政治理论课教师的错，但教师有责任去解释这种现象，使青年马克思主义者不因为这种现象的存在影响了理论的学习与研究。引导青年马克思主义者培养对象认识到世界发展的大道理、社会发展的大道理是统管每个人人际交往、处人处事的小道理的。如果大道理大而无用，指导不了现实生活，大道理就会被空置起来。思想政治理论课要精选课程内容，协调课程形式，注意知识应用，把大道理怎么管小道理的过程展示给学生，以开放的态度、科学的勇气，正确地引导大学生开展理论交锋和思想斗争，帮助大学生在与各种错误思潮的比较、斗争中，分清正确与谬误，划清是非界限，使青年马克思主义者体会理论的魅力。

最后，思想政治理论课要帮助青年马克思主义者建构自己的人生发展理论，即青年马克思主义者培养对象运用“大道理”建构自己的人生意义理论，指导自己的人生发展。思想政治理论课不仅引导青年马克思主义者培养对象学习理论，也引导他们建构理论，因为理论是人类适应世界、改造世界的恰当方式。人的存在从来就不是纯粹的存在，它必然牵涉到意义的思考与追寻。思想政治理论课通过引导大学生经常进行“透过现象看本质”的思维训练，学习历史主义的思维原则，形成观察、分析和解决问题的科学的思维方法、思维方式与认识逻辑，在这样的基础上，建构他们对财富、权力、自由与幸福的观念，这些观念及其背后的理论支撑构成了他们的人生观、价值观，当他们用自己的话语方式、理论思考去应对纷繁世界时，他们开始走向成熟。马克思主义的知识体系正在成为他们的信仰体系与行为体系。

在具体的教学中要强化青年马克思主义者培养对象自己感、自己悟，让重大的结论由他们自己“悟”出来。长期以来，我们习惯于把马克思主义、科学社会主义的现成结论提供给教育对象，看起来节省了时间，其实则欲速则不达。只有他们自己得出的结论才是他们自己的结论。思想政治理论课教师要做的是：为青年马克思主义者的“悟”，提供材料、提供时间、提供引导、提出要求，就像苏格拉底所说，只做一个“产婆”，为他们的思想分娩接生。

思想政治理论课在教学中对青年马克思主义者培养对象特别的关注不仅表现在这些教学内容的完成，还表现在对他们有特定的要求与评价。实践中，开学初，青年马克思主义者培养对象的名字在教师记分册上明示，这样可以使任课教师更好地了解和考察他们的表现，增强任课教师对青年马克思主义者培养的参与度。可以对这些学生要求更高，比如要求他们去读经典原著，组织理论学习兴趣小组等。思想政治理论课通过对青年马克思主义者培养对象的教学内容更丰富，教学要求更高，教学评价更严，教学指导更具体来完成自己的教学培养任务。

二、党校：党的先进性与组织纪律教育是青年马克思主义者成长的必修课

党校是党员教育机制之一。中国共产党是以马克思主义为指导思想的党。青年马克思主义者应该在组织上入党，在党的组织里才能更好地学习马克思主义，为中国特色的社会主义事业而奋斗。党校应该在青年马克思主义者培养中发挥独特作用。

1. 青年马克思主义者应该在组织上要求加入中国共产党

青年马克思主义者为什么要入党？青年党员与青年马克思主义者之间有什么关系？回答这两个问题并不困难，但回答这两个问题对于青年马克思主义者的培养及其成长，对于党校党的基础知识针对性、有效性教育开展却很重要。

我们知道，青年马克思主义者在理论特质上具有马克思主义理论

素养与马克思主义信仰；在实践特质上是与人民群众一道改造世界；在人格特质上是追求崇高与卓越。显而易见，青年马克思主义者在思想上已经与党的宗旨、党的要求相吻合，思想上入党了。然而，他仍然需要在组织上入党，因为只有组织的力量才可以让他更加成熟，才可以实现他的理想。

欧洲三大工人运动和1848年革命的经验表明，无产阶级只有建立自己的独立政党，才能独立自主地确定自己的目的和政策，使斗争沿着有利于无产阶级的方向发展，有效地进行宣传和组织工作，帮助工人摆脱资产阶级的影响，使工人分散的、自发的斗争发展成为整个阶级的自觉行动。马克思在1864年的《国际工人协会共同章程》中写道："无产阶级在反对有产阶级联合力量的斗争中，只有把自身组织成为与有产阶级建立的一切旧政党不同的、相对立的政党，才能作为一个阶级来行动。"[①] 为此，马克思、恩格斯积极组织与指导共产主义同盟，在共产主义同盟章程中，明确规定了共产主义者同盟的条件，要求盟员的生活方式和活动方式，必须符合同盟的总目的，服从同盟的决议，遵守纪律，保守同盟的机密，支部要对每个同盟盟员的品质纯洁负责。

中国早期的马克思主义者则在马克思主义思想指导下组建了中国共产党。中国共产党建党90余年，经历了各种风雨，取得了一系列成就，它始终是中国马克思主义者成长的平台与摇篮。

在当下，有许多青年都要求加入中国共产党组织，当然，他们是带着不同动机希望加入执政党的。我们也要求青年马克思主义者培养对象加入执政党，成为执政党的一个成员。如果说，青年加入中国共产党组织是个人的自愿行为，那么，我们要使青年马克思主义者明确：他要使自己真正成为一个青年马克思主义者，他就必须加入中国共产党。对他们来说，加入党组织才能更好地学习马克思主义。中国共产党一直强调学习马克思主义，并且要求自己成为一个学习型政党。加入党组织才能与人民群众一道改造世界。中国特色社会主义事业是在

① 《马克思恩格斯全集》第18卷，北京：人民出版社1972年版，第80页。

中国共产党领导下的伟大事业。

青年党员已经在组织上入党了，但并不意味着他在思想上入党了，只有在思想上入党，他才是符合党章要求，符合人民群众心中期待的中国共产党党员。青年党员不可能都成为青年马克思主义者，但应该有马克思主义基本素质的要求，尤其是在和平环境下。马克思主义作为党的指导思想，不应该束之高阁，成为某些人的专利，成为一种学术的名词。党校应该在党员与马克思主义之间架设一道桥梁，党校是党员或要准备成为党员的人学习马克思主义之家，学习与研讨马克思主义中国化之家。

2. 党校为青年马克思主义者系统提供党性教育

青年马克思主义者可能要数次进入不同级别的党校接受教育。党校作为党员或要准备成为党员的人学习党的知识与马克思主义之家，在青年马克思主义者培养中担负着重要作用。党校所提供的党的先进性与组织纪律教育是青年马克思主义者理论特质、实践特质与人格特质形成的重要内容。

青年马克思主义者在思想政治理论课中学习马克思主义与在党校学习马克思主义感觉不一样，要求也不一样。要利用青年马克思主义者参加组织学习的神圣感觉，严格要求，创新系统党性教育教学模式，党性教育包括党的必要性教育、党的先进性教育、党的组织纪律性教育。青年马克思主义者培养对象可能有不同动机、不同认识水准接受党性教育，系统党性教育要有能力去改变改善他们的动机，提高他们的认识水平。让党性教育在青年马克思主义者内心深处扎下根来。

党的必要性教育在各种场合下经常听得到，但在党性教育的场合往往听不到，似乎来接受党的教育，就承认了党的必要性，其实不然。正规的系统的党性教育中，党的必要性教育是不可缺少的环节，没有这个环节，党的先进性教育、党的组织纪律性教育就缺少立论的基础。无产阶级解放事业为什么需要一个独立的政党来领导，在马克思那里已经明确了，可是在现实中，尤其在当代年轻人中并没有认清这个问题。在他们看来，我的先进性我做主，与组织没有关系。党的必要性教育的核心是个人的事业与社会理想只有在党的组织中才可能实现。

党的先进性教育在党性教育中历来比较受重视，它实际上承续无产阶级解放事业为什么需要一个独立的政党来领导这个话题，这个政党在中国为什么是中国共产党，因为中国共产党是中国工人阶级的先锋队，是中国人民和中华民族的先锋队，是中国特色社会主义事业的领导核心，代表中国先进生产力的发展要求，代表中国先进文化的前进方向，代表中国最广大人民的根本利益。中国共产党不是全民党，中国共产党要求它的党员必须是人民群众中的先进分子。党的先进性与党的先进性教育既有关联又有区别，党的先进性更多关注的是实然，党的先进性教育则是在应然的层面。中国共产党有 8 000 多万的党员，显然，中国不可能有这么多的先进分子，中国共产党有 800 万充满活力的先进分子就不错了。党应该有智慧有办法把那些已经落后、已经腐败的分子清除出党，不管他们在什么位置。中国共产党的吐故纳新机制，纳新还正常，吐故很不正常。而党的先进性教育则是要求每一个准备入党或已经入党的人一定要保持先进性。这样的口号可以用在青年马克思主义者培养中：我因为是中国共产党党员而自豪，中国共产党因为我是党员而骄傲。由于 8 000 万的党员中大量的非先进分子，给党的先进性教育造成了很大的困难。因此党的先进性教育要对实然的存在给出合理的解释，要让青年马克思主义者培养对象在实然的存在中感受到自己的责任，认识自己未来的事业，为党的先进性而努力。

党的组织纪律性教育。任何一个组织必然有组织纪律的要求。由于青年的组织纪律观念相对薄弱，因此，青年马克思主义者培养对象的党的组织纪律性教育就显得特别重要。为此，列宁对青年团员这样说道：“我们废除资产阶级社会内违反大多数人的意志而实行的强迫纪律，代之以工农的自觉纪律，工人和农民不但仇恨旧社会，而且有毅力、有本领、有决心团结和组织力量去进行这一斗争，以便把散居在辽阔国土上的分散而互不联系的千百万人的意志统一为一个意志，因为没有这样的统一意志，我们就必然会遭到失败。没有这样的团结，没有这样的工农的自觉纪律，我们的事业就毫无希望。不具备这些条件，我们就不能战胜全世界的资本家和地主。我们就会连基础也不能巩固，更谈不到在这个基础上建成共产主义新社会了。”① 毛泽东在复刊的《中国青年》第一期出刊上这样题词：“军队向前进，生产长一寸，加强纪律性，革命无不胜。”可见领袖们对青年的组织纪律性很重视。

党的先进性也表示在党的组织纪律的先进性。党的组织纪律的先进性表现在：如何使统一意志与个人的心情舒畅统一起来。即党的组织纪律性教育分别有个人要求与组织要求。作为个人要求，即无条件服从党的纪律。我们党的组织纪律是党章规定的“党员个人服从党的组织，少数服从多数，下级组织服从上级组织，全党各个组织和全体党员服从党的全国代表大会和中央委员会。”它是工人阶级和劳动人民在生产斗争和阶级斗争中形成的，代表和维护着广大劳动人民的根本利益，是确保社会主义革命和建设事业的武器。一切党员，不论党龄长短，职务高低，都要毫不例外地把自己置于党的组织之下，自觉地接受党的组织纪律的约束，使自己的一切思想和行动符合党的利益的要求。组织利益高于个人利益。党员在政治思想上同党中央保持高度的一致，坚持贯彻执行党的路线、方针、政策，服从党的组织的分配，执行党的决议，接受党组织的监督和检查，任何情况下都按党章办事，即使最困难、最危险、甚至威胁到自己生命的情况下，也能严格遵守党的纪律。作为组织要求，要考虑到个人在服从党的组织纪律时的现实状况，尽量弥补个人在服从党的组织纪律时的利益损失，使个人心情舒畅感谢组织关怀。青年马克思主义者他们先后都会走上党的各级领导岗位，他们将代表一级组织，党的组织纪律性教育应该向他们提出组织要求，这一点在过去是被疏忽的。

三、团校：提供良好的政治生态
让青年精英与青年互促共进

《中国共产主义青年团团章》规定：“中国共产主义青年团是中国

① 《列宁全集》第39卷，北京：人民出版社1986年版，第300-301页。

共产党领导的先进青年的群众组织，是广大青年在实践中学习中国特色社会主义和共产主义的学校，是中国共产党的助手和后备军。”共青团组织在青年马克思主义者培养中扮演着重要的角色。团校作为一个在实践中带领广大青年学习中国特色社会主义和马克思主义的组织载体，怎样发挥组织和凝聚青年的共青团组织特有优势，使更多的青年跟党走，这对青年马克思主义者的培养意义重大。

1. 团校是富有青年特色的学习型组织

依据团中央组织部公布的全国团内统计最新数据显示，截至2007年年底，全国有共青团员7 543.9万名，根据国家统计局提供的青年数计算，全国团员青年数占青年总数的24.8%。在我国，由于现行政府机构中没有设置“青年部”，所以教育管理青年的职能落在两个重要组织身上，一个是共青团，一个是中华全国青年联合会。从现行管理体系看，后者实际上处于共青团的领导之下，因此共青团实际承担教育管理青年的政府职能，成为中国共产党联系沟通青年的重要渠道。共青团组织有诸多的职能，而其中最重要的职能是带领广大青年学习中国特色社会主义和马克思主义，团校应该成为富有青年特色的学习型组织。

“学习型组织”理论的创始人彼得·圣吉认为，学习型组织是“能持续地扩展自己的能力以开创未来的一种组织”。该书阐述了五项修炼是建立学习型组织的前提条件。学习型组织是一个学习团队，是一种适合个体发展和组织发展的组织模式。它是个体学习、团队学习和组织学习三位一体的学习系统。其中个体学习是团队学习的基础，团队学习是整个组织学习的单元，团队的共同学习营造起浓厚的学习氛围，才会真正实现整个组织的学习。而学习型组织是需要成员的。自我超越，即学习不断理清并加深个人的真正愿望。集中精力，培养耐心，客观地观察现实，这是学习型组织的精神基础；改善心智，心智模式是根深蒂固于心中，影响我们如何了解这个世界，以及如何采取行动的许多假设、成见，甚至是图像、印象；建立共同愿景，共同愿景是一个组织中各个成员发自内心的共同目标，它帮助组织培养成员主动而真诚地奉献和投入，而非被动地遵从；团体学习，团体的集体智慧高于个人智慧，当团体真正在学习的时候，不仅团体整体产生出色的成果，个别成员成长的速度也比用单独的学习方式为快；系统思考，它要求人们树立全局的观念，形成整体动态搭配的能力和思维模式，运用系统的观念看待组织的发展，将问题置于系统中思考，从动态发展的各种要素中寻求新的动态平衡。

团校可以完成这五项修炼，使自己成为富有青年特色的学习型组织。这是因为青年是一个可塑性的社会群体，其难以改变的成见较少，团校凭着他们对青年的工作经验与组织优势，帮助青年学生厘清个人的真正愿望，改善心智模式，建立共同愿景，找到系统思考的感觉，组织他们团队学习并不困难。关键是各级团校愿不愿意去做这些工作，或者说他们有没有时间去做。团的队伍是一支精干的队伍，他们大多数的时间是用在服务于党的中心工作，忙碌于行政职能的承担，思考青年的学习与组织，他们确实是应接不暇了。但“团结和教育整个青年一代”，为党培养后备军，不断补充健康的新鲜血液，又是他们不可推辞的任务。

2. 团校在青年马克思主义者培养中的作用定位

根据思想政治教育学原理，人的思想品德的形成与发展受到其生存环境的制约与影响。青年马克思主义者的成长对环境有相应的要求：更多的青年从情感与行为上认可与支持他们，对青年马克思主义者信仰马克思主义为中国特色社会主义事业去奋斗是有益的。青年马克思主义者是少数，但理解与支持不应该是少数，青年马克思主义者不应该寂寞。他们需要喝彩，他们需要同辈人群体的肯定。赢得青年精英与赢得青年相辅相成，赢得青年精英可以帮助赢得青年，然而不能赢得青年，就会使青年精英成为孤家寡人，这样，党连青年精英也最终不能赢得。青年马克思主义者培养宽进严出的理念就是让青年马克思主义者有更好的群众基础与成长环境，团校将担当起相应的责任。

在一份团员青年对团组织的认知情况调查报告中有这样的两组数据：“您是否认同团组织是青年利益的社会代表?”的回答中，有72.8%的人认同，表示不认同的占6.9%，20.3%的人表示没感觉。虽然大部分青年认同团组织是青年利益的代表，但是有27.2%的青年表示不认同或没感觉。这说明仍然有不少青年对共青团组织的认可度不高，有近三成的青年找不到“家”，找不到组织。在对“您对所在单位团的活动是否满意?”的调查中，40.6%的人认为“满意”，17.0%的人认为“非常满意”，34.5%的人认为“一般”，7.9%的人认为“不满意”。以上数据表明，大部分青年对团组织的活动满意，认可团组织的活动，但超过四成的团员青年对团组织的活动不甚满意①。

青年对自己的青年团组织不满意度到底是多少很难说，肯定有相当的人不满意，这种不满意必然会影响对党组织的不满意。共青团有责任巩固党执政的青年群众基础，凝聚人心，主动出击。团校可以通过自己的努力，降低这种不满意度，具体做法是：

通过培训团干部，提高团干部服务意识与服务能力，让青年满意。

通过思想引领开展有意义的学习教育活动，使青年更好地认同党的路线方针政策。在有的人看来，青年人有远离政治的倾向，其实不然。马克思明确地指出，“人是名副其实的政治动物，不仅是一种合群的动物，而且是只有在社会中才能独立的动物。”② 人在政治实践活动中，往往会发现自己现有的政治素质与现存社会政治体系所规定或者要求的政治素质之间存在差距，以至影响到他现实的生存和发展，因此，人有对现存政治统治体系认同的需要，这是政治认同发生的心理动力机制。青年人厌烦政治学习，是因为有的政治学习只注重学习的具体形式，轻视学习的实际内容，甚至以学习为名，行其他事为实，真正要学的内容成了点缀，一笔带过。青年人厌烦的是形式主义的政治学习，欢迎的是内容充实、形式新颖的政治学习。应该根据青年的需求呈现出多层次、多价值取向的特点，在学习的内容、方式和手段上进一步创新。加强团校在培训内容、培训方式上的转变，分层次、分年级地加强对普通团员青年的培训，把大学生乐于接受的内容和元素融入枯燥的理论教育中，培养大学生学习理论知识的兴趣。

高校系统中的团校一般在青年马克思主义者培养中承担初级或中

① 梁绿琦，王丽芳：《团员青年对团组织的认知情况调查报告》，《北京青年政治学院学报》，2007年第4期。

② 《马克思恩格斯选集》第2卷，北京：人民出版社1995年版，第87页。

级的培养任务。应该给更多的人及更多的低年级的学生参加培训学习的机会。低年级的学生各方面积极性要比高年级的学生高，可塑性强，发展潜能比高年级的学生更大。青年马克思主义者培养从低年级的学生骨干开始，可以延长他们的培养时间，进而增强培养的效果。理论学习从青年最关心、最直接、最现实的问题出发，面对青年的政治意识表达方式的新变化，团校要靠先进思想、靠对青年合理利益诉求的尊重和服务、靠对青年特有兴趣的满足、靠对青年未来职业生涯发展过程中所需要的社会化技能的培养、靠广大团干部对青年的感情，切实增强对青年的吸引和凝聚，把广大青年团结凝聚在党的周围。

四、社团组织：为青年马克思主义者提供社会服务、展示影响的平台

社团是青年大学生兴趣相同、群体集聚的自治组织，具有参与的自愿性、参加的普遍性、活动方式的多样性、与学生联系的紧密性等特点，在当代大学生当中具有很强影响力，对学生的成才与成长具有独特的作用。它是青年马克思主义者培养及其成长的链条环节之一。怎样把青年马克思主义者成长的这一平台做大做实并且持续下去，只有学生自己的努力是远远不够的。

1. 社团组织在青年马克思主义者培养中的作用定位

社团组织是学习马克思主义、应用马克思主义，提高服务社会实践能力的重要载体，是提供自我教育、相互教育的平台。大学生社团是大学生在自愿的基础上，以共同的兴趣、爱好、追求为纽带，按照一定的章程，通过自我教育、自我管理、自我服务的方式而结成的学生自治性组织。大学生社团活动也是高校校园文化的重要载体和第二课堂的重要组成部分。参与学生社团活动是学生丰富校园生活，培养兴趣爱好，参与学校活动，扩大求知领域，锻炼交往能力，丰富内心世界的重要方式。

根据我们的调查，青年马克思主义者培养对象百分之百地参加了一个或多个学生社团，并且是学生社团的骨干。从历史的角度，不少

中国共产党领导人和著名活动家，尤其是高级领导干部，往往在青年学生时代积极参加、组织过学生马克思主义社团。其中毛泽东同志组织的新民主主义学会最为有名。

学生社团无疑是青年马克思主义者学习马克思主义，应用马克思主义，发挥影响力的平台。现在高校都有诸如“中国特色社会主义理论体系研究会”这样的理论社团。理论型社团以其政治功能为主，主要通过政治理论的学习，关注政治发展方向时代热点话题，参与政治活动，宣传党的政治主张，发挥政治影响力。这种理论社团的学习不仅使青年马克思主义者培养对象多了一个学习马克思主义、应用马克思主义的重要渠道，更重要的是社团成员之间相互启发，相互影响的学习气氛。这种课余时间阅读马克思主义经典著作，思考现实问题，相互立疑、设疑、解疑的学习氛围，是青年马克思主义者成长所必需的。

青年马克思主义者培养对象参与的另一种社团活动是社会服务型社团。社会服务型社团利用节假日、周末、课余时间走上社会，以社会实践活动进行勤工助学，提供社会服务工作，为社会弱势群体提供知识、技术、信息及体力服务，在服务中培养爱国主义、集体主义精神。社团成员基于道义、良知和社会责任感，不计报酬，利用自己的技能、资源和爱心为他人和社会提供无偿的、非职业化的援助行为。这类社团在社会上受到广泛的关注和认可，是以服务社会、锻炼自我为宗旨。社会服务型社团随着改革开放的不断发展而越发受到大学生的喜爱。青年马克思主义者培养对象通过开展社会服务活动深刻了解国情、民生民情，在社会服务中增强社会责任感，为卓越的品格修养发挥了重要作用。

青年马克思主义者培养对象一般都是社团活动的骨干。他们既是社团活动的参与者，也是社团活动的组织者。他们需要寻找活动的主题，组织与发动社团的成员，申请与争取活动的经费，把握与协调活动的进程，沟通与激励参与者的情绪。他们比一般社团活动的参与者付出更多，因此他们也比一般社团活动的参与者收获更大。每次社团活动都给他们提供了自我反思、自我教育以及相互教育的新鲜的教育资源。正如马克思所说："人在活动中能能动地、现实地复现自己，从而在他所创造的世界中直观自身。"[①] 青年马克思主义者培养对象在社团活动同他人的交往中，和他人对比中，展示了自己的影响，获得对自身的正确认识，与其他社团成员共同分享荣誉，共同应对困难，共同走向成长。

2. 给青年马克思主义者培养对象配好指导教师

青年马克思主义者的社团活动锻炼需要指导教师支持，从而在高起点上，通过高水平的运作，取得高效率自我教育的成果。中共中央国务院关于《进一步加强和推进大学生思想政治教育的意见》指出：要加强对学生社团的领导和管理，帮助社团选聘指导教师，支持和引导学生社团自主开展活动。

所谓高起点是指，学生社团由于成员众多，素质参差不齐，核心成员经常变动等因素，使得学生社团工作往往有这种现象：一届社团骨干好不容易培养起来就面临着换届，新一届骨干社团活动停留在低层次的重复，活动内容缺乏意义内涵，甚至可能偏离社团宗旨。这时候只有社团指导教师没有变，他是一个稳定的社团编外成员，他对所在社团及其骨干成员非常了解，又具有丰富的社会阅历，能够围绕社团宗旨帮助社团组织做好活动项目规划，制定依托专业、凸显特色、充满活力、形式多样、富有教育意义的活动方案。这样社团活动就可以在上一届活动的起点上开展活动。

高水平运作是指，社团指导教师不仅仅参与社团活动方案的设计，他们还帮助建立健全完善的社团管理制度，了解活动开展情况，进行活动调节，示范学习策略与问题解决的策略，评估活动状况。由于大学生大多是独生子女，独生子女的一些缺点诸如自私、懒惰，缺乏和别人交往的能力，等等，他们往往自理能力差，缺乏合作意识与分享意识，自负，高傲，动手能力欠缺，劳动意识和能力很弱，以自我为中心，但他们又有各自的优势与资源，社团指导教师积极寻求社团成员自身潜在的资源和优势，许多看似负面的因素，恰当的引导，就可

① 《马克思恩格斯全集》第4卷，北京：人民出版社1979年版，第79页。

能将其变成有利于成员改变其认知的因素，化腐朽为神奇，变不利因素为积极因素。

高效率成果指，一批又一批政治立场坚定、思想敏锐、理论功底深厚、愿意为大家服务且具有服务能力的社团骨干力量得以产生。学生社团作为学生自我教育、自我成长的平台，社团成员在这种独立自主的社团文化中容易形成积极主动的主人翁意识和民主的价值观，通过参与社团活动，扩大求职领域交友范围，丰富内心世界，沟通信息、沟通感情、相互激励、相互帮助，社团的成员们通过丰富多彩的社团活动提高自身能力，实现自我价值，提升专业素养。学生社团骨干力量与一般成员都能够得到进步与提高，学生社团指导教师功不可没。

指导教师的作用主要体现在以下几个方面：其一，社团活动方案的指导，使社团活动有比较好的意义。其二，榜样。向学生示范社团活动策略与问题解决的策略。其三，活动的调节者。其四，顾问或对话者。教师既是互动的示范者又是对话的形成者，可以帮助学生从不同角度更深刻地思考问题。其五，评价。教师在互动过程中对参与者及其整个活动做出形成性评价，使每个人在活动中受益。

作为青年马克思主义者培养对象的社团骨干与作为社团成员的普通学生很容易形成对峙关系，这种对峙有两种结果，一是青年马克思主义者培养对象被孤立，社团活动性质发生偏移；二是青年马克思主义者培养对象自己孤立自己，社团活动搞成了精英俱乐部，成为少数人经常参与、某些特长生的表演舞台，丧失了群众基础，脱离了学生主体。这两种结果都不利于青年马克思主义者的成长。社团指导教师注重指导青年马克思主义者培养对象的社团骨干聆听普通社团成员的言语心声，让他们积极参与问题的解决、表达自己的想象力、和他人共事或帮助他人、为社团贡献自己的才能，只有社团普通成员都形成以健康发展和成功学习为特征的态度和能力，即社交能力、问题解决能力、自我感和前途感，感受到自己在社团的权力、价值和潜能，作为社团骨干才是最大的成功，才是他们自己最重要的成长。

学生社团指导教师往往都是在学生最需要他们出现的时候与地方出现，指导社团安全、有序、高效地开展活动，提高活动水平，总结活动，扩大活动影响力。针对社团发展过程中的具体问题进行指导，保持与学生多渠道沟通，指导不越位，以思想引领为主。学生社团是学生自主开展活动，指导教师是导而不是包办代替，是幕后而不是前台，是配角而不是主角，是通过对骨干的重点指导而达到对社团其他成员的一般指导。

学生社团指导教师要注重与社团成员之间建立和谐的关系，只有让社团成员信任的指导教师才可以担负起指导的重任，只有这种信任的关系，才能让社团成员表现出真实自我，并在与指导教师合作的过程中获得成长与进步。让大学生社团成为自觉型的自我教育社团，让青年马克思主义者培养对象在社团活动中自觉利用各种资源严格要求自己，进行自我反思、自我教育。社团作为学生自愿自治型组织，参与学生的思想多样化，青年马克思主义者培养对象会受到各种思想的影响，他们会在这其中迷惘，经受价值观选择的考验。帮助他们接受考验、做好选择也是学生社团指导教师指导社团工作的重点之一。

学生社团指导教师不仅仅指导学生社团活动，他还有一个重要的角色扮演或者说重要的任务，即是青年马克思主义者培养对象的思想交流者。他是青年马克思主义者培养对象在社团活动中的仔细观察者，是他们成长的阶梯，帮助他们自我估价，认识自己能力，帮助他们在社团活动中学习马克思主义。

学校要从机制上为学生社团选择与配备指导教师。要把那些最受学生欢迎的并愿意为学生服务的在职教师及已经退休但身体尚好的退休教师通过推选或自荐的方式，以最高的规格、最好的待遇（目前连固定或合理的劳动报酬尚未解决）聘请他们担任学生社团指导教师。要制定相应的学生社团指导教师工作条例，规范指导行为，建立针对社团指导老师的工作考核体系，对于工作突出的应当给予相应的奖励，对工作不认真负责的应当免去其社团指导老师的职务。学生社团的指导教师虽然都是兼职，但要让他们认识到这是最重要、最光荣的兼职，要帮助他们尽快熟悉学生社团指导的方法与途径，提高学生社团指导的水平与能力。

五、辅导员：为青年马克思主义者成长“辅”与“导”

辅导员工作集教书育人、管理育人、服务育人于一身。辅导员是学生成长的引路人，是学生的良师益友，这些职能和身份都有利于辅导员参与到“青马工程”中来。在“青马工程”中，辅导员“承上启下”的作用最为明显。各高校都在采取积极有力的措施，着力建设一支高水平的专业化的辅导员队伍，这对于青年马克思主义者培养具有积极意义。

1. 辅导员为青年马克思主义者成长辅导的必要与可能

辅导员在青年马克思主义者培养及他们的成长中有没有责任及他们发挥作用的可能性如何是首先要考虑的。

辅导员在青年马克思主义者培养及他们成长中的责任是他们工作职能所决定的。高校辅导员的岗位职责与角色定位决定了学生辅导员工作三方面的职能，分别是：德育职能、管理职能、服务指导职能。这三种职能贯穿于学生入学到毕业整个过程，三者相辅相成，对青年学生的健康成长和全面发展起着重要的作用。其中德育职能是辅导员最早也是最主要的职能，因此辅导员一直被称作政治辅导员。这种德育职能并没有随着时代的发展而有所改变，现在许多辅导员忙碌于琐碎的工作事务而忽视了德育职能的担当是不正常的，辅导员仍是高校深入大学生思想政治教育活动第一线的主要力量，是大学生的政治引路人。辅导员是高校身份特殊的教师，他们是大学生灵魂的工程师和人生导师。大学阶段是一个人世界观、人生观、价值观形成和变化的关键时期，辅导员在这一时期对大学生发挥着特别重要的教育和引导作用。这种政治引领是对全体学生而言，当然包括青年马克思主义者培养对象。不管辅导员对青年马克思主义者成长辅导的意愿及其辅导的能力水平如何，他们对青年马克思主义者培养责任是不可推卸的。

况且，辅导员在青年马克思主义者培养及他们成长中的责任承担有利于他们工作职能的实现。对辅导员而言，他们工作的成败及其工作最大的难度是能否建立起一支在学生中有威信，且愿意为学生服务并能够为学生服务的学生干部队伍，试想一个辅导员要想领导几百个大学生仅靠个人的力量是难以实现的。当下的学生干部，个人的功利性都很强，他们愿意为学生服务其实是为自己服务，他们很难在同学中树立起威信，他们在为同学服务中经常会给辅导员带来这样或那样的麻烦。辅导员对功利性很强的学生干部培养比较困难，因为为同学服务大多是奉献行为，功利性强往往就会使工作走样，而青年马克思主义者培养对象的学生干部因为对其有特别要求，他们为同学服务的奉献行为是卓越人格培养的途径，因而，他们有一种要求自己的自觉性。为此，辅导员只要发挥他们在教育、团结和联系大学生方面的优势作用，发挥学生骨干的榜样示范作用，通过青年马克思主义者培养对象来凝聚、带动其他学生，以这种“以点带线”“以线带面”的途径，加强教育与管理的力度，达到“事半功倍”效果，一个青年马克思主义者就成为学生中一面跟我走的旗帜。同时也锻炼了青年马克思主义者培养对象的综合能力，激发他们的积极性、主动性，进而实现他们自我教育、自我管理和自我服务的作用。

辅导员参与青年马克思主义者培养也是青年马克思主义者成长的性质所决定的。青年马克思主义者的成长是一个长期的、复杂的、品质逐步纯正的、情感逐步接近工农的、信仰逐步坚定的成长过程，这个成长过程与他日常的生活世界密不可分。在青年马克思主义者培养对象的日常生活世界，辅导员的影响最大，辅导员既拥有影响学生思想行为的物质资源，也拥有激励表彰学生的精神手段，更拥有调动学生实践活动的组织权力。一个大学生他可能忘记了曾经授过课的某一位老师，但他决不会忘记他的辅导员。因此，大学生的青年马克思主义者培养是不能没有辅导员参与的。

辅导员自己不是马克思主义者能不能辅导青年马克思主义者？回答是肯定的。由于辅导员队伍建设的“高进、严管、精培、优出”的八字方针，辅导员以对党和人民事业的高度责任感及随着马克思主义理论水平与实践水平越来越高，是完全可以承担起青年马克思主义者的“辅”与“导”的责任的。

2. 辅导员对青年马克思主义者“辅”与“导”的实践

辅导员在青年马克思主义者培养中的作用类似于教学中的助教，其对青年马克思主义者培养的辅助体现在：

集中培训效果的维护之“辅”。目前的青年马克思主义者培养工程，普遍采用的方式是统一的集中培训，这种形式单一，容易形成“一刀切”“一锅煮”的模式，不能根据受训者的特点和能力有针对性地进行培养，在培训过程中，往往采取传统集中授课和报告形式，创新意识不够，缺乏运用网络、多媒体等现代技术手段，致使工程实施者不能很好地根据学生的实际情况有针对性地开展培训。即使那些有很好的培训实力又组织得非常好的培训，使受训学生刚好找到一点感觉，回到自己原来的岗位后，如果没有后续手段培训效果又会流失。让辅导员参与到青年马克思主义者培养工程中来，“承上启下”的作用最为明显：“承上”是传承党、团等各级组织的培训，“启下”是通过日常的学习教育管理活动接着做。由于有了辅导员的强力介入，整个培养过程就被打通了，青年马克思主义者培养对象就不会有悬在半空中不着地的感觉。

习德、养德的人格养成之“辅”。青年马克思主义者是一个人格追求崇高与卓越的品德高尚者。青年马克思主义者培养对象通过良好的生活方式养成，以形成卓越人格为目标的马克思主义者的思维方式、学习方式、消费方式、实践方式与意志品质。辅导员工作在教育第一线，与学生接触最频，接触时间最长，交流最多，对学生的情况最了解，这种工作的性质和内容决定了辅导员在青年马克思主义者习德、养德的人格养成过程中有其明显的优势。其中最主要的是创建适合青年马克思主义者习德、养德的班级文化。一个优秀的班级文化决定其学生的精神风貌和性格特征。用无处不在、无时不有的优良的校园文化启迪青年马克思主义者培养对象的思想、陶冶他们的情操、约束他们的行为、激励他们的斗志、净化他们的心灵。

发挥效用的能力助推之“辅”。要把青年马克思主义者培养对象用起来，在发挥他们作用的过程中，使他们学会在日常生活世界自觉运用马克思主义解决生活中的问题，将他们的马克思主义理论素养转化为实践“三个代表”重要思想和科学发展观的能力。辅导员可以利用班级资源助推青年马克思主义者培养对象的能力提升。如利用现代化信息手段，构建班级网络平台。利用校园 BBS、E-mail、个人博客、聊天工具等多种形式，针对本班关心的热点、焦点和难点问题请青年马克思主义者培养对象在前台进行释疑解惑，做好舆情细节引导工作。辅导员在后台做好服务工作，如把自己在网上所浏览获得的各种有益的信息转发给本班青年马克思主义者培养对象，提供学习资源；及时了解同学们心情短语内容和心理变化，了解学生关注的焦点和热点，认真做好舆情掌握，情况分析，保持信息渠道畅通。

辅导员将青年马克思主义者培养对象“导”向哪里？辅导员在青年马克思主义者培养中的作用不仅仅体现在做一些必要的辅助工作，还包括必要的引导。

思想细节的引导，导向信仰的确立。马克思主义信仰的确立是一个非常复杂的过程，它需要多个环节的配合。辅导员侧重的是思想细节的引导。这种引导可能是与青年马克思主义者培养对象交流时理论观点细节上的一个点拨，也可能是培养对象思想上出现反复或行为上出现偏差的一个指正，也可能是围绕培养对象的学习、生活中的实际问题进行有针对性的引导。当培养对象在某一领域或某一时段，遇到学习、工作等方面的困扰，如学业与工作之间的冲突、个人期望、付出与收获的落差、工作作风及不公平现象等。在心理上可能无法接受，凭个人能力不能解决。辅导员结合思想政治教育的心理咨询法，建立相应的心理援建机制，主动去关心、了解他们的思想动态，关注他们的心理状况。也可以运用谈心教育法，与学生进行“一对一”谈心教育，其方式既可以采取现实生活的“面对面”交流，也可以通过虚拟网络“键对键”沟通。

管理细节引导，导向与同学的和谐相处。青年马克思主义者与同学的和谐相处非常重要，它是马克思主义群众态度的基本素养。辅导员要坚持管理细节引导。青年马克思主义者培养对象作为班级学生干部，辅导员要放手让他们大胆开展工作，给他们提供各种服务同学的机会。在具体的日常管理工作中，既防止青年马克思主义者培养对象畏首畏尾，主动性不够，不能赢得同学的信任；也要防止青年马克思主义者培养对象自以为是，以精英自居，脱离同学；更要防止青年马克思主义者培养对象做事不能体现“公开、公正、公平”的原则，把事做得怨声载道，把同学关系搞得很僵。辅导员要根据青年马克思主义者培养对象在管理细节中所暴露出来的问题，及时分析与引导并加以纠正。这种管理细节的引导是青年马克思主义者成长中最需要的，是所有其他培训课程与培养教育方式所不可取代的。

组织细节引导，导向对党的纯洁。由于目前组织系统一般都是辅导员兼任学生党支部书记，这就为辅导员做好组织细节引导提供了可能。在青年马克思主义者培养对象思想上、组织上走近党组织的过程中，辅导员可以做很多事。鼓励更多的学生向党组织靠拢，在靠拢过程中逐步指导他们端正入党动机。辅导员要从青年马克思主义者培养对象递交入党申请书开始，就注意细节引导。一方面，有来自于本班的创先争优活动，在同学们身边“选取榜样”“整合榜样”“培育榜样”“宣传榜样”，以积极的榜样引导青年马克思主义者培养对象见贤思齐。另一方面，也有学生党员淡化政治思想方面的意识，尤其在加入组织后，不可避免会出现将党员义务抛至脑后的现象，参与党日活动更是抱以“走过场”的心态。更有些学生党员把入党视为评优评奖得好处的条件，这些细节都是引导的教育资源，必须抓住机会，对事不对人，让青年马克思主义者培养对象见不贤而自省，深刻认识到，入党是为了中国特色社会主义事业需要，而不是为了个人的私利。

辅导员自身也要成为青年马克思主义者培养对象的学习榜样。他的一言一行就是一个示范，为人师表，以身作则。辅导员首先就要做一名坚定的马克思主义者，具备较高马克思主义素养，带头学习马克思主义，践行马克思主义，才能赢得学生的尊敬和信任。

六、假期社会实践活动的设计与协作

假期社会实践活动是大学生成长的重要环节。青年马克思主义者培养对象应该有更长的假期社会实践活动时间保证，应该有更严格的活动要求，应该得到更多的外界条件支持，以确保他们有更好的活动效果。我们应该为青年马克思主义者培养对象的假期社会实践活动进行专门的设计，并搞好与校外大社会的协作。

1. **体验、服务与学习中成长**

马克思在《资本论》中曾明确指出："生产劳动同智育和体育相结合，它不仅是提高社会生产的一种方法，而且是造就全面发展的人的唯一方法"①。青年马克思主义者的成长，"社会大课堂"不可缺少。青年马克思主义者必须经风雨、见世面，他们不是温室里的"花朵"。这种"社会大课堂"的教育机制目前主要是大学生假期社会实践活动。中共中央、国务院在2004年《关于进一步加强和改进大学生思想政治教育的意见》中明确指出："社会实践是大学生思想政治教育的重要环节，对于促进大学生了解社会、了解国情，增长才干、奉献社会，锻炼毅力、培养品格，增强社会责任感具有不可替代的作用。"青年马克思主义者的了解社会、了解国情，增长才干、奉献社会，锻炼毅力、培养品格，增强社会责任感与普通学生之间没有性质上的差别，只有程度的差别。

对于普通大学生来说，可能一般地了解社会、了解国情即可，但对于青年马克思主义者来说，则要求其深入实践、深入工农，从而才能深入了解社会，深入了解国情。为了深入了解，他们可能还要与同伴一道去研究社会。他们不仅关注社会的现在，他们也调研社会的过去以及思考社会的未来。对于普通大学生来说，他们只要根据所学的专业知识，在社会实践活动中服务社会，才干有所增长，社会责任感有所增强即可，但对于青年马克思主义者来说，则要求其有强烈的社会责任感与创新能力。对于普通大学生来说，在假期社会实践活动中，意识到品格有所缺陷，加以改进。对于青年马克思主义者来说，则要求其磨炼意志，在社会实践活动中培养自己的卓越人格。

因此，青年马克思主义者培养对象假期社会实践活动必须做到：劳动要有强度、交往要有广度、学习要有深度、反思要有力度。

① 《马克思恩格斯全集》第23卷，北京：人民出版社1979年版，第530页。

劳动要有强度。劳动是人有目的地运用自己的体力和智力而进行的改变世界的生命活动。每一个体的生活世界与他的意义世界有着密切关系。劳动在解决人类天生惰性与自身需要和交往的矛盾中，在个体所产生的情感体验方面，具有其他活动无法取代的功能。古人认为，天将降大任于斯人也，首先是劳其筋骨，教育家马卡连柯非常重视劳动过程本身的教育意义，他指出，在教育工作中，劳动也是最主要的因素之一，劳动不仅是经济的范畴，而且是道德的范畴①。因此，劳动对于形成马克思主义的立场、方法和情感体验有非常重要的作用。长期以来，我们一直比较重视劳动教育，但收效不大，主要是强度不够，没有劳其筋骨，没有汗水，没有酸痛，因此劳动人民的情感体验不到，仍然远离劳动人民的生活世界，也就远离劳动人民的意义世界。青年马克思主义者培养对象假期社会实践要与工农同劳动，而且要在最苦最累的劳动中去体验。

交往要有广度。交往既是人的存在方式，也是人的发展基础。交往范围的变化使得人的发展由片面走向全面。人所特有的高级心理机能不是从内部自发产生的，它们只能产生于人的协同活动和人与人的交往之中。通过交往，主体超越自我的界限，在自我的不断开放和更新中与他人、社会和世界达到一种融合，从而在相互超越和无限开放的过程中达到沟通和理解。青年马克思主义者培养对象要深入了解社会、了解国情，必须与更多的民众接触、交往，不能只是跟有关领导、有关工作人员接触、交往。要让他们置身于真实的问题情境中，获得真实的交往体验，激发和培养他们解决现实问题的意识和能力。

学习要有深度。青年马克思主义者培养对象假期社会实践活动是一个向人民群众、向实践学习的过程，是一个先当好学生，将来才有可能当好先生的过程。今天不是好学生，将来就没有资格做先生。能体会到自身的知识积累不足，意识到是否有真才实学要在实践中检验出来。青年马克思主义者培养对象在社会实践过程中，能亲身体会到所学知识解决不了实际问题，无形中有种压力，就会产生危机感和紧

---

① 《马卡连柯文集》（下卷），北京：人民教育出版社1985年版，第179页。

迫感，使他们认真思考自我发展，即如何提高自身素质，如何适应社会环境的变化，如何在社会中实现自我价值，只有在现实中寻找答案。

反思要有力度。要把实践的成果升华到理论的层面，必须经过反思的环节。所谓“知道为智，体道为德”。关注现实问题，关注自己今后的发展。青年马克思主义者培养对象就会在实践中发挥专业优势和兴趣特长对现实问题进行研究。在社会实践过程中他们通过动手动脑对收集和调查了解的信息、资料进行消化、加工和吸收，对调查内容进行观点概括、论点阐明，确定重点和难点，结合理论知识对现实反映出的现象进行归纳分析，在教师的指导下最终形成研究性的成果。“知道”与“体道”是两种根本不同的过程。人们可以与社会生活隔离开来集中学习知识经验，却不能与社会生活隔离开来集中学习道德。真正的学习必须在社会生活过程中进行。

2. 设计与协作

要使青年马克思主义者培养对象假期社会实践活动做到劳动要有强度、交往要有广度、学习要有深度、反思要有力度，在机制上需特别设计，并通过与校外大社会的紧密有效的协作，取得资源上的特别支持，方才可能取得实践育人的特别效果。

特别设计。一是整体性的规划，做到三个适应：与社会主义市场经济运行机制相适应，与企事业单位的运行机制相适应，与大学生所学专业以及自身特长相适应。三个适应使活动的组织者与参与者都具有持续的积极性。在青年马克思主义者培养总体计划中确定假期社会实践活动的地位、任务，整体性地规划其内容。如果青年马克思主义者培养从大学生入学第一学期开始，那么，假期社会实践活动可以安排5次（以本科计算，包括寒假，到第六个学期，青年马克思主义者培养的假期安排是挂职锻炼），每次内容要有所区别、有所侧重。在时间上要有保证，如果普通学生假期社会实践活动的每次活动时间不少于7天，那么，青年马克思主义者培养对象假期社会实践活动的每次活动时间不少于15天。在类别上，做到有工有农，有特别艰苦的地方，有一般艰苦的地方，在条件允许下是否可以考虑军营假期社会实践。

二是实践主题鲜明。青年马克思主义者培养对象假期社会实践活动必须面对实际问题，既要求带着问题下去，也要求带着问题上来。实践主题既与本次假期社会实践活动达成目标吻合，也与带着的问题一致。同时它也体现了时代特点、学校特色、专业实际和当地需求。

三是团队成员结构合理。青年马克思主义者培养对象假期社会实践活动校内自由组队。各实践团队须公开招募成员，成员组成可以跨专业、跨学院、跨社团，但不可以跨年级，因为年级不同，假期社会实践活动安排的达成目标不一致。鼓励以生源地相对集中的形式组建团队。团队组织机构设置合理，分工明确，成员组成结构科学（充分考虑性别、专业、学历、生源地等），规模适中，人数一般控制在 20 人以内。

四是重视总结交流分享提高。青年马克思主义者培养对象假期社会实践活动规定每天必须记下当天的感受与学习收获。每次假期社会实践活动结束后，培养对象需用一周的时间进行总结交流，升华经验。先是团队内部交流，再是青年马克思主义者培养对象一起总结交流评比，看谁的感受深，收获大。

通过校外大社会的协作取得各方面的特别支持。青年马克思主义者培养对象假期社会实践活动得到学校、社会以及接受单位的特别支持，主要表现为：一是资金保障到位。有明确的经费来源和社会资源渠道，采取学校专项经费拨付、社会化运作、科研项目资助、学生自助等方式募集资金，其中以学校专项经费拨付为主，真正做到团队日常生活有保障，团队在假期社会实践中开展的各项活动有资金保障，以满足活动需要。

二是基地支持到位。青年马克思主义者培养对象假期社会实践活动为了保证质量，以基地化为主。学校有专人负责基地建设。因此，青年马克思主义者培养对象一进入基地，就能感受到热情并迅速进入角色。根据基地与学校的约定，基地要提供所在单位最苦最累的岗位让青年马克思主义者培养对象体验。过去提倡同吃、同住、同劳动。现在同吃、同住不现实，但是同劳动是可以坚持的。在吃、住方面，也要坚持是本地区较低标准。

三是教师指导到位。每个团队保证有一名指导教师自始至终跟随，具体负责指导行动者。教师指导有行动细节指导与思想提高指导。行动细节指导是指：注意青年马克思主义者培养对象的行动细节，每天活动结束进行现场个案分析指导。思想提高指导是指，每天对青年马克思主义者培养对象在劳动中出现的思想问题进行帮助。特别是在总结提高时，指导他们对一些经验进行理论升华。

只有这样青年马克思主义的社会实践活动才能收到特别效果。这里的特别效果是指，青年马克思主义者培养对象在假期社会实践活动中所体验的特别感受，收获了特别期待，锻炼了特别能力。

体验的特别感受。由于青年马克思主义者培养对象假期社会实践活动的特别设计及其实施，使他们吃的苦比普通学生多，时间又比较长，又在5个不同类型的基地开展活动，冲击力都比较强。使青年马克思主义者培养对象既深入了解社会、了解国情，又拉近了与工农的思想上、情感上的距离。这种体验与感受对他们今后的人生生活非常重要。

收获了特别期待。在与工农的结合中他们收获了工农的殷切期待，提供的种种现实问题，期待他们帮助解决。这些期待使得他们对祖国对人民的责任感由模糊逐步清晰、逐步强烈，他们知道为了这种期待，他们现在应该做什么，从而进入了自觉承担责任的状态之中。

锻炼了特别能力。这种特别能力一是行为的价值判断力，二是信仰的选择力。

行为的价值判断力是青年成长中的一个重要能力，当一个青年选择自己行为的时候，他必须能够进行价值判断。“我们很难想象一个人丝毫不接受生活世界的教育，只凭科学世界的教育而成为‘人’，这样的人最多只能像一台计算机一样精确掌握各种抽象定义、规则，却不可能获得作为一个真正的‘人’立于天地之间的能力。”① 充分利用高校专业的特点和学生的特长，确定社会实践活动的内容和形式，有针对性地开展多种形式的活动，注重实效，将受教育与做贡献结合起来。

① 项贤明：《泛教育论——广义教育学的初步探索》，太原：山西教育出版社2002年版，第237页。

在实践中有了更多的自尊自信、自立自强，他们对自己的实践行为有了价值判断力。这种行为的价值判断力还包括对马克思主义的判断：马克思主义的全部原理，包括那些表面上具有普遍性的原理，都带有特殊性，马克思主义不是实证的，而是批判的，马克思主义的主要目的不是观赏现存的世界，而是对它进行积极的改造。类似这样的认识，青年马克思主义者培养对象只有在实践中才会深深地感悟。

信仰的选择力的产生表明了青年在走向成熟。人们主要不是信仰缺失而是缺乏选择健康信仰的能力。信仰虽然是一种精神现象和精神活动，但它本身并非是人们冥想的产物。正如马克思所认为的，知识和信仰、科学和宗教、价值和真理的对立分裂并非单靠观念上的反叛来实现，这需要有一定的社会物质基础或一系列物质生存条件，而这些条件本身又是长期的、痛苦的发展史的自然产物。更重要的是，信仰产生人们的行动。也就是说，信仰归根结底是纷繁的社会生活在人们精神世界的内化，反应的是人们精神价值的内核。青年马克思主义者的信仰是真实的生活世界在价值主体中的超越性生成。是他们在社会实践中把马克思主义和马克思主义所崇仰的共产主义作为信仰付诸实践，把理论的力量变成物质的力量，在改造客观世界的同时改造主观世界，使信仰变成非常实在且具体的为工农群众服务的行动。

这种特别设计与特别支持既是学校层面，也是接受青年马克思主义者培养对象社会实践基地层面，更是政府层面。在美国近些年来往往由总统亲自启动志愿者服务行动，甚至专门签署为“国家和社会服务行动”提供基金的议案，有的州拨出专款支持大学生社会实践行动，同时还建立一些大学或跨地区的全国联盟，以指导、协调本校或全国的社会服务活动。我们国家应该在这方面比美国做得更好。国家既要有专款也要有专人支持青年马克思主义者培养对象社会实践活动，还应该着重研究这项活动。在实践活动的开展中，怎样摒弃重形式而轻内容、重结果而轻过程、重阶段性而轻长期性的做法，注重在实践活动中，塑造青年马克思主义者培养对象的健康心灵，补充和巩固课堂教学。特别是对于青年马克思主义者培养对象在社会实践中获得了哪些切身体验以及如何巩固这些实践活动的成果，对于如何通过实践活动，使他们能够积极主动地适应社会主义市场经济的发展和经济全球化进程的需要，应委托有关专家深入进行研究，进而用研究的成果指导青年马克思主义者培养对象社会实践活动。

七、青年马克思主义者培养指导委员会的职责范围及运行方式

青年马克思主义者培养工程是一个复杂的艰巨工程，事关党的长期执政，事关中国特色社会主义事业的兴衰，事关马克思主义中国化的发展。青年马克思主义者常态培养下，高校各级党委必须切实担负领导责任，同时应该有一个有力的领导机构与常设工作班子，调配资源，统筹工作。

1. 高校各级党委在常态化的青年马克思主义者培养中的领导责任

目前常态化的青年马克思主义者培养是由高校共青团校、院两级团委具体负责的。教育管理青年、培养党的接班人是中国共青团的光荣使命，但青年马克思主义者培养事关重大，任务艰巨，涉及方方面面，共青团组织可以在党的领导下做一些具体工作，党在常态化下的青年马克思主义者培养中领导责任义不容辞，高校的各级党委必须在常态化的青年马克思主义者培养中切实担负领导责任。

高校的各级党委要把青年马克思主义者培养看做是高校党建中一件特别重要的事加以重视。由于培养什么样的人是高校的头等大事，高校的学生党建应该是高校党建最值得关注的事，而高校学生党建的质量关键是学生思想入党的状况，学生思想入党与青年马克思主义者培养是同等的概念。这样的逻辑推理应该能被人接受。

党委一把手要自觉地把青年马克思主义者培养工程列入“一把手工程”。现在高校党委书记有诸多的“一把手工程”，让书记们忙不胜忙。其实，高校党委书记的核心工作就是坚持社会主义办学方向，加强高校党建，这才是高校党委书记的“一把手工程”。如果高校党委书记把主要的精力放在党建上，青年马克思主义者培养工程就自然会列入“一把手工程”。高校的党委书记一定要有这样的意识：青年马克思

主义者培养工程是党和人民赋予高校党委书记最重要的时代使命，虽然自己可能还谈不上是马克思主义者，但党委书记的身份决定了要按照马克思主义的要求为党培养这样的接班人。如果没有这样的意识，就要请他们离开党委书记的岗位。党委书记把青年马克思主义者培养工程视为“一把手工程”，常态化的青年马克思主义者培养才会专注化、精细化、科学化。

在青年马克思主义者培养机制中，党委与党委书记一个重要的工作是：为校、院两级团委配备青年马克思主义者担任团委书记，而不是选择那些“精致的利己主义者”任团委书记。团委书记就是前线上的指挥员，在整个过程中他应该是青年培养对象的一面旗帜，他们用自己的一言一行告诉培养对象像我一样。这样的团委书记目前虽然很少，作为党委与党委书记应该早做安排，把那些具有较好素质的青年进行培养，一边培养一边使用。从而逐步改变现实中不信仰马克思主义的团委书记去培养青年信仰马克思主义的尴尬场面。党委书记重视了，党委的职能部门自然会切实地负起相应的责任。

学校党委组织部在目前的常态化的青年马克思主义者培养机制中一直没有找到感觉。在青年马克思主义者教育方面，他们认为这是团委的事，他们对党校与青年马克思主义者培养的关系不甚了了。在青年马克思主义者组织入党方面，他们认为是基层党委的事。他们也没有培养青年马克思主义者的动力与要求，由于青年马克思主义者培养工程是由共青团系统发动的，组织部门还没有切实的响应与行动。就工作而言，青年马克思主义者培养是墙内开花墙外香，学校组织部是为他人作嫁衣，为此，他们动力不足。

其实学校党委组织部在常态化下的青年马克思主义者培养工作机制中任务很重。至少有四个方面的工作：组织教育、组织发展、组织评价与激励、组织使用。即学校党委组织部要把党校教育与青年马克思主义者培养联系起来；建立青年马克思主义者组织发展机制，在高校，青年马克思主义者的培养状况是大学生入党的主要指标；组织相关部门对青年马克思主义者培养进行检查与验收；为青年马克思主义者培养建立专门档案，提供挂职锻炼机会，等等。

党委宣传部目前在常态化下的青年马克思主义者培养工作机制中积极性也不高。其实他也有很多事要做而没有主动去做。如：形成舆论氛围；发现典型；总结经验；布置有关研究人员进行理论研究，让其成果指导现实。青年马克思主义者培养工程虽然也有过短暂的舆论热点，但终究没有形成关心与支持青年马克思主义者培养的舆论氛围，常态化下培养的问题与经验也没有切实的总结。党委宣传部人手不多、琐事不少，如果青年马克思主义者培养工程只是团委负责的工程，那么肯定是排不上党委宣传部的日程的。

党委学生工作部在青年马克思主义者培养工程的工作机制中，可以通过“奖贷表彰系统”、学生素质拓展、“三个课堂”联动等学生组织行为，支持青年马克思主义者培养。

高校还有一个教育资源非常丰富的由党委直接领导的群众组织——关心下一代工作委员会。高校关心下一代工作委员会是以退休老教授为主体，广泛团结热心教育的自愿者（包括在职教师）参加的，全面关心大学生健康成长的群众性工作机构。这支队伍的人大都对马克思主义有信仰，他们在学生中有很高的威望，教学又有经验，他们应该成为青年马克思主义者培养的重要力量，他们要把关心下一代工作重点放在先关心与影响青年精英，再通过青年精英影响广大青年的模式上来。

2. 创新培养载体，创新培养活动形式

青年马克思主义者常态培养应该有一个有力的领导机构与常设工作班子，调配资源，统筹工作。常态化培养的领导机构不妨是青年马克思主义者培养指导委员会。指导委员会主任由学校党委书记担任，党委有关职能部门与团委、教务处、学生处、思想政治理论课教研部的负责人及专家代表任指导委员会委员。（青年马克思主义者常态培养有一大批指导教师，他们可能是社团指导教师、社会实践指导教师、政治理论学习指导教师、辅导员指导教师、网络指导教师等，学校要专门给这些人发聘书，要承认他们的劳动。当然，也有相应的考核办法。专家代表即是这些人的代表）设青年马克思主义者培养工作办公室，由分管学生工作的党委副书记任办公室主任，党委组织部长与团委书记任副主任。这是一个高规格的工作班子。学校的二级学院（系）也成立相应的工作班子。

青年马克思主义者培养指导委员会并非当下人们虚设的一个机构，指导委员会成员应本着对党的事业负责的精神认真地工作。委员会每月一次例会，负责审定党校、团校、思想政治理论课等层面的适合于本校的精细化的培养计划；听取办公室工作报告，分析近段时间本校的培养状况，谋划下一阶段培养工作思路及措施；督促检查院（系）培养工作，总结经验，示范带动。关注培养过程、检查培养效果、亲自抓、亲自管。在具体工作中，特别强调：

创新培养载体。以新载体的优势提升培养质量。而基地建设与素质拓展学分计划可以成为青年马克思主义者培养的两个新载体。

基地建设，包括为青年马克思主义者培养搭建理论培训基地、社会实践基地、挂职锻炼基地等。每所高校可以有自己的独立基地，也可以与相关学校共建共享基地。

理论培训基地。青年马克思主义者在马克思主义理论方面有很高的要求，思想政治理论课大多数教师还是难以胜任对青年马克思主义者培养对象中后期的理论指导。高校应该为青年马克思主义者培养设立专门的理论培训基地。有一支理论造诣高、实践视野宽的指导教师队伍，这支队伍既有本校得到学生认可的理论课教师，也有从社会聘请的富有实践经验的兼职教师。有一个阵地，它是课堂之外的阵地，理论培训基地主要通过网络的形式实现师生之间的理论互动。有阅读的相应的刊物、书籍及交流场所。

社会实践基地。社会实践的基地化，可以逐步提高青年马克思主义者培养质量。因为可以通过社会实践基地建设，使经验固化复制。基地成立相应的工作机构，制订工作计划，使社会实践的自然成分与设计成分有机结合，使青年马克思主义者培养对象的体验更充分，反思更深刻，收获更大。

挂职锻炼基地。挂职锻炼应该是青年马克思主义者培养中一个必需的环节，目前只有极少数青年马克思主义者培养对象经历了这个环节，究其原因就是没有挂职锻炼基地。挂职锻炼基地既可以使培养程序规范化、制度化，还可以使挂职多岗位化，从而使锻炼效果更好。

素质拓展学分计划。现在许多高校试行学生不仅要完成文化课的规定学分，还要完成素质拓展学分，以提高人才的市场竞争力。青年马克思主义者培养进入素质拓展学分系列，在理论上是成立的，实践上是可行的。青年马克思主义者培养进入中期阶段，他们的政治素质学分就可以接近满分，这就从学分的层面肯定了青年马克思主义者的培养，并且取得他们心理上的认可。

创新培养活动形式。以更适合青年特点的活动形式，使更多的青年参与到青年马克思主义者培养活动中来。

这些活动形式，如：开展“党在我心中”“成长在党旗下”“我为党旗添光彩”的系列活动。“党在我心中”是为那些希望成为党的积极分子的青年学子设计的活动；“成长在党旗下”是为那些已经成为党的积极分子的青年学子设计的活动；“我为党旗添光彩”是为已经成为中国共产党党员的青年学子而设计的活动。三个口号，三个阶段，三种激励，每一个阶段都有明确的奋斗目标，青年学子加入中国共产党的热情被全部调动起来，从学生党建的层面，是一个非常好的设计。由于高校学生党建在思想建设方面与青年马克思主义者培养是一件事，不是各搞各的，因此这样的活动形式也完全可以借用到青年马克思主义者培养中来，使他们的实践活动与养成活动有具体的活动形式。

暑期精英培训营。青年马克思主义者培养对象在培训营中听取校友报告，参加团队辅导训练活动，接受领导管理、组织策划、形象礼仪、时政民生、生涯规划、人本人文等内容的专题培训和锻炼。活动项目也可以现场招标，将培训活动项目面向全体学员公布，由学员以团队为单位进行申报，经过一周时间的策划准备后举行竞标答辩会，然后由中标团队负责培训活动的具体策划和组织。

服务社会情景模拟与能力训练。引入情景模拟教学法，模拟设置政府决策、法律和政策制定、公共突发事件等场景，让青年马克思主义者培养对象在模拟情境中应对。采用话剧、访谈、辩论、游戏等多种形式，让他们自编、自导、自演，引导他们思考如何做一个既善于思考又勇于实践的青年马克思主义者。开设“演讲与沟通”“领导力提升”“素质拓展”等形式新颖的能力训练课程，帮助青年马克思主义者培养对象提高以社会化能力为核心的综合素质。

活动形式实质上是交流形式，也应该包括虚拟的交流形式，因此青年马克思主义者培养对象之间的微博交流可以开展。可以规定，青年马克思主义者培养对象每个人都要建立微博，在微博上表达学习体会与生活感悟，学校指派有关专家进行指导，同时负责微博情况的整理与反馈。

地方党委与政府也应该有相应的青年马克思主义者培养的领导机构与工作班子。一方面负责检查督促学校党委青年马克思主义者培养；另一方面，保证中学参与相应的培养活动，同时也让地方媒体、地方组织部门及实践基地与培养活动通力合作。真正把青年马克思主义者培养看做是全党的事，充分调动党的执政资源为其服务。

第八章　青年马克思主义者培养的长效机制构建

青年马克思主义者培养取得阶段性成果不难，难的是如何使阶段性效果得以持续，使阶段性培养和长远性培养统一起来，难的是怎样使培养与使用更好地结合？怎样维护效果，防止在时间与环境的侵蚀下，效果消退与蜕变？这属于青年马克思主义者培养的长效机制构建，它是青年马克思主义者培养机制的一个重要组成部分。

一、青年马克思主义者培养的评价机制与激励机制

在青年马克思主义者培养中，有些机制是有助于巩固培养效果的，其中包括及时准确的评价机制与有力多样的激励关怀机制。这两个机制无论是对培养者还是被培养者都是不可缺少的，他们都需要根据评价修正自己的进一步行为，需要激励作为动力保持持续的热情。

1. 青年马克思主义者培养的评价机制

评价是培养状况的信息反馈。青年马克思主义者培养的时间跨度是6–8年，涉及诸多的部门及人员，对每个时段以及参与人员的培养状况、培养态度、培养效果的及时准确的评价直接影响培养质量。评价既是对青年马克思主义者培养的价值分析，也是对青年马克思主义者培养的质的分析与量的估计，是对培养进行的信息反馈。常态化下的青年马克思主义者培养要精细化、专业化，就不能不重视这种信息

反馈，而且还要通过机制保证信息反馈得及时，反馈得准确，反馈得有利于持续发展。

青年马克思主义者培养的评价机制，是指评价者依据一定的评价标准，运用相应的科学方法，对培养对象与培养效果进行经常性的定性评述和定量估价，并可以使相关方共享评价成果的特定的综合体系。

青年马克思主义者培养的评价机制设计最重要的是青年马克思主义者培养对象全程参与评价。这种全程参与既是现代评价理论所要求，也是评价对象的特点所决定。西方现代评价主张是：(1) 评价是社会政治的活动（评价不会也不可能脱离社会，文化和政治因素的影响）；(2) 评价是各方力量（评价参与人）合作的产物；(3) 评价是一个相互学习和交流的过程；(4) 评价是一个连续的问题反复呈现的，并可能有众多分歧的过程；(5) 评价是一个应急的过程（不是一个按部就班的过程）；(6) 评价是一个可能产生许多非预期结果的过程；(7) 评价是一个产生（形成）事实的过程①。七个主张的核心，即：评价是对培养过程的一种诊断，是评价双方的共同建构。评价者和被评价者的关系——是一种伙伴关系，这是一种共同参与、共同研究、共同寻求发展方向的评价。

青年马克思主义者培养对象作为青年中的精英，他们有能力全程参与对他们的培养活动以及自我的成长状况进行评价。这种参与评价不仅是与评价者建立起一种合作、互动、彼此尊重的“权力分享”关系，他们还是需要帮助的对象，成人经验的接受者，他们是作为成人的伙伴出现的。更重要的是通过共同参与、共同研究、共同寻求发展方向的评价，使他们对自己与培养要求的现实差距更加清楚，他们通过表达与倾听，既得到帮助又收获了自信。

青年马克思主义者培养对象全程参与评价活动在技术上还防止了评价信息流失，防止评价标准单一。评价是一个信息反馈过程，信息从评价对象到评价者再到评价对象，信息的流动受到接受者的价值理解与传播者的传播技术及能力的影响，信息的非正常途径流失很正常，

① 转引自刘志军《教育评价的反思和建构》，《教育研究》，2004 年第 2 期。

青年马克思主义者培养对象全程参与评价，评价者和被评价者都在场，能使评价信息完整地传递与被接受，由于青年马克思主义者培养对象全程参与评价活动，与培养者共同诊断培养实践，也使评价标准得到修正。

由于青年马克思主义者培养对象全程参与评价是制度化的深层参与，在参与的手段上适合培养对象的身心特点，融入他们所能接受的方式。在参与的形式上，既有团体参与代表的形式，也有个体全部参与的形式。在参与效果上，重视评价手段的开发，评价程序的操作，评价结论的研讨。

青年马克思主义者培养的评价机制设计总体上是前松后紧。即青年马克思主义者培养的早期及中期的前一部分，对应的是中学阶段与大一阶段，是所谓的青年马克思主义者培养的初级班、中级班阶段，这也是鼓励更多的青年走近马克思的阶段，因此评价标准与要求相对比较宽松，评价时间跨度比较大，评价的频率低、种类少。而当青年马克思主义者培养进入中后期，是青年由走近马克思到相信马克思再到信仰马克思的阶段，评价标准与要求则越来越复杂、越严格，甚至苛刻，评价时间跨度小了，评价的频率高了，种类也多了。既要考理论学习的成果，也要行为实践的表现；既要进行民意调查，也要个人的叙事；既要平时的个人考核，也要不定期的专项调查。能量化的考核指标全部细化为数值形态，不能量化的指标先进行定性评价，再通过一定方式转化为量化分数。对重大任务、重大事件以及涉及个人利益问题上表现出来的政治态度、品德胸怀、能力素质、奉献精神等都有相应的评价。

评价设计要使人们感到一种组织导向。如高校学生党员发展有“八项制度”，即共青团推优制度、联系人制度、培训制度、考核制度、入党介绍人负责制度、公示制度、票决制度、责任追究制度。这“八项制度”都是一种评价设计。发展党员过程中往往把学生良好的学习成绩、无补考现象、英语过级、团支部有没有推优、有没有参加党校培训等作为入党的先决条件，这些条件设计有其合理性，但应该还缺一个重要条件，即：青年马克思主义者的学习至少要达到中级班水平。

这对高校学生党建与青年马克思主义者培养一体化是一个实质性制度设计，而且也是对青年马克思主义者培养对象的激励。因为这种评价让他们感到自豪。

青年马克思主义者培养的评价机制设计强调信息的处理与综合利用。首先是信息处理得到高度重视。因为青年马克思主义者的培养工程是建设中国特色社会主义事业的基础工程；是继续推进马克思主义中国化的关键工程；是加强执政党建设的生命工程。青年马克思主义者培养的一举一动各级领导都很关心。其次是信息反馈得非常及时，信息反馈后，机制设置程序有关人员矫正培养目标，调整教学模式，改善教学方法。设置程序培养对象接受评价意见，修正自己有关行为。再次，信息通过联网系统发至相关部门，使所有参与青年马克思主义者培养的部门都分享这一信息。评价机制设计还保证每一次的评价信息都得以完好保存，作为后续培养活动的参考资料以及用人单位的参考资料。

青年马克思主义者培养的评价机制应由党委的组织部门负责组织专家及有关人员实施，从而保证评价的全面性、准确性、权威性。由于评价机制着重在支持青年马克思主义者的成长以及改进青年马克思主义者培养过程中的不足，因此评价人员要逐步的专业化，吃透评价标准，把每次评价过程都视为一次教育过程，一次青年马克思主义者培养的提高过程。

对青年马克思主义者培养过程以及各参与主体的培养水准也要进行切实的评价。这种评价围绕着各参与主体的任务定位以及工作态度确定评价标准。青年马克思主义者培养指导委员会与工作办公室要让各参与主体重视这方面的评价。

2. 青年马克思主义者培养的激励机制

青年马克思主义者培养的激励机制，是指在青年马克思主义者培养中，根据激励机理用于激发培养对象学习马克思主义动机，开发他们的努力实践潜能，充分调动他们向既定目标前进的组织措施设计及常态化运作。

青年马克思主义者作为青年的精英要不要激励不需要质疑，人人都需要激励，只是激励的方式与内容有区别。什么是激励，有人认为："激励就是对人的各种需要予以不同程度的满足或限制，以引起人们心理状态的变化，以达到激发动机、引起行为的目的，并通过对动机的强化，对行为加以控制和调节。"① 这个说法还没有清楚说明为什么激励能够调动人的积极性。人的行为总是由一定的动机来支配的，而人的动机又是由一定的需要来引起的。需要是人在实践生活中感到缺乏某种资源而力求获得满足的一种心理状态，是人的积极性产生的基础和根源。当人们有某种需要的时候，他们就会产生紧张和不安的心理状态，这种紧张的心理状态会转化成动机，去推动人们从事活动进而满足其需要，当目标达到时，需要得到满足，这种紧张心理状态就会消除。取而代之的是另外一种新的紧张情绪。它表明，激励是为了达到一种组织目标或自我目标，借助某种内部和外部的刺激，利用情绪的力量，使人始终维持在一个兴奋的状态之中，促使人们奋发向上。由于人们的需要是无限的，需要存在的状态可能是活跃的也可能是睡眠的，因此人们需要经常不断从内部或外部得到刺激，使自己的需要状态活跃的更活跃，睡眠的变为活跃，为自己的实践行为提供内外动力。

青年马克思主义者培养的激励机制作为青年精英的激励机制应该是更为用心的激励机制。当下的青年马克思主义者培养尚未形成有效的激励机制。学校、社会、家庭、同伴群体与自我各激励主体的激励目标不尽统一；以评价为激励的起点，以激励效果评估为激励终点的激励过程还不完整；在激励过程中激励不足或激励过度或激励有失公正等现象还非常普遍。为此，要通过建构机制改变这些现象。

激励机制的特点是：

首先，以精神激励为主的激励。每个人都有物质与精神等多方面的需要，相比普通人而言，青年精英们需要的层次可能更高一些，他们的成就成功需要、权力需要和归属需要可能更强烈一些。因此，对他们来说，虽然并不否认物质激励的手段，但来自精神方面的刺激应

① 刘向信：《高校育人新机制探索》，北京：人民出版社 2008 年版，第 91 页。

该更多些。这既是根据他们需要品质的特点，也是保证他们日后对物质束缚的超越这样的组织目标实现。针对青年精英希望自己在个人的学业、品德、体能等方面超出别人并得到他人的认可的需要状况，精神激励就是提供更多的学习与工作机会，让他们最大限度地将自己的潜能发挥出来，充分展示自己的才能，给予他们更多的精神肯定与情感支持。

其次，以自我激励为主的激励。最有效的激励是自我激励，青年马克思主义者之所以能在一个相当长的时期内持续保持一种热情与干劲，是因为自我激励功能良好，即激励目标被激励主体所内化。对于青年马克思主义者培养而言，激励是一种手段，是为了实现组织目标的外部刺激手段，但要把这种外部刺激变为内部刺激，把组织上要我成为青年马克思主义者变为我自己要成为青年马克思主义者。激励中的刺激力量的大小，取决于个人对他所从事的工作或所要达到的目标的估价与期望值，当一个青年精英认识到成为青年马克思主义者对国家对个人的巨大意义时，并具有相应的期望值时，它就会产生强大的刺激力量，他把自己能成为一个青年马克思主义者，自己一定要成为青年马克思主义者作为内化的激励目标时时刻刻激励自己。在青年马克思主义者中形成一种“我是一名青年马克思主义者，政治上进取、学习中带头、活动中表率、服务于同学，服务于社会”的自我暗示的激励心理。

再次，以过程评价为主的激励。根据激励理论，激励的目标的设置必须具有“瞻前顾后”的理念，即对过去的回溯和对未来的前瞻；激励的程度必须与激励对象的功过相一致，在实际生活中，赏与功相匹配，罚与过相对应，既不能出现“小功重奖”，也不能有“大过轻罚”的情形出现。亚当斯的公平理论认为，当一个人感到他所获得的激励与他所投入的努力、所作出的贡献或与他的不良行为造成的损害比值相等时，就有了公平感，从而产生积极作用或约束作用。否则赏罚不公，就必然会滋长消极情绪，达不到激励的目的。因此，适时的恰当的过程评价即是一种有效的激励，青年马克思主义者培养必须对每个培养过程作出公平合理的评价，使其在培养过程中表现的差异与评价的差异相对应，即优异的表现将得到优异的评价。

为此，青年马克思主义者培养的激励机制在设计上应注意：

第一，始终把为中华民族复兴、为中国特色社会主义事业建功立业做了些什么作为激励的依据与主要内容。马克思主义者以改造世界为己任，中国青年马克思主义者对中华民族复兴有强烈的历史责任感，以为中国特色社会主义事业建功立业为光荣。因此，无论是组织的外来激励还是自我的内部激励，以建功立业的表现作为激励的依据是有道理的，当他们还在中学、大学求学时，就要把我为中华民族复兴为中国特色社会主义事业建功立业做了些什么准备作为激励口号提出来，周恩来同志在中学时以“为中华崛起”而读书作为自我激励的座右铭，这对今天培养青年马克思主义者不无启迪。要把从小事做起，从身边事做起，从现在做起都与为中国特色社会主义事业建功立业联系起来。现在有的大学开展“我为党旗添光彩”活动便是一种机制化的激励，当下的为党旗添光彩就是为中国特色社会主义事业建功立业。

第二，始终把内外激励因素有机地结合，来满足青年马克思主义者多样化需要作为激励的形式要求。如果说对青年人的激励内容要一以贯之，不要一天一个口号，让青年人无所适从，那么对青年人激励的形式则应丰富多样，青年人对形式要求永远新潮。一个新潮的激励形式可能会产生意想不到的效果。青年要多鼓励，要把青年的自励、组织与老师的激励及青年同辈群体的互励与各种新颖的形式结合起来。比如说，青年学生过生日，有同学在校广播站给他点歌这种形式，青年马克思主义者培养也可以借用这种形式激励培养对象，以组织的名义给一个普通学生一个生日祝福，他是终生难忘的。凡在院校大学生骨干培训学校中顺利结业的学员，均有推优入党资格或在推荐毕业生就业工作中，同等条件下优先选留和推荐的激励机制保障。

第三，始终把组织的及时评价激励放在其他激励的优先位置，统筹协调其他激励主体的激励方式。组织的及时评价激励之所以是优先位置是因为：无论是培养者还是培养对象，都应该极其重视组织的激励。对于青年马克思主义者培养而言，组织激励是最基本的激励也是培养对象最渴望的激励，这种组织激励不仅仅要公正合理，而且要及时。根据激励理论，激励的时间间隔越短，其激励的效果越佳；时间间隔越长，激励效果越差，甚至还会起副作用。心理学研究表明，即时激励的有效度为80%，滞后激励的有效度为20%，所以就像学校每一门课结束要考试一样，每一个培养阶段告一段落后，相关的组织都要给予及时评价激励，及时对培养对象的点滴进步给予肯定，或者是通过个别谈话的形式或者是评语形式书面告知。这种评价激励与单纯的评价相比，是以评价为辅助，重在激励、勉励，鼓励其将成绩做得更好。当然，组织激励也可能包括某种批评或处罚，即培养对象的思想、组织纪律、人格行为与组织要求有较大的差距，组织上就应该通过批评或处罚这种负面的刺激警醒培养对象。批评或处罚作为组织激励尽量少用，但不是不用。

用组织激励统筹协调其他激励主体并对激励的效果评估。这里的组织可能是青年马克思主义者在学校期间的党、团组织，也可能是在地方参加社会实践或挂职锻炼或在地方工作的政府组织。作为承担青年马克思主义者培养的各级组织应该当仁不让统筹协调其他激励主体的激励，使激励目标一致，激励的方法与手段协调；使激励效果与评价机制协调，对激励过程进行有效监控，确保激励活动朝着预定的轨道实现预期的目标。全方位、多角度、多层次地对激励的效果进行评估，把直接效果和间接效果、近期效果和远期效果、显性效果和隐性效果结合起来考察，作为再次激励的参照。

二、青年马克思主义者培养的使用机制

青年马克思主义者培养的使用机制，是指把使用纳入青年马克思主义者培养的环节，通过对青年马克思主义者的使用来检验和维护培养效果，把培养与使用紧密衔接的常态化、系统化的机制设计。

青年马克思主义者培养最终是为了使用。使用是培养中的一个重要环节。要在使用中检验培养效果，要在使用中维护培养效果。青年马克思主义者培养不容易，人才难得，要使用得当。青年马克思主义者培养工程也是党的后备干部储备工程。青年马克思主义者培养工程

在顶层设计上，要建构青年马克思主义者专门的使用机制与淘汰机制，把培养与使用紧密衔接。青年马克思主义者培养应该进入党的后备干部储备视野，如果不把学校的青年马克思主义者的教育培养与地方的青年马克思主义者的使用环节打通，青年马克思主义者的教育培养很难深入。只有当高校与地方的组织部门把青年马克思主义者的使用看做政治性非常强的事，而非当做一般性事务性工作可做可不做，青年马克思主义者培养教育就会走向新的阶段。

1. 青年马克思主义者在培养中的使用

党的干部使用在规范民主、扩大公开、完善竞争、强化择优上取得突破性进展①。党的十七大精神和 2009 年全国培养选拔年轻干部工作座谈会显示：党在新时期非常重视优秀年轻干部的选拔与储备。近年通过的《党政领导班子后备干部工作规定》《2009—2020 年全国党政领导班子后备干部队伍建设规划》，提出严格选拔，注重培养，加强管理，备用结合，努力建设一支素质优良、结构合理、数量充足、堪当重任的高素质后备干部队伍，既满足各级领导班子建设的现实需要，又着眼未来提供领导班子建设的战略储备。充分表明了这是建构青年马克思主义者使用机制的最好时期。

使用是青年马克思主义者在组织部门提供的岗位引领潮流、把握方向发挥其作用的过程。(青年马克思主义者在职务外也有发挥作用的空间与可能，比如网络舆论的引领。只是岗位引领是主要引领，这是青年精英的主要用武之地。青年精英最担心无用武之地，青年马克思主义者也如此。) 使用其实一直贯穿在青年马克思主义者的培养过程中。青年马克思主义者在学校培养期间使用机制就应该发挥效用。这时候的使用是三个层面：一是作为学生骨干的参与性使用；二是作为学生干部管理服务性使用；三是社会实践调研及挂职锻炼使用。

学生骨干的参与性使用。这是青年马克思主义者培养初期的一种基础性的使用。是在老师或老生的带领下，如参加志愿者活动，开展以“进社区、进学校、进乡村、进工地、进家庭”为主要内容的宣讲

① 李源潮：全力落实干部人事制度改革《规划纲要》，《党建研究 2010》，2010 年第 4 期。

活动和“送政策、送科技、送岗位、送信息、送温暖”的服务活动，增加体验，感受责任。可以作一些指标性的规定：如，必须参加志愿者活动30个小时，马克思主义宣讲活动10次，等等。

学生干部管理服务性使用。这是青年马克思主义者培养中期在校内参加校、院两级管理服务的一种学习性质的使用。除了担任班级干部及学生社团骨干以外，还有意识让青年马克思主义者培养对象担任学校学生伙食管理委员会成员、校院两级教学改革学生代表、学生社团理论学习助教。让他们在理论学习中结合现实问题思考、发现和整理各式各样的企业问题，撰写读书笔记，编写学习案例，等等。

社会实践调研及挂职锻炼使用。这是青年马克思主义者培养中后期在社会实践与挂职锻炼基地一种见习性质的使用。这种见习性质的使用既要有必要的时间保证，也要有必要的强度保证，还要有必要的内容保证。青年马克思主义者培养对象在校内外指导教师的指导下，甘当“小学生”与“服务生”，问题面前不回避、不气馁，困难面前不叫苦、不叫累，经得起上下的“压”、反复的“磨”，养成乐观、热情、自信、刚毅的品格。

青年马克思主义者培养对象在学校期间的学习性使用、服务性使用，由青年马克思主义者培养工作办公室发文作为要求与计划下达，由学校相应部门及学生社团、辅导员等予以执行，并且在每年年末组织专门小组检查使用情况，评价青年马克思主义者培养对象使用效果。对校外的见习性质使用，由学校党委组织部及团委负责实施与检查。

青年马克思主义者从学校毕业进入社会培养阶段，学校的使用机制与社会的使用机制必须很好地衔接。在同等条件下，建立青年马克思主义者进入公务员序列的直接通道。青年马克思主义者培养的档案应该提前进入地方组织部门，地方组织部门为此专门拟定了使用计划。这时候的使用主要有两个层面，一是适应性使用；二是独当一面的实质性使用。在高校与地方衔接的时候，高校组织部门应该主动与地方组织部门联系，介绍相应情况，切实做好人才培养与使用的交接。

适应性使用。组织部门在切实使用之前，会有一个适应性使用阶段，在这一阶段可能会淘汰一些夸夸其谈的“马谡”。夸夸其谈者们的任何思想，如果不和客观的实际的事物相联系，如果没有客观存在的需要，如果不为人民群众所掌握，即使是最好的东西，即使是马克思列宁主义，也是不起作用的。虽然青年马克思主义者已经经历了较长时期的实践锻炼，但要真正做到融入社会，他们在思想上、语言上、行为上还需要适应。这个适应的核心就是要让青年马克思主义者学会冷静、学会尊重。组织部门采用的办法就是"晾"一下青年精英，给他们安排"冷"岗位，"闲"差事，使他们与最基层的百姓"零距离"接触，切实思考现实中的问题与解决的方法与途径。

独当一面的实质性使用。"晾"青年精英是为了更好地使用青年精英。独当一面才能使青年精英的能力与潜力发挥出来。现阶段我国已经进入矛盾高发期，能否有效化解这些矛盾，是对我们党执政能力的严峻考验，也是对青年精英的工作能力的考验。组织部门要把青年马克思主义者推向开放开发第一线、新农村建设第一线、重点工程建设第一线，去独当一面，分管具体工作，有明确的责权，让他们在一线挑重担，为他们建功立业提供更广阔的空间。

不追求轰动效应，搞"政治秀"，用"高温锻造"不断循环往复并提升的过程，接受考验、积累经验。越是条件艰苦，越能坚定信念、践行宗旨，越能砥砺品行、磨炼意志，越能改进作风、锤炼党性，越能显示青年马克思主义者在理论、实践及人格方面的优势，持续发展的后劲。

2. 青年马克思主义者在使用中的培养

青年马克思主义者是党的建设中坚分子、马克思主义中国化骨干分子、中国特色社会主义事业推进的精英分子。青年马克思主义者培养不容易，人才难得。如果我们对青年马克思主义者没有很好的使用，造成人才资源浪费，那是最大的犯罪。青年马克思主义者经过 6—8 年的专注培养，在不同的培养阶段，有不同内容的使用、不同性质的使用，也有不同目的的使用。在学校期间的使用是为了马克思主义世界观的形成，是培养愿意为人民服务的精神。在社会期间的使用，是培养能够用马克思主义切实改造世界服务人民的能力，即所谓的提高执行力。青年马克思主义者应该属于经过党组织精心培养，信仰坚定，既有理论基础，又有实践能力的特别优秀的青年干部，在进入社会实质性使用阶段，要在使用中继续培养。使用的培养表现为：有意图的使用，有计划的使用，有指导的使用，有淘汰的使用。

有意图的使用。古人在用人时，一是问之以是非而观其志，即向对方提出重大的现实问题，观察其辨别是非的能力；二是穷之以辞辩而观共变，即反复同对方争辩某个问题，不断向对方发难观察对方应变能力；三是咨之以计谋而观意识，即向对方有关问题征求意见，请教分析事物和处理问题的能力；四是告之以难而观其勇，即把面临的危险直言相告，看对方是否有勇于克服困难和自我牺牲的精神；五是醉之以酒而观其性，即在开怀畅饮后，观察对方是否有自制能力以及醉酒后所显示的本色；六是临之以利而观其廉，即在有利可图的情况下，看对方是否能保持廉洁奉公的品格；七是期之以事而观其信，即交代对方办一件事，看他是不是言行一致，可以信用。通过以上做到知人善任。今日对青年马克思主义者的使用，要继续考察其信仰是否坚定，继续观察其党性是否纯净，能力是否堪当大任。每一次新的使用都有明确的使用意图，每一次使用结束，都有专门的使用考核，在达标的标准上每一次都有侧重，检查使用意图是否完成，在各项意图达标后，青年马克思主义者的使用可以进入“快车道”。（这里特别指出的是：对青年马克思主义者的使用有可能在较短的时间内坐“冷板凳”，这是有组织意图的，它与不负责任的长时间让青年马克思主义者“晾在一边”不是一回事。）

有计划的使用。我们应该有青年马克思主义者专门的使用计划。既要有长远打算、整体规划，又要有近期安排、具体举措。随着选拔使用干部制度越来越规范，程序越来越严密，在干部竞争择优机制下，如何有计划地使用他们，这是一个新问题。青年马克思主义者年龄比较轻，实绩难以反映，成长经历比较单一，组织部门应该在不同地区、不同部门、不同岗位推荐他们参与竞争，交流任职，使他们转变思维方式，增长工作才干。让他们能在较短时间内分别取得在基层工作、机关工作、艰苦地方及关键岗位工作经验。从而既具有在基层沉下身心，摸爬滚打，推动科学发展、服务人民群众的优良作风，又有在机关任职掌握整体情况，掌控大局的开阔工作视野，还有在艰苦地方及关键岗位艰苦奋斗，处理突发事件，驾驭复杂局面、解决社会矛盾的能力。在使用过程中对长期在“热”岗位的，还可放在“冷”岗位上工作一段时间。对正职与副职的岗位也要有计划地安排使用。要让他们有多岗位的工作经历，得到锻炼，得到社会广泛的认可。在使用他们时要讲台阶、论资历，因为必要的台阶和资历是干部积累领导经验所需要的。但不抠台阶，论资历而不唯资历。既保证进入快车道，持续高效地使用，也防止拔苗助长地使用，用其所长，避其所短。

有指导的使用。青年马克思主义者有热情、有干劲、有思想、有抱负，想干事，愿干事，但是他们缺乏实际工作经验。青年马克思主义者要在较短时间内分别取得在基层工作、机关工作、艰苦地方及关键岗位工作经验，角色转换频繁，难度要求很大，这就要求他们自己要继续认真学习，继续受教育。他们最需要的就是在使用的现场得到切实的有用的指导。从组织层面，要从关心人才、爱护人才角度，满足他们得到指导的需要。组织要建构机制，负责青年马克思主义者具体的思想指导与工作指导。青年马克思主义者所在单位的党政一把手要当仁不让做青年马克思主义者的指导教师。指导他们、提高他们、检查他们、帮助他们、照顾他们。既思考、研究执行当中有什么障碍？如何想办法克服、排除，同时还要考虑在贯彻落实上级决策的过程中会出现什么新情况、新问题，如何应对这些大事情，同时，还要考虑下一步该干些什么？从事务圈子走出来。除了党政一把手的指导教师外，组织部门要根据青年马克思主义者工作性质的特点及工作需要，为他们聘请其他指导教师。

有淘汰的使用。这里的淘汰一是自然淘汰，另一是组织淘汰。被青年马克思主义者培养所淘汰，并不都是人不好，或者说今后不能为组织所使用。淘汰了，只是说明他不适合成为一个青年马克思主义者，或者说，他不适合组织上在一个更重要更关键的岗位上使用他。青年马克思主义者培养是宽进严出。由于中国是共产党执政，马克思主义是指导思想，很多青年愿意参与到青年马克思主义者培养中来，但最后能成为青年马克思主义者的毕竟是极少数人。被淘汰的人不是在教育与培养的环节，而是在使用的环节被淘汰的。被淘汰的有的是因为没有强烈的为党和人民服务的意愿；有的是虽然有这个意愿，但没有相应的服务的能力与水平；有的虽然有意愿也有能力，但缺乏被人民群众认可的人格与坚定的意志。这些是在使用过程中的正常淘汰，当然，在使用中也有非正常淘汰，即优秀的青年马克思主义者培养对象在使用中被莫名其妙地淘汰了，而比较圆滑世故人格上有缺陷信仰上有问题的青年却被保留下来。

因此，要有合理的淘汰机制。能上能下、能进能出；该上则上、该下则下；该进则进、该出则出。自 1931 年中央《关于干部问题的决议》提出要科学化合理化地使用干部以来，党一直在探索如何坚持任人唯贤，德才兼备、以德为先，如何坚持凭实绩使用干部，让能干事者有机会、干成事者有舞台的用人机制。近年来，公务员的考试制，干部选用公开招聘制，规范提名综合评价推荐考核制等干部使用机制正趋于成熟，干部良性退出机制也在探索中，不称职、不胜任的认定标准正在具体化，有可操作性，对表现突出的，及时调整列入近期使用计划，将那些表现平平、难以胜任现职、不思进取以及有不廉洁行为的干部，及时调整出后备干部队伍。这些长期在干部选拔使用淘汰方面的成功做法，为青年马克思主义者培养的淘汰机制提供了有益的借鉴。

青年马克思主义者使用中的淘汰机制要首先在性质上搞清楚：属于青年马克思主义者蜕变而被淘汰；还是青年马克思主义者能力限制被淘汰。对一时有失误的，不能以一时成败论英雄；对某些有争议的，不能“听风就是雨”，要把争议搞清楚；对确有严重问题的，要坚决淘汰。因为青年马克思主义者将来都会进入关键岗位、重要岗位。其次要慎重：青年马克思主义者被淘汰，不是一个人说了算，要有一个考评组，考评组成员中应该有专家参与，考评的材料应该与本人见面。青年马克思主义者一旦被淘汰，意味着不再被重用。再次是给出路：青年马克思主义者的淘汰机制就是退出机制，即退出青年马克思主义者培养系列，早期与中期的青年马克思主义者培养对象退出培养系列，我们要欢送，希望他们以后继续理解与支持青年马克思主义者培养工程。后期的青年马克思主义者培养对象退出培养系列，我们也要安排适当工作，他们仍然是我们党在信仰方面所争取的统一战线。尤其是那些在能力上限制因而不能进入关键岗位、重要岗位的青年马克思主义者，我们更要给予适当的安排，让他们在自己擅长的岗位发挥其所长。

三、青年马克思主义者蜕变的防范机制

不够成熟是青年马克思主义者的特征之一。青年最积极最少保守思想、最富有革命精神，但也最容易走到其反面。在新民主主义革命与社会主义改革及社会主义建设中，总有一些青年马克思主义者在各种诱惑下，经不起考验，发生思想上、政治上、人格上、组织上的蜕变，给党与人民事业造成了巨大损失。分析其原因及在机制上做好防范是必要的。

1. 青年马克思主义者的蜕变与原因分析

蜕变，根据《现代汉语词典》解释，是指人、物或者事情发生不好的质的改变[①]。当前的青年马克思主义者的蜕变是指：青年马克思主义者在社会主义建设时代，其思想上，马克思主义信仰出现退化；政治上，对中国特色社会主义实践活动的退让；人格上，道德品质的退步；组织上，对中国共产党的退出。

思想上，马克思主义信仰出现退化。信仰也是可以发生变化的。这里有个案例，青年马克思主义者培养对象王某，在思想政治理论课的课堂上，曾信誓旦旦地站出来表明自己的立场，面对社会上屡禁不止的官员贪污腐败现象，他深恶痛绝，并且对某些高校毕业生走上工作岗位后就立即变质蜕化的现象极度的不理解，老师听到王某的陈述后感到十分欣慰。毕业时王某获得了国家公务员的岗位，半年内，一直跟他的指导老师保持着沟通联系，精神状态一直不错。但就在王某工作即将满一年之计，他的老师收到了一封题为《信仰的风帆到底还

① 参照《现代汉语词典》第5版1388页。

能扬多久?》的来信。信中，王某的困惑、迷茫之情跃然纸上。那个曾经表示会坚信马克思主义、保持廉洁奉公的学生时代的党员已快坚守不了自己当初的诺言了。

政治上，对中国特色社会主义实践活动的退让。当前中国的最大政治就是中国特色社会主义现代化建设，为中国特色社会主义现代化建设建功立业就是坚持了正确的政治方向。而青年马克思主义者的蜕变是放弃了这个方向，他认为自己已经尽力了，现在让别人去做吧，他要忙碌于个人小家庭的建设，把个人的幸福与他人的幸福割裂开来，把个人的完美与社会的完美割裂开来。

人格上，道德品质的退步。青年马克思主义者如果放松了对自己身份的更高要求，对未来没有美好的憧憬和胜利的信心，那么，必然导致他们自尊自强人格意志的蜕化，弱化了不满现状、不断追求、不断上进的人格意志；丧失了积极进取、不屈不挠、乐观开朗的人生态度，他们卓越的人格品质必然会退步，甚至可能走向堕落。

组织上，对中国共产党的退出。据党的六大所作的不完全统计，从 1927 年 3 月到 1928 年上半年，共产党人被反革命者迫害达二万六千多人。党的组织遭受严重破坏，党内和团内的一些不坚定分子纷纷脱离党、团，有的公开在报纸上刊登启事宣布脱党、向敌人忏悔，有的甚至领着敌人搜捕共产党人。党员数量从大革命高潮时的近六万人急剧减少到一万多人[①]。当前，由于中国共产党是执政党，组织上公然退出可能会对其产生不良影响，因此，组织上对中国共产党的公然退出基本上没有，但隐形退出，即与党组织若即若离，不过组织生活，不与组织联系却是大有人在。

一部分青年马克思主义者经过各级组织精心培养，自己又曾经非常努力，为什么在社会主义建设时期会发生这样大的消极变化呢?

其原因在主观上有二：一是马克思主义信仰不坚定。那挂在嘴上的马克思主义信仰并不曾上升到精神境界，并不是他们的持续价值追求，价值观的核心部分；也从未达到精神自我对肉体自我的超越，理

① 胡绳：《中国共产党的七十年》，北京：中共党史出版社 1999 年版，第 86 页。

想自我对现实自我的超越，无限自我对有限自我的超越。马克思主义充其量只是他们人生的一个插曲或一朵浪花。在他们看来，马克思主义如此高远，遥不可及，而个人主义的各种利益、各种诱惑可能更加现实，他们所谓思想的成熟是以世俗的胜利，马克思主义的隐退呈现于世的。二是科学技术日新月异，各个方面的竞争激烈，一部分青年马克思主义者由于心理素质相对薄弱，不敢于冒险、没有积极进取和创新，不能保持自己的竞争力和活力，同时由于经济全球化和市场经济所处的环境具有一定的局限性和双重性，从而导致他们创造性素质得不到最大化的拓展，他们对自己的未来缺乏信心，放逐自己，所谓退出江湖，过自己的小日子去了。

在客观上也有诸多原因。首先是青年马克思主义信仰坚定就困难。共产主义的实现是一个“非常漫长的历史过程”，加之社会主义又处在低潮中奋起的时期。而且市场经济条件下青年马克思主义信仰教育与信仰确立格外困难。这里不说当下的马克思主义信仰教育存在的种种问题，即使我们选择马克思主义信仰教育最好的教师就能把青年马克思主义信仰确立？未必。因为市场经济所提供的生存环境对马克思主义信仰教育有负面影响。而且马克思主义信仰不同于迷信的宗教盲目信仰，它是一种理性信仰；也不同于某些学说信仰是建立在个人功利基础上的，马克思主义信仰是建立在社会功利之上的。当“非常漫长的历史过程”逐渐被人们认识后，发现理想目标的实现还相当遥远，于是信仰者很容易失去耐心甚至信心。更主要的是马克思主义信仰内涵丰富，青年人理解与把握无论是知识还是能力上都有一定的困难。

其次是社会腐败现象不断滋生，劣币淘汰良币。当今，在大学里腐败现象严重到什么程度，就是相当多的大学生对腐败已没有了痛恨的感觉，在他们看来，腐败别人是人生的技巧与智慧，被别人腐败，应顺其自然不必大惊小怪。有的人甚至认为不会腐败在世上不好生存。这种思潮对青年马克思主义者的信仰与人格也是有影响的，他们作为精英，不愿良币被劣币淘汰，他们为了显示自己的人生价值，也许也会采用劣币的方式试图证明自己。

再次是青年更需要发展的舞台，通过发展提纯自己的信仰，提升自己的人生境界。发展是硬道理，不仅仅是对社会而言，对个人来说也是如此。而社会由于种种原因可能很难都予以满足，或者说社会所提供的舞台与青年马克思主义者所希望的舞台有差距，事业发展的失望使他们消极消沉起来。这就导致了青年马克思主义者经不起时代考验，发生思想蜕变、组织蜕变与人格蜕变。

2. 青年马克思主义者蜕变的防范机制

青年马克思主义者的蜕变防范机制，是指防止青年马克思主义者的思想蜕变、组织蜕变和人格蜕变而进行的有针对性的组织措施设计。

为了防止青年马克思主义者的蜕变，应设计组织监督与群众监督并举的蜕变防范机制，做到马克思主义信仰教育要合理；先进性提醒要经常；价值观维护要自觉。

马克思主义信仰教育要合理。我们在马克思主义信仰教育上比较注意信仰内容的科学性、崇高性，信仰形式的纯粹性。这是必要的，但还应该注意信仰内容的现实性、开放性，信仰形式的情感性。开展青年马克思主义者培养时必须要勇于和善于根据实践生活的要求进行创新，要求全党特别是青年党员和干部要大力发扬求真务实、勇于创新的精神，在从实际出发的基础上，做到以改革的精神研究和解决所面临的重大理论和现实问题。只有真正做到宣传和教育的结合，做到理论和实践的结合，才能防止马克思主义信仰教育的“假、大、空”。教育是“开放的”“发展的”过程，马克思主义教育不应该是封闭式的，不能禁锢人的思想，而要促进人的价值思维能力，特别是独立和批评性思维能力的发展。杜威的“教育即生长”观点，就主张教育者应该通过教育将人的注意力集中于心理活动，激发积极的道德思维和道德活动，以培养真正的道德行为习惯。青年马克思主义者的马克思主义信仰教育一定要生根，如果浮在上面，稍有点风浪，就坚持不住了。紧密结合教育对象的日常生活，根扎住了，不管风吹浪打，胜似闲庭信步。

先进性提醒要经常。（在这里我们假设青年马克思主义者培养对象在起点是先进的，也有的人以投机的心态进入青年马克思主义者培养队伍，进入中国共产党系列，这种人在起点就谈不上先进，党要睁大眼睛防止这种人，要通过责任制度尽可能杜绝投机人进入党内。）马克思主义信仰建立在人民福祉基础上，它既承认现实的个人利益的合法性，又超越现实的个人利益，是先进性的思想形态。在现实的市场经济世俗化的个人利益面前，先进性的个人往往吃亏，只有超越现实的个人利益的人才能保持心态的平衡。这种平衡是青年精英因为承担对祖国与人们的责任，为自己的先进性买单。而利益的产生是经常的，所以先进性提醒也要经常。在机制上通过开展先进性教育，开展创先争优活动等都属于先进性提醒。而党员“政治生日”制度是一种先进性提醒的好形式。党员“政治生日”就是党员的入党纪念日，在这一天，可以赠送一张《党员政治生日贺卡》，主要内容包括党员入党时间、党员标准、党员权利与义务。由基层党组织负责人亲自将《党员政治生日贺卡》送到党员手中，共同回忆入党情景。对流动党员还要求为其邮寄贺卡，并进行电话祝贺，重温入党誓词。党员“政治生日”相对集中的，则通过组织观看党员电教片或学习党内有关文件等形式，把党员“政治生日”活动与党员学习教育有机结合起来。进行一次谈心谈话，由党支部负责人与党员进行一次谈话。谈话可采取个别谈心或集体座谈的形式进行，内容包括：党员向党组织汇报一年来思想、学习、工作和生活等方面情况；谈话人代表党组织对党员一年来的情况作出评价。谈话注重了解掌握党员思想动态和实际困难，做好党员的思想政治工作，切实帮助解决实际问题。支部一年若干次党员“政治生日”活动，既可以完善党内关怀机制，又帮助提醒青年马克思主义者牢记党的宗旨，保持党的先进性和纯洁性，不断增强党员的影响力和凝聚力。

价值观维护要自觉。青年马克思主义者在马克思主义教育与自己的实践中形成了马克思主义的世界观与价值观，这不意味着可以一劳永逸了，因为世界上任何东西都是可以改变的。思想蜕变是一个由量变到质变的发展过程，需要对这个过程做出全方位的分析和探究。由于青年马克思主义者理论修养的欠缺和实际经验的不足，他们不能合理地掌握和运用马克思理论知识，他们有时候片面地、不切合实际地和随意地把理论知识和具体实际结合，言行不一、知行不一。很容易思想状况发生很大的蜕变，青年马克思主义者在大学期间形成的财富观、权力观、幸福观本身也存在着缺陷，它也需要在现实面前不断更新。即青年马克思主义者的价值观维护包括既要坚守自己既有的正确价值观，也要更新价值观中有缺陷的部分。因此，在当代青年马克思主义者的培养中，必须要注重青年马克思主义者思想蜕变的可能性和现实性。培养者要把对青年马克思主义、共产主义信念的熏陶放在接受革命传统教育的过程中、放在学校的理论课教学中、放在家庭和社区的马克思主义宣传活动中；促使他们充分认识到社会主义制度的优越性和社会主义及共产主义信仰的崇高性。在机制上不妨请青年马克思主义者担任青少年价值观网络维护人，在教育他人的同时教育自己。

为了防止青年马克思主义者的组织蜕变，在机制设计上做到：坚持组织公正；做好组织监督；提供组织援助。

坚持组织公正。青年马克思主义者作为中国特色社会主义事业的自觉实践者，他在某种层面，已经把自己交给中国共产党组织，组织是他的精神之家，他要依托组织。组织公正对他们来说至关重要。中国共产党作为先进分子的组织，组织公正也是完全可以做到的。当然，实际操作中，组织公正也是由个人来实现的，这就有不公正的可能，“官二代”“富二代”，有可能比青年马克思主义者获得更多的发展机会，这让青年马克思主义者很受伤。应该有这样的机制，允许青年马克思主义者就组织不公正现象向上级党委申述，上级组织要对那些导致组织不公正行为的人严惩不贷，不允许出现劣币淘汰良币现象。如果是由于工作水平或工作失误导致的组织不公正的行为，那么这种行为的责任人就应该到低一级岗位去工作。组织允许人犯错误，但有些错误是应该有惩戒的。

做好组织监督。监督这个词，有的人不愿意用，认为监督一个人是对一个人的不信任，这肯定错了，人人都需要监督，人人都应该感到在受监督。时时刻刻都有一双看不见的眼睛在盯着你。组织对一个人越信任，监督的层级越高。一方面组织要求每个中共党员“慎独”，自己监督自己；另一方面，组织也在有效地监督它每一个成员，尤其是它认为的那些重要成员。青年马克思主义者也应该在组织重点监督范围之内。青年马克思主义者培养对象的组织监督是随着培养的深入，要求的严格而逐步递进的，当青年马克思主义者培养对象进入以地方使用为主的阶段之后，应该确定专门的组织监督员，组织监督员由党委的组织员担任。

提供组织援助。组织援助机制主要有经验的帮助机制与心理援助机制。

经验的帮助机制即通过建立党员特别联系人制度，让有经验的成年人帮助他们学习经验，识别是非。青年人由于缺乏政治经验和社会经验，因而面对大是大非时往往缺乏辨别是非的能力，很容易受到错误思想的欺骗而被争夺过去。

心理援助机制即通过组织心理疏导机制帮助青年马克思主义者减压。青年马克思主义者在和那些学习刻苦、成绩优秀的学生相比在未来就业上可能存在着劣势，同样，和那些有“关系”和“后门硬”的学生相比他们可能自愧不如，他们完全要靠自己的努力，实现他们自身的价值。在现实的各种压力面前，他们有可能隐藏起自己真实的心态与发展动机。组织上的蜕变表现形式是组织上的退出，具有显性、预见性、外化性的特点，即组织上的蜕变是外化于实践的基础之上的，可以明显体现出一个青年马克思主义者的退化，但他实际上是思想的困惑与心理上障碍所造成。青年马克思主义者往往是对自己的期望值过高，对社会的期望值过高，他们往往对改造世界的困难性估计不足，在困难面前钢性有余，柔性不足，他们可能一沮丧就会匆忙地组织退出。因此，要帮助他们调整心态，进行角色转换和情境设置，克服各种心理障碍，养成良好的心理素质。

为了防止青年马克思主义者的人格蜕变，在机制设计上做到：人格状况自查与互查；人格认同投票；人格预警组织谈话。

人格状况自查。人格蜕变必然是一个持续的过程，是一个由量变到质变的过程。古人用每日三省吾身的方式进行人格状况自查。清代教育家颜元，一生立志培养品德高尚，有真才实学的经世致用人才，他曾创立了“规过会”这样评价组织进行人格状况互查。在这种志趣相投、志同道合者通过共同商议联结而成的组织中，颜元与他们立社仪，同拜孔子，约定十日一会，参会人“各聚所闻，劝善规过，或商质经史”，“功可以勉，过可以惩”。

中国共产党人在延安时期就形成了批评与自我批评的优良工作作风，更是用民主生活会的机制方式固化人格状况自查与互查。青年马克思主义者每季度进行一次人格状况自查，撰写自查报告，以加入中国共产党时的人格状况作为参照系，（之所以这样选择，青年人在组织入党时都很虔诚，人格状况得到普遍认可）客观描述自己人格的变化情况。民主生活会仍然需要，所不同的是，这里的民主生活会是专门用于青年马克思主义者培养与成长的。现实生活中，一些青年精英，为了有更多的发展机会，既不愿深刻地解剖自己，也不愿客观地批评别人，民主生活会自查与互查存在的问题变成了表扬与自我表扬。我们要在青年马克思主义者培养早期就形成他们批评与自我批评的习惯，明确地告诉他们，是马克思主义者就必须客观地批评与自我批评。

自查与互查是青年马克思主义者自我及其与组织之间的交流。在机制设计上要让群众发表意见，因为群众的眼睛是雪亮的。有时青年马克思主义者在日常工作学习中中规中矩、有规可循，实际在内外环境冲击和压力下心理内部已是消极性、攻击性、孤立性、对马克思主义将信将疑等状况，群众不会被其外部假象所迷惑。人格认同投票，是在青年马克思主义者周围，选择10余位品格正直的人，以卓越人格的标准，每季度对青年马克思主义者进行一次人格认同投票。主要内容为：你对身边这位青年马克思主义者的人格是否满意？你认为他最近在人格方面有无退步？你希望他在做人方面需要加以改进什么？

人格预警（生活预警设置）组织谈话。当人格认同投票过半数人认为青年马克思主义者人格有退步的趋势，组织就要进行预警谈话。允许青年马克思主义者对自己人格变化情况进行解释与辩护。

组织维护与自我维护进行不容易，效果的取得也不容易。我们往往重视教育与培养，而忽视日常的维护。组织维护与自我维护一个都不能少，更重要的是在使用中进行维护。通过学习、事业、情感等途径支持青年马克思主义者坚守科学的价值观。

中共中央组织部、中共中央宣传部、中共教育部党组2013年关于加强高校学生党员发展工作的指导意见，对于提高学生党员发展质量有一系列的机制设计，这些机制对于青年马克思主义者的培养、成长及其防止蜕变都非常切合。其中提出的多层次、多渠道的学习教育体系，保证信仰的不褪色；设立党员先锋岗，承诺践诺；健全党员能进能出机制；工作责任追究制等，与我们以上青年马克思主义者防蜕变机制设计相类似。

附录　青年马克思主义者培养对象经典著作阅读书目

1. 马克思：《青年在选择职业时的考虑》
2. 马克思：《爱之书》（节选）
3. 马克思：《献给亲爱的父亲的诗作》（节选）
4. 马克思：《黑格尔法哲学批判》（节选）
5. 马克思：《〈黑格尔法哲学批判〉导言》（节选）
6. 马克思：《1844 年经济学哲学手稿》（节选）
7. 马克思：《关于费尔巴哈的提纲》
8. 马克思恩格斯：《德意志意识形态》（节选）
9. 马克思恩格斯：《共产党宣言》（节选）
10. 马克思：《〈政治经济学批判〉序言》
11. 马克思：《资本论》第一卷 1867 年第一版序言
12. 马克思：《资本论》第一卷 1872 年第二版跋
13. 恩格斯：《反杜林论》（节选）
14. 恩格斯：《卡尔·马克思》
15. 恩格斯：《社会主义从空想到科学的发展》
16. 恩格斯：《在马克思墓前的讲话》
17. 恩格斯：《路德维希·费尔巴哈和德国古典哲学的终结》（节选）
18. 恩格斯：《自然辩证法》（节选）

19. 《马克思致帕·瓦·安年科夫》（1846 年 12 月 28 日）
20. 《马克思致约·魏德迈》（1852 年 3 月 5 日）
21. 《恩格斯致保·恩斯特》（1990 年 6 月 5 日）
22. 列宁：《论马克思主义历史发展中的几个特点》
23. 列宁：《卡尔·马克思》
24. 列宁：《辩证法的要素》
25. 列宁：《谈谈辩证法问题》
26. 列宁：《青年团的任务》
27. 毛泽东：《反对本本主义》
28. 毛泽东：《实践论》
29. 毛泽东：《矛盾论》
30. 毛泽东：《中国革命和中国共产党》
31. 毛泽东：《新民主主义论》
32. 毛泽东：《唯心历史观的破产》
33. 刘少奇：《论共产党员的修养》
34. 邓小平：《解放思想，实事求是，团结一致向前看》
35. 邓小平：《在武昌、深圳、珠海、上海等地的谈话要点》